U0733432

- 浙江省重点教材
- 浙江省国际商务系列重点教材　　　总主编：戴小红
- 浙江金融职业学院"985"工程建设成果

国际市场营销实务

GUOJI　SHICHANG　YINGXIAO　SHIWU

主　编　王　婧

副主编　刘一展　唐春宇

中国金融出版社

责任编辑：王　君
责任校对：张志文
责任印制：陈晓川

图书在版编目（CIP）数据

国际市场营销实务（Guoji Shichang Yingxiao Shiwu）/王婧主编．—北京：中国金融出版社，2012.6
高职高专国际商务类"十二五"规划系列教材
ISBN 978－7－5049－6389－5

Ⅰ．①国…　Ⅱ．①王…　Ⅲ．①国际营销—高等职业教育—教材　Ⅳ．①F740.2

中国版本图书馆 CIP 数据核字（2012）第 095987 号

出版
发行　中国金融出版社

社址　北京市丰台区益泽路 2 号
市场开发部　（010）63266347，63805472，63439533（传真）
网 上 书 店　http://www.chinafph.com
　　　　　　（010）63286832，63365686（传真）
读者服务部　（010）66070833，62568380
邮编　100071
经销　新华书店
印刷　北京市松源印刷有限公司
尺寸　185 毫米×260 毫米
印张　13.25
字数　288 千
版次　2012 年 6 月第 1 版
印次　2015 年 1 月第 2 次印刷
定价　28.00 元
ISBN 978－7－5049－6389－5/F．5949
如出现印装错误本社负责调换　联系电话（010）63263947

前　　言

本教材为 2010 年度浙江省重点教材。本教材以培养职业能力为核心，体现工学结合、任务驱动、项目导向的教学模式，强调营销能力的训练，针对高职高专学生特点，依据职业教育规律，借鉴各类教材的成功编写经验进行编写。力求运用项目教学的基本方法，把复杂的营销活动用简洁、流程化的方式表达出来，帮助学生理清思路，掌握营销活动中的要点，并能快速模仿操作。

本教材内容共分为四篇，把营销工作模块化，划分为十二个学习情境。

第一篇为基础分析篇，分析了国际市场营销动因和国际市场营销宏观环境，是企业判断是否进入国际市场的前期准备工作。

第二篇为战略分析篇，分为四个学习情境，包括企业进入国际市场、制定发展战略的一系列工作：进行市场调研、分析竞争环境、进行市场细分和确定市场进入方式、分析消费者行为。

第三篇为策略组合篇，主要是按照 4P 理论开展企业营销策略组合的设计，包括产品策略、定价策略、分销策略和促销策略的设计。

第四篇为营销技术篇，由于目前网络营销和电话营销十分活跃，在这里要求学生开展对这两种营销方式的策划。

本教材虚拟了一家主营个人洗护用品的公司——万皎公司（Macjoy Company），以其准备开展海外营销活动为线索，带领学生执行各项任务。每个学习情境首先明确学习目标，包括能力目标和知识目标；然后通过给出工作任务，让学生参与到公司开展营销业务的每个环节中去，提高学习兴趣；接下来通过操作示范给出开展国际市场营销活动的思路，让学生掌握相关知识在何时运用以及怎么运用；同时紧紧围绕工作任务的需要来选取理论知识，并给出两个以上典型案例作为扩展性阅读材料，拓展学生思路，拓宽学生视野；最后通过实训和思考练习，让学生参与小组活动完成各项任务，提高操作能力，增进对知识的理解。为便于教学，突出重点，我们尽量简化公司营销业务的内容，在具体操作流程和方法上力求形式规范、内容易于理解。

本教材由王婧主编，刘一展、唐春宇任副主编。王婧执笔第一篇、第二篇全部内容和学习情境七、学习情境八，并负责统稿和全书的审定；刘一展执笔学习情境九、学习情境十；唐春宇执笔学习情境十一、学习情境十二；范跃龙参与执笔学习情境六并搜集了部分资料。浙江省国际贸易集团有限公司副总经理任海津给本教材提出了许多建议并参与审稿。

　　本教材既可作为大专院校教材使用，也可作为企业培训教材及参考资料和自学材料。

　　在本教材编写过程中我们参阅了大量国内外资料并努力有所创新，但由于作者水平有限，疏漏和不足之处在所难免，恳请广大读者不吝提出宝贵意见，我们将不断改进。

编　者

二〇一二年二月

目　　录

第一篇

基础分析篇

JICHU FENXI PIAN

学习情境一　分析国际市场营销动因

一、学习目标

【能力目标】能分析国际扩张的驱动力；能分析公司开展国际营销的优劣势；能分析国际市场营销的特点。

【知识目标】了解跨国公司的特点和国际市场营销发展的各个阶段；熟悉国际贸易与国际市场营销的区别；掌握国际市场营销概念。

二、工作项目

万皎公司（Macjoy Company）成立于1990年，是一家以生产个人护理用品（Personal Care Products）为主的公司，产品包括洗发水、沐浴露、牙膏、护肤品等，以"纯天然"和"营养滋润"为诉求点，在中国本土品牌中市场销售额十分可观。刘熙是公司市场部总经理，新上任的董事长刚与他长谈，希望他能为公司提供多种解决方案，使公司更有效地参与竞争。

根据《2010年中国个人护理用品行业报告》，个人护理用品的全球市场规模已达数千亿美元。其中欧洲约占37%，亚洲约占29%，北美洲约占22%，拉丁美洲约占9%，其他地区约占3%。在过去几十年里，随着中国经济的发展和消费者可支配收入的不断提高，个人护理用品已从奢侈品变成日常不可缺少的必需品。目前国内市场竞争激烈，日趋饱和，公司正考虑是否要把产品推向国际市场。

刘熙希望说服董事长和投资者：对万皎公司来说，目前时机基本成熟，国际化是公司发展和扩张至关重要的一步。他准备和董事会成员讨论一下自己的想法，需要阐明的部分问题如下。

　　任务 1：分析公司国际化发展的驱动力；

　　任务 2：分析公司开展国际市场营销的优劣势；

　　任务 3：分析国际市场营销与国内市场营销相比应当注意的问题。

三、操作示范

刘熙的分析可以从以下几方面着手：

第一步：分析公司国际化发展的驱动力

（一）商业环境中的驱动力

1. 市场动因。

（1）**市场拓展化**。由于一个国家的市场容量总是有限的，为了扩大市场，获得更大的生存和发展空间，企业需要通过国际市场营销活动来开拓市场。

（2）**市场多元化**。如果通过国际市场营销，将国内市场已经饱和的产品销往尚未饱和的国外市场，就可以维持经营稳定，减少销售波动带来的经营风险。当企业在各地设有分支机构从事生产经营活动时，经营活动的灵活性就会加大，对整个市场的适应性也会增大。通过市场多元化，可降低企业的经营风险。

（3）**市场内部化**。通过国际市场营销活动，特别是国际企业分散在世界各国市场的子公司之间的交易活动，可以将原来外部化的市场交易尽可能地内部化，纳入到企业的管理体系中，实现对市场的支配和控制。所以，将国际市场内部化并发挥其优势，是国际市场营销的深层次动因。

2. 竞争动因。

（1）**避开竞争锋芒**。目前，许多产品的国内市场需求日趋饱和，竞争十分激烈，为了避开竞争锋芒，企业开始走出国门，寻找更大的市场空间。

（2）**追逐竞争对手**。由于企业的竞争对手已经进军国际市场，因而企业若不追随竞争对手进入国际市场，就会产生一种市场失落感或竞争失败感。这实际上是一种"寡占反应"，它是指在寡占市场结构中，只有少数大厂商，它们互相警惕地关注着对方的行为，如果有一家率先投资海外，其他竞争对手就会相继仿效，追逐带头的企业去海外投资。这里固然有海外投资利润诱人的原因，但更重要的是为了保持竞争关系的平衡。

（3）**锻炼竞争能力**。除了以上原因之外，许多企业跨出国门，开拓国际市场也是为了锻炼国际市场营销人员，提高其在国际市场的竞争能力。因为国际市场的竞争水平一般超过国内市场，企业进入国际市场，就有机会参与较高水平的市场竞争，从而可以借助竞争的动力和压力来推动企业技术创新，提高管理效率。

3. 资源动因。

（1）**自然资源**。由于各国的自然资源条件不同，企业通过国际直接投资，开发国外的自然资源，可以弥补本国资源的不足，因此，对于资源贫乏的国家来说，利用国外资源成为重要的投资目的。此外，开发国外资源可能比开发国内资源成本更低、收效更大。

（2）劳动力资源。在发展中国家投资，直接从事生产经营活动，除了看中巨大的市场外，更重要的是可以利用低廉的劳动力资源。

（3）获取技术资源。国际营销活动还可以使企业获得通过其他途径无法获得的先进技术，这对于发展中国家企业尽快缩小与发达国家企业的技术差距有着十分积极的意义。

（4）赢取信息资源。一方面，企业直接面对国际市场，有利于更及时地了解国际市场的有关信息，为企业把握机会、科学决策提供条件；另一方面，企业走出国门，走向世界，也可以更直接地向海外市场传递信息，加强与国外消费者和用户的沟通。

（二）公司自身驱动力

1. 利润动因。

（1）通过规模效应，获得更大利润。当企业的产品销量增加时，可以使单个产品分摊的成本降低，从而实现规模经济效益。通过国际营销活动，企业可以将产品销往国外市场，从而实现大销量、取得规模经济效益的目的。目前，我国大部分产品的国内市场已基本饱和，要扩大市场就应该积极开拓国际市场，追求更高的技术效率和配置效率。

（2）利用资源优势，获得更大利润。国际企业通过利用东道国的资源优势，包括上述自然资源、劳动力资源及信息资源等可以降低成本，从而取得更大的收益。

（3）利用优惠政策，获得更大利润。各国政府为了鼓励本国企业走向海外，纷纷实施鼓励与支持企业出口的政策，这是驱动企业走向国际市场的巨大推动力。一般来说，政府主要通过税收政策如减税、退税，金融货币政策如低息贷款、担保贷款、出口价格补贴，为企业提供诸多服务，如提供外贸咨询、国际市场信息等，所有这些支持均有利于加强企业的国际市场竞争实力。同时，一些国家为了吸引外商投资，在税收等方面采取一系列优惠政策，国际企业也可以通过东道国政府的优惠政策获得更大的收益。

2. 延长产品生命周期因素。由于各国的经济发展阶段和技术进步水平不同，同一产品在不同国家处于生命周期的不同阶段，在一个国家的市场上已不具备优势的产品，可能在另一个国家的市场上仍具有显著的竞争优势。某些在国内市场上供大于求、市场竞争力逐渐衰退的产品，可能在另一个国家的市场上正处于成长期，产品供不应求。因此，企业可将国内市场上已不具备优势的产品转移到国外市场，延长产品的生命周期，发挥其竞争优势。

3. 企业发展的需要。伴随着经济全球化的发展，各国经济、技术及文化日益交融在一起。当今，各国大部分企业经营活动已纳入全球经济范围，每个企业必须准备在全球市场中参与竞争，无论企业是否走出国门，都要受到国际市场的影响。企业发展到一定阶段，走国际化道路是一种必然的战略选择，只有在全球寻找市场、降低生产成本、开发新产品、吸引多样化的人才，才能在国际化大环境中赢得主动权。

第二步：分析公司开展国际市场营销的优劣势

1. 优势分析。

（1）基础设施和技术发展：各国通信事业的发展，交通运输设施的发达，进口关税的降低，方便了世界贸易与投资的迅猛发展，为公司参与国际业务创造了机会。

（2）经验移植：全球公司可以在任何市场上利用已有的经验，并且也可以从世界各地的教训中受益。

（3）消费者需求趋同化：全球化使得各国消费者交流机会增多，相同的消费细分市场正在全世界出现。同时，海外旅行的消费者可能带回本国市场没有的产品体验和品牌需求，这将会拉动产品的跨国营销。

（4）从万皎公司产品本身的特色及国内的销售报告和行业报告出发，刘熙找了一些数据来支持国际化发展。

2. 劣势分析。

（1）自我参考标准：由于万皎公司在中国市场发展较为成功，因此公司在东道国制定决策的过程中可能会无意识地以母国的文化价值观、行为标准和知识经验为参考，这就称为自我参考标准（Self Reference Criterion，SRC）。在公司层面，自我参考导致公司无法理解东道国消费者和他们的需求以及无法与其有效沟通，无法理解东道国商业文化。

（2）国家管制与进入壁垒：一些国家政府对海外投资的控制较严格，所使用的限制或阻止国际化公司进入本土市场的正规方法包括关税和进口配额。壁垒出现在对进口资质的限制、外汇限制、本土采购限制等方面。政府可以决定使货币贬值、修改商法或彻底改变商业规章制度。同时，由于世界贸易组织对关税壁垒的限制，一些国家越来越多地使用非关税壁垒，例如烦琐的进口书面文件处理程序、拖延批准许可证的时间或拖延批准给产品生产商与本土服务商相同优惠待遇的时间等。

（3）国际竞争：当万皎公司进入某个国际新市场时，它可能面临竞争者的排斥，包括与零售商签订独家协议，限制万皎公司的分销渠道；削减价格以暂时阻止万皎公司产品推广；进行广告轰炸，损害万皎公司的前期市场销售等。

第三步：分析国际市场营销与国内市场营销相比应当注意的问题

万皎公司开展国际市场营销与国内市场营销比较而言，有以下几个特点：

1. 国际营销环境的差异性。由于世界各国的地理位置、资源状况、政治经济制度、法律法规、生产力发展水平以及文化背景等方面存在着较大的差别，所以国际市场营销的环境与国内市场营销相比也就有了较大的差异，甚至有时大相径庭。这种差异至少带来了双重困难：一方面，由于母国与目标市场国家的环境不同，国内市场营销中的一些可控因素到了国际市场营销中就可能成为不可控因素。另一方面，由于不同目标国家的环境有差异，所以适应某国环境的市场营销不一定能适应其他国家的环境。

2. 国际市场营销系统的复杂性。营销系统是指融入有组织交换活动的各种相互作用、相互影响的参加者、市场、流程或力量的总和。与国内营销系统相比，国际营销系统更加复杂。国际市场营销的一项重要任务是，识别营销计划和方案可以在多大程度上在全球进行推广和移植，在多大程度上要进行调整和适应。

3. 国际市场营销过程的风险性。国际市场营销与国内市场营销相比，有更多的不可控因素，包括进口国的政局、世界市场行情、各国的特殊自然条件和消费者特殊的偏好，都会使企业经营的风险加大，包括政治风险、交易风险、运输风险、价格风险、汇率风险等。

4. 国际市场容量大，竞争激烈。在国际营销中，企业面对更多的国外消费者和来自全球的竞争者，由于各国的地理距离和文化差异等因素，企业又难以及时了解和掌握竞争对手的情况，因此企业面对的竞争更为激烈。

四、知识链接

（一）国际市场营销的概念

当代著名的市场营销大师菲利普·科特勒认为市场是对某种商品或劳务具有需求、支付能力和希望进行某种交易的人或组织。有市场营销学家把市场用简单的公式表示为市场 = 人口 + 购买力 + 购买欲望。

国际市场就是跨国企业的产品和服务在境外的消费者或用户。国际市场比国内市场更加复杂，国外消费者的需求比国内消费者更加多样化，因此国际市场消费者对产品的要求也就更高。

国际市场营销是企业在国际市场环境中，为满足消费者需求和实现企业目标，综合运用各种市场营销手段，把商品和服务销售给消费者的一系列市场经营活动。其包含三个要点：一是国际市场营销是跨国营销活动，只有将产品和劳务销往国外或境外市场才是国际市场营销；二是国际市场营销是企业的跨国销售活动管理过程，跨国公司、出口企业等是国际市场营销的主体；三是国际市场营销活动是为了满足国外消费者和用户的需求，必须注意产品和劳务的市场适销性。

（二）国际营销与国际贸易的区别

国际营销与国际贸易虽然都是跨越国界的经营活动，但两者行为主体不同，信息来源不同。国际营销比国际贸易包含的作业流程更宽，它包含引导产品从生产者到消费者手中的全过程，而国际贸易一般只包括其中的国际交换过程；国际营销不仅重视国际交换，而且也重视国际生产与国际消费；国际营销涉及跨越国境的所有方式，而国际贸易只涉及进出口方式；国际营销活动比国际贸易更富于主动性及创造性，是集生产、交换和消费于一身的综合性企业活动，而不仅仅是单纯的贸易活动。

美国经济学家费恩·特普斯特拉（Vern Terpstra）对此进行了详细比较（见表 1 - 1）。

表 1 - 1　　　　　　　　　　　　国际营销与国际贸易特点比较

内容	国际营销	国际贸易
1. 行为主体	公司或企业	国家
2. 产品是否跨越国界	不一定	是
3. 动机	利润动机	比较利益
4. 信息来源	公司账户	国际收支表

续表

内容	国际营销	国际贸易
5. 市场活动		
①购销	是	是
②仓储、运输	是	是
③定价	是	是
④市场研究	有	一般没有
⑤产品开发	有	一般没有
⑥促销	有	一般没有
⑦渠道管理	有	没有

（三）跨国公司与国际营销

1. 跨国公司的概念。跨国公司（Transnational Corporations，TNCs）又称多国公司（Multinational Corporations，MNCs）、全球公司（Global Corporation）、国际公司（International Corporation）、国际企业（International Business）等，是一种特殊的企业组织形式，它是人类社会生产力和世界商品经济发展到特定历史阶段的产物。较深入地了解和认识跨国公司的经营，对于全面掌握国际营销学知识是十分必要的。本章采用联合国的定义，认为跨国公司就是在两个和两个以上的国家投入和拥有可实际控制的经营资产，长期从事跨国界的生产经营活动的企业组织。

2. 跨国公司的经营特征。

（1）以对外直接投资为基础的经营手段。发展对国外的直接投资，并以此为基础展开生产经营活动是跨国公司与传统国内公司相区别的最根本特征。

（2）经营组织地域配置的分散性。跨国公司通过直接投资来实现其经营组织系统的跨国界扩展，一个必然的结果就是公司经营组织单位在地域分布上不断发展的分散性。

（3）经营环境的跨体制性。由于跨国公司通过直接投资在本国以外设置经营组织，并通过这些跨国组织展开经营活动，就使得跨国公司经营将直接面对不同国家的政治、经济、法律体制，受到不同经营环境的强有力制约。

（4）内部贸易与外部贸易的并存。进行广泛的国际贸易是跨国公司主要的经营活动之一。但与一般企业进行国际贸易不同的是，跨国公司的国际贸易活动包含公司内部贸易与外部贸易两个性质不尽相同的部分。

（四）国际市场营销的发展阶段

1. 非直接对外营销阶段：企业生产经营的中心在国内，甚至经营范围局限于国内，企业并未积极主动寻找国外市场或培养国外顾客，但企业产品有可能销售到国外。

2. 非经常性对外营销阶段：企业由于暂时的生产过剩而去寻找国外市场，通过中间商将过剩产品销售到国外，一旦国内市场能吸收过剩产品，企业便会立刻撤回在国外市场的销售，此时企业很少或根本没有国际市场营销的打算，因此它的产品或组织机构根本没有变化。

3. 有规律的对外营销阶段：企业拥有了持续向海外市场攻破的能力，主要是通过中间商或设立销售子公司将产品销售出去，但企业生产和经营中心仍在国内，但经过一定时间，企业会对其产品和组织机构进行调整，来使产品更好地满足海外市场的需求。

4. 国际市场营销阶段：企业全面参与到国际市场营销活动中去，在全球范围内寻找市场，有计划地将产品销往多个国家市场，并会在海外市场直接生产产品。

5. 全球市场营销阶段：它是国际市场营销发展的最高阶段，从全球的市场需求出发，用统一的市场营销组合来满足全球市场的需要，企业进行市场细分的依据不再是国界或国别，而是消费者的消费水平、使用方式、使用偏好或其他任何一个超越国界或国别的标志。此时企业的海外依存度高，销售收入一半以上来自海外市场。

（五）自我参照标准的解决方法

1. 将问题或目标用母国文化的特点、习惯和规则表示出来。

2. 用外国文化的特点、习惯和规则表示出问题或目标，不要作任何价值判断。

3. 分离出问题中自我参照标准的影响并仔细检查它如何将问题变得复杂。

4. 排除自我参照标准的影响后，将问题重新表示出来并根据外国市场情况找出解决方案。

【阅读链接】

案例1：如何发现和创造营销机会

某鞋业公司打算到东南亚某国开拓市场，首先派一名销售经理到该国了解公司的鞋能否在那里找到销路。一个星期后，这位销售经理报告说："这里的人不穿鞋，所以这里没有鞋的市场。"

后来该鞋业公司总经理决定派市场部经理去做进一步调查。一个星期后，经理报告说："这里的人不穿鞋，是一个巨大的市场。"

总经理为弄清情况，再派他的市场营销副总经理去进一步考察。两个星期后，营销副总来电说："这里的人不穿鞋子，然而他们有脚疾，穿鞋对脚会有好处。无论如何，我们必须再行设计我们的鞋子，因为他们的脚比较小。我们需要在教育他们懂得穿鞋有益方面花一笔钱，同时，必须得到部落首领的合作。这里的人没有什么钱，但他们生产我未曾尝过的最甜的菠萝。我估计鞋的潜在销售量在3万双以上，因而我们的一切费用包括推销菠萝给与我们有合作关系的连锁超级市场的费用，都将得到补偿。总算起来，我们还可赚得垫付款30%的利润。我认为，我们应该毫不迟疑地去干。"

案例2：TOP计划"贩卖奥运"

十年前，奥运会似乎并没有为举办国带来什么好运气，但是，自从国际奥委会"创造"了电视转播权和TOP赞助商计划之后，奥运会发生了巨大的变化。十年后的今天，悉尼奥运会已获得超纪录的巨额金钱赞助。

奥林匹克挖"黄金"

TOP 计划（The Olympic Program）是国际奥委会制订的奥运计划，它把国际奥委会、奥运会组委会、各国奥委会联合在一起，形成了统一的招标单位，在国际范围内选择各行业最著名的大公司作为正式赞助商。这个计划源于 1985 年，当时著名运动鞋制造商阿迪达斯公司与国际奥委会签署一项合同，独家承包了奥运会赞助权的销售活动。TOP 计划实际上是一个国际范围内的商业赞助计划，通过它把奥林匹克运动真正和商业结合在一起，当然也带给参与奥运会各国以实际利益。

TOP 计划以 4 年为一个周期实施。1984 年开始的 TOP Ⅰ计划给奥运会增加了 1.1 亿美元的额外收入。4 年后，TOP Ⅱ计划又从 12 家全球赞助商手中拿到了 1.7 亿美元。1992—1996 年 TOP Ⅲ的计划，虽然压缩到 10 家赞助商，但赞助额暴涨为 4 亿美元。TOP 计划中，最大的赞助商是可口可乐。据估计，按全球赞助商的门槛——4 000 万美元计，可口可乐的赞助额应在 1 亿美元以上。而可口可乐的赞助，也给它在品牌价值和市场销售带来了丰厚的回报。

商业化福兮祸兮

短短十几年，与奥运五环相关联的一切都在升值。据透露，在 1997 年至 2000 年的 TOP Ⅳ计划中，TOP 成员提供的赞助不得低于 4 000 万美元，共有 12 家大公司购得了这个昂贵称号。它们是：可口可乐、松下电器、柯达、三星、麦当劳、Visa 卡、人寿保险、IBM、施乐、瑞士钟表、邮政速递、《时代》杂志。按惯例，这些成员签了 4 年期协议后，各奥委会成员不得再和与某一签约赞助商的产品有冲突的厂商签约。以可口可乐公司为例，它与国际奥委会的赞助协议已延续至 2008 年，作为回报，可口可乐公司继续享有在不含酒精饮料领域的专利赞助权，以及在广告和宣传活动中使用奥林匹克吉祥物和会徽的权利。悉尼奥运会期间，可口可乐公司将在奥运会场供应超过 1 000 万份的可口可乐公司饮品。

五、能力实训

【实训背景】

1996 年，中国生产粗钢 10.12 亿吨，首次成为世界上最大的钢铁生产国。2006 年中国生产 41.9 亿吨粗钢，比 1996 年增长 314%。中国钢铁生产量占全世界钢铁生产总量的 34%。亚洲地区 1996 年钢铁产量占世界钢铁产量的 38%，2006 年上升到 54%。由于钢铁产量在亚洲地区惊人的增长速度，可以预计钢材将大量过剩，并最终导致世界范围的大规模裁员。

2007 年，中国对超过 80 种中国产的钢铁产品以及其他含有钢铁的产品征收 5%～10% 的出口关税，以削减贸易顺差，同时国务院开始通过降低投资者的投资吸引力来阻止投资新的钢铁厂。然而地方政府为增加工作机会和税收可能会减弱这些政策。

张氏国家钢铁公司是一家私有化的大型钢铁公司。董事长希望市场部提供公司在饱和的市场中获得新发展的计划。市场部认为国际化是公司最好的战略，而且世界上最大的钢铁消费者——美国是他们的重要目标市场，因为美国钢铁生产商无法与受益于国家补贴的中国钢铁商竞争。为努力保护美国钢铁产业，美国政府采用了一个挑战整个世界贸易的措施——对进口钢铁征收关税。而且欧盟正考虑采取措施，阻止大量钢材从亚洲国家进口。然而，即使美国和欧盟可能会为中国贸易制造一些障碍，中国钢铁仍然将继续保持比美国和欧洲更便宜的价格。

【实训要求】

1. 分析张氏国家钢铁公司来自商业环境和公司自身的驱动力。
2. 分析公司开展国际营销的优劣势。
3. 世界钢铁产业处在产品生命周期的哪个阶段？张氏国家钢铁公司是否应把劳动力转移到中国邻近的国家去？为什么？

六、思考与练习

1. 如何理解国际市场营销？
2. 国际市场营销与国内市场营销的区别和联系有哪些？
3. 为什么说跨国公司的市场营销是最典型、最彻底的国际营销？
4. 国际贸易与国际营销的关系如何？
5. 国际市场营销发展的各个阶段有何区别？

学习情境二　分析国际市场营销宏观环境

一、学习目标

【能力目标】能分析国际目标市场政治环境、经济环境、社会文化环境、法律环境、自然环境、技术和金融投资环境。

【知识目标】熟悉国际市场环境对营销的影响；了解国际主要经济指标；理解文化要素分析方法；了解国外筹资的渠道。

二、工作项目

承接学习情境一，万皎公司市场部总经理刘熙与董事会的沟通取得了他想要的成果，多数董事赞同未来公司国际化的发展方向，并且在讨论后初步设想以欧美国家为目标市场，但是第一步向哪个国家市场发展还没有定论。董事会决定成立专门的国际项目组，由刘熙直接负责，要求项目组出具一份针对欧洲、北美洲、澳大利亚市场的营销宏观环境评估报告。项目组需要完成的报告包括以下几部分内容：

任务1：分析国际目标市场的政治环境；

任务2：分析国际目标市场的经济环境；

任务3：分析国际目标市场的社会文化环境；

任务4：分析国际目标市场的法律环境；

任务5：分析国际目标市场的自然环境；

任务6：分析国际目标市场的技术环境。

三、操作示范

分析报告主要靠收集二手数据来完成，包括国家、各级政府部门、调研机构和专业杂志提供的资料。可以从以下几方面开展信息收集。

第一步：分析国际目标市场的政治环境

1. 分析政府和政党体制。

（1）分析政府类型。政府是国家的权力机关和执行机关。世界上多数国家的政府可分为两类：议会制政府和专制政府。一般来说，在议会制度下，政策在某种程度上能够反映大多数人的意见。而在专制制度下，政府政策的制定在很大程度上带有独裁者的意愿。

（2）评估政府在经济中所起的作用。一般来说，政府可能起到的作用包括参与者和规范者两种类型。如果政府是经济活动的参与者，那么政府的所有权可能阻碍企业在特定市场的经营，有时政府会对一些特定行业实行垄断；同时，公司可能面临政府独买，如果政府是唯一的顾客，那么公司营销能力便会降低。如果政府为规范者，那么往往会通过法令法规来影响营销者的活动。

（3）评估政府的廉洁与行政效率。可以通过一些专业机构的评估报告来分析政府部门官员的廉洁与效率状况。

（4）分析政党制度。政府内部的政党体制可以分为四种：两党制、多党制、一党制和一党专制。两党制是由势均力敌的两个政党组成。两党各有主张，重点应研究执政党的政策倾向。多党制是政府由各党联合组成，往往由于没有一个政党具有独立控制政府的能力，与两党制相比，多党制的党派联合变化更为频繁，因为联合执政时间取决于各党的协作。一党制是某一政党占绝对支配地位，其他政党没有机会在选举中获胜。这种情况在刚开始实行议会制的国家比较普遍，可能会逐渐演化成多党制。一党专制是一党独大，压制或镇压其他的党派，它的执政往往是通过军事或政变的手段获取的。一党专制不会发展成为两党制或多党制，而可能成为独裁制。要注意通过了解执政党的主张了解现政府的构成及其对经营和外商的主要政策。

2. 分析政治稳定性。

（1）分析政权更迭频率。一国政权的更迭往往带来政府政策的变化，造成企业营销的政治环境改变。

（2）分析暴力事件出现率。一般认为，暴力事件、治安混乱和示威游行等情况出现是政治不稳定的一个直接信号。

（3）分析文化分裂程度。文化分裂是一种由文化因素转化为政治因素的例子。

（4）分析宗教冲突。宗教信仰的差别是潜在的政治不稳定性指标之一，宗教对立经常是政治动荡的根源。

3. 分析政治干预政策。

（1）税收政策。即通过征收不同的关税来限制或鼓励外国产品进口的政策，分为限制性税收政策和鼓励性税收政策两大类。

（2）进口管制。即通过限制进口产品的类型和数量来直接或间接干预全球营销，一类是限制进口数量的各项措施，另一类是限制外国产品在本国市场上销售的措施。进口管制可能会迫使外国企业购买更多的东道国产品。对外国企业来说，当地零配件、原材料差异将影响产品的品质，而且当供应短缺时，可能使企业因无法获得足够原材料而停产。

（3）外汇管制。即指一个国家政府对外汇的供需及利用加以限制。会导致利润、资本不能自由汇回母公司等状况。

4. 分析民族主义。民族主义认为，一国的经济发展要更多地依靠本国自己的经济力量，要特别维护本国民族工业的发展。有人把这种主义称为忠诚的民族主义或爱国主义。当前，与政党和政府更替引起的政治环境不稳定相比，强烈的民族主义对全球市场营销的影响更为持久和关键。

无论哪一个民族国家，如果认为外商的决策没有顾及本国的社会经济发展需要，都会对其进行限制。美国国会也曾颁布一些条款，限制外商的侵入。

5. 分析政治风险。

（1）总体政局风险。东道国政治制度前景不确定可能导致总体政局风险。总政局不稳定会干扰企业经营决策和获利水平，甚至迫使企业放弃投资项目。

（2）所有权/控制风险。东道国政府注销或限制外商企业行为对企业来说可能导致风险，包括政府的没收、征用和本土化行为。没收指无偿占有公司财产。征用指政府对所占用的投资进行一定的补偿。也有一些国家通过对外国公司的经济活动严厉限制，如当地成分要求、价格控制，对汇付、股利或专业权使用费的限制等逐步蚕食投资资金。本土化指东道国通过制定一系列政府法令，规定公司管理中的当地所有权比例或更多的东道国参与要求，逐步将外国投资置于东道国控制下至收归国有。

（3）经营风险。东道国政府对外国企业实行控制性惩罚而产生的风险。它主要表现在对生产、销售、财务等经营职能方面的限制。

（4）转移风险。东道国政府限制外国企业经营所得和资本的汇出产生的风险，还包括货币贬值的风险。

6. 分析国家间关系。企业所属国与目标市场国之间关系的好坏，也会影响到企业国际市场营销的成败。一般而言，从是否参加地方性或国际性组织及是否遵守双边和多边条约可以大概看出一个国家与其他国家关系的状况。

国际性组织的会员国间也有相互的关系存在，每一个国际性组织都会影响其会员国的行为。一般而言，一个国家加入的国际性组织越多，则其受法律规章的束缚也越大，与其他国家的关系也越密切。

7. 分析劳工限制，即所在国对劳工来源及使用方面的特殊规定。

第二步：分析国际目标市场的经济环境

1. 分析经济体制。

（1）市场配置：就是由市场主体根据市场价格信号，为适应商品供求关系的变化，在竞争中将资源配置到供给不足、需求旺盛的部门，实质是依靠买方需求来分配资源。

（2）计划配置：计划配置就是由政府按照预定的计划，通过行政手段将社会资源分配到各个部门。

（3）混合体制：在基本经济制度既定的条件下，为促进稀缺资源的合理配置，由一系列有机联系并相互制约的机制、制度、组织、决策等方式而形成的复合体。

2. 分析市场发展阶段。美国学者罗斯托（W. W. Rostow）的经济成长阶段理论将世界各国的经济发展归纳为以下五种类型：（1）传统经济社会；（2）经济起飞前的准备阶段；（3）经济起飞阶段；（4）迈向经济成熟阶段；（5）大量消费阶段。凡属前三个阶段的国家称为发展中国家，而处于后两个阶段的国家则称为发达国家。

3. 分析人口和收入。构成市场的三要素是购买者、购买欲望和购买力，其中就涉及人口和收入问题。

（1）人口分析。

①人口规模及增长速度。一般来说，市场规模会受到人口总量的制约，市场规模与人口数量往往成正比。人口增长速度可能对企业的营销产生两方面的影响：一是人口增长，社会总需求便增长，从而为企业营销带来新的市场机会。二是人口增长速度过快可能限制经济发展和人均国民收入的提高，导致某些市场需求量下降。

②人口结构，包括性别结构、年龄结构、家庭结构、民族结构、城乡结构、教育水平。

③人口的密度和地理迁移。人口的地理分布和人口密度状况对产品需求、促销方式、分销渠道都产生不同影响。例如，美国人口最稠密的地方是大西洋沿岸、五大湖边缘和加利福尼亚沿海地区，这些地区也是美国最大城市的所在地。该地区对食物的消费相对较少，对汽车的需求量却明显高于其他地区，而且还是贵重皮货、化妆品和艺术品的大量集散地。同时，还应具体了解城乡人口比例以及人口流动性的高低和流向。

（2）消费者收入分析。

①个人收入，即从国民收入中减去公司所得税等间接税和公司盈余，以及各种社会保险等的余额。一般而言，个人收入是以工资、红利、租金形式以及从其他来源所获得的总收入。个人收入决定了消费者个人和家庭购买力总量。包括：个人可支配收入，即在个人收入中扣除税款和非税性负担后所得余额；个人可任意支配收入，即在个人可支配收入中减去用于维持个人与家庭生存不可缺少的费用（如房租、水电、食物、燃料、衣着等项开支）后剩余的部分，这部分收入是消费需求变化中最活跃的因素，也是分析时要考虑的主要对象。

②国民收入，即经济统计中一个衡量经济发展的综合性指标。比较经济发展水平的一个有效方法就是比较各国的国民生产总值。依据人均国民生产总值（GNP）一般可以

把各国划分为以下几个层次：

低收入国家——人均 GNP 不足 786 美元的国家，人口占全球的 37%，而 GNP 总量占比不到 3%。特点：工业化不足，农业人口和自给自足的农业的比例高；出生率高；文盲率高；高度依赖外国的援助；政治不稳定；主要集中在撒哈拉沙漠以南的非洲。

中低收入国家——人均 GNP 超过 786 美元而少于 3 125 美元的国家。这些国家人口占世界人口的 39%，而在全球 GNP 中仅占 11%。处于工业化早期。它们的主要产业为电池、轮胎、制衣、建筑材料和包装食品等。

中高收入国家——人均 GNP 在 3 126 美元到 9 655 美元之间；人口占世界总人口的 7%，在全球 GNP 中也占 7%。特点：城市化程度较高，农业人口比例较低，收入明显偏低；工资成本比发达国家低。

高收入国家——人均 GNP 高于 9 655 美元的国家；主要分为石油资源丰富国家和通过持续的经济增长实现高收入的国家。人口仅占世界总人口的 16%，在全球 GNP 中占到 82%。

评估市场潜力时，应对国民生产总值和人均国民收入进行对比分析。还应注意收入、生活费、利息、储蓄和借款形式的变化，这些对生产价格敏感产品的企业影响较大。同时还要考虑通货膨胀和物价上涨因素。若物价上涨超过或接近储蓄存款利率的增长，货币贬值将会刺激消费，抑制储蓄，形成所谓的"储蓄存款出笼"或"挤兑风潮"。市场抢购风迭起，需求过旺。

4. 分析国家经济特征。

（1）基础设施。基础设施是分析国际经济环境的重要因素。一般来说，经济发展水平越高的国家，基础设施越完善。

（2）城市化。城市化是当前各国经济发展的趋势。必须注意研究有关国家城市化与本企业产品营销的关系。由于城市居民与乡村居民生活方式和消费观念的差异，其在消费行为上也有所不同。国际营销人员必须注意到这种城乡差别，以便制定正确的营销策略。

（3）通货膨胀率。由于各国的经济体制、货币体系和货币政策不同，金融环境与通货膨胀也不一样。一般来说，通货膨胀会使实际工资下降，购买力下降，需求也会下降；但有时，消费者往往担心物价继续上涨，纷纷抢购商品，反而刺激了需求，所以进行营销决策时必须具体问题具体分析。美国年通货膨胀率约 1%，部分原因是服务成本的上升，服务占消费价格指数的 60%，生产率提高所带来的收益使美国价格保持中性，既没有通货膨胀也无通货紧缩。

（4）失业率。失业者指在经济生活中寻找工作但没有找到工作的那部分人。一般失业率和经济周期关系密切。如美国 2001 年失业率约为 3.9%，后因经济滑坡和恐怖袭击，失业率上升到 6%，随后因经济复苏失业率开始下降，但 2008 年金融危机后失业率猛增，2010 年失业率达 10% 左右。

（5）内需、外贸及外国投资状况。应分析目标市场对公司生产产品的需求水平、贸易差额、进出口额及国际性企业在该市场的数量、投资规模、经营业务的性质和范围等。

（6）分析其他金融指标。包括利率、汇率、外汇管制，金融市场发展水平和自由度等。

5. 不同层次的经济合作。

（1）是否参与全球性经济组织，如世界贸易组织（WTO）、国际货币基金组织（IMF）、世界银行（WB）。

（2）是否参与区域经济组织，如自由贸易区、关税同盟、共同市场、经济同盟等。

第三步：分析国际目标市场的社会文化环境

全球的个人与文化都既有差异也有共性，在分析社会文化环境时应当找出各种差异与共性，并对今后的营销计划起到一定的指导作用，对存在显著差异营销战略和方案要进行调整，有共性的则应避免作高成本的改动。分析内容包括：

1. 目标市场语言文字。语言是人们沟通思想的主要工具，也是一种文化区别于其他文化的最明显标志。应明确目标市场不同的地区和人群习惯使用哪些语言，有哪些主要的方言。商品进入目标市场时，商品品牌的确定、说明书的翻译、广告信息的传递等都应用合适的语言表达明确，避免翻译造成的歧义。可以考虑使用两次翻译法：先由本国的翻译将文字翻译成目标市场的语言，再由目标市场的翻译人员翻译成目标市场的语言，两相对照，若无差异，则翻译成功，否则重新翻译。

2. 评估物质文化水准。一个国家或地区的技术和经济状况构成物质文化，包括生产工具、劳动对象及创造物质产品的技术。一般来说，世界各国经济发展处于不同阶段，国民的物质文化水平不尽相同，他们的需求一般也不同。

3. 分析价值观念与态度。价值观念与态度主要包括对待物质财富和享受的态度、对待工作和成就的态度、对待变革的态度、对待时间的态度、对待风险的态度等。这些都会影响人们的消费行为和方式。

4. 分析社会组织。社会组织是指社会中人与人之间的联系方式，是一个社会形成的人与人之间的相互关系以及和谐共处所需的各种行为准则。具体应考察社会组织严密程度和组织对个人的影响程度等。

5. 分析教育水平。不同教育水平的人对商品的需求不同，对商品的包装、装潢、附加功能和服务的要求有差异，同时，在实施营销调研时选择的方式以及产品经销方式也会受到教育状况的影响。可以对目标市场各类教育水平人数比例、文盲率、教育投资占国民收入比例等进行考察。

6. 分析主要宗教信仰。宗教信仰直接影响着人们的生活态度、价值观念、风俗习惯和消费行为。一般来说，宗教节日引起商品需求出现大起大落；宗教要求与禁忌影响人们的消费行为；宗教对立与宗教冲突对国际营销也有重要影响，企业可以把影响大的宗教组织作为自己的重要公共关系对象，针对宗教组织设计适当方案，以避免由于矛盾和冲突给企业营销活动带来损失。

7. 了解风俗习惯。一般来说，风俗是指世代相袭固化而成的一种风尚。习惯是指由于重复或练习而巩固下来的并变成需要的行动方式。消费习俗是人类各种习俗中的重要习俗之一，是人们历代传递下来的一种消费方式，不同的消费习俗具有不同的商品需要。应当具体分析目标市场消费者的禁忌、习俗、避讳、信仰、伦理等特点，以及在饮食、服饰、居住、婚丧、信仰、节日、人际关系等方面表现出的心理特征、道德伦理、行为方式和生活习惯。

8. 了解社会阶层。应识别不同社会阶层的消费者，以便更好地满足他们的需要。

9. 分析与产品相关的美学标准。美学是一种文化的审美观念和审美能力，通常表现为对艺术、音乐、戏剧、舞蹈、颜色及形状等的鉴赏力。应特别注意分析消费者对商品的好坏、美丑、善恶的评价。事实上，人们在市场上挑选、购买商品的过程，就是一次审美活动，实质上反映了一个时代、一个社会人们共同的审美观念和审美趋势。

10. 判断目标市场属于高背景文化还是低背景文化。低背景文化信息的表达比较直接明确，语言沟通是大部分信息的载体，所有事情都必须确切表达出来，并进行书面确认，不能相信任何人。

高背景文化信息中一条信息的语言部分所包含的信息比低背景文化的要少，大部分信息隐含在沟通接触的过程中，涉及参与人员的背景、所属团体及社会价值观等。

表 2－1   高背景文化和低背景文化的差异表现

因素	高背景	低背景
律师	不太重要	非常重要
一个人的口头承诺	就是其信誉保证	不足以依赖、应把它写下来
个人对组织所犯错误的责任	取其最高水平	尽量降到最低水平
空间	人们之间保持很近的距离	人们希望始终保持有私人的空间，并且厌恶受到侵犯
时间	多元时间观念——生命中所有事物都有自己的时间规律	单一时间观念，时间就是金钱，线性的观念，一段时间只做一件事情
谈判	是冗长的，一个主要目的是让各方相互了解	进行得相当迅速
公开招标	不常有	常有
代表性的国家	日本、中东	美国、北欧

11. 分析目标市场商业惯例。

（1）企业经营结构。企业的经营结构模式影响企业的决策和权力构成，主要分析内容包括：企业规模和管理方式、企业所有制、企业权力结构、企业受各种公众的影响程度。

（2）做生意的方式。应主要分析：商务接触常见的级别，一般来说美国企业给中下层管理者委托授权较多，因此商务接触中有可能常见中下层经理；交流方式，如无声语言、肢体动作等；礼节与效率，为人随和、不拘小节似乎是美国人的行为习惯，但这种表面上的随随便便并不等于工作上的马马虎虎；谈判重点，如通货的有效性、商品进出的审批、产品性能及包装、广告、雇员条件、利润补偿和其他因素；企业道德，例如馈赠礼品是在世界上大多数国家都认可的行为，在美国就不流行，甚至还会遭到谴责，同时礼品超过一定金额范围会被认为是贿赂。

第四步：分析国际目标市场的法律环境

1. 研究相关的国际法。主要包括相关的国际约定、国际惯例、国际组织的决议，以及有关国际问题的判例等。应主要分析：保护消费者利益的立法，保护生产制造者和销售者的立法，保护公平竞争的立法和调整国际间经济贸易行为的立法。

2. 研究企业母国法律。许多国家为了保护国内市场，增加国内就业机会，以及更好地与国际惯例接轨，都制定了明确的法律规定。应重点分析的法律规范包括出口控制、进口控制、外汇管制等。

3. 研究东道国法律。美国 50 个州中的 49 个法律都是建立在判例、习惯及以往的解释基础上的，即普通法又称习惯法。相对应的，成文法又称大陆法，是所有可能出现的结果的详细规则。

应具体分析东道国在关税、反倾销税、出口/进口许可、法律激励、限制贸易法、贿赂与伦理、产品/包装标准、品牌名称和商标、价格控制、分销商合同以及广告限制等方面的法律规范，还有有关竞争的法律及环境保护、资源管理方面的条例规定。美国目前影响营销的主要法律详见表 2-2。

表 2-2　　　　　　　　　　　美国目前影响营销的主要法律

类型	年份	法律名称	说明
维持竞争性环境的法律	1890 年	《谢尔曼反托拉斯法案》	禁止贸易限制和垄断，确认竞争性的营销体系为国家政策目标
	1914 年	《克莱顿法案》	限制价格歧视、独家经销、捆绑合同等可能会减少竞争或产生垄断的做法来强化《谢尔曼反托拉斯法案》
	1914 年	《联邦贸易委员会法案》	禁止不公平的竞争方法，建立联邦贸易委员会这一管理机构来调查企业行为并加强《联邦贸易委员会法案》
	1938 年	《Wheeler - Lea 法案》	修改《联邦贸易委员会法案》使另一些不公平做法非法化，给予联邦贸易委员会对虚假及误导广告裁判权
	1950 年	《Celler - Kefauver 反合并法案》	修改《克莱顿法案》以适用会减少行业竞争的主要资产购买
	2001 年	《航空交通安全与系统稳定法案》	针对会使航空业瘫痪的恐怖袭击而实施的法案
管理竞争的法律	1936 年	《罗宾逊—帕特曼法案》	禁止在向批发商、零售商或者其他生产者销售时采用价格歧视，禁止以不合理的低价销售以消除竞争
	1993 年	《北美自由贸易协定》	加拿大、墨西哥以及美国之间的国际贸易协定，旨在通过取消 3 个国家之间的关税以及其他贸易壁垒来促进贸易

续表

类型	年份	法律名称	说明
保护消费者的法律	1906 年	《联邦食品与药品法案》	禁止州际贸易中假冒伪劣食品和药物的交易；通过《食品、药品及化妆品法案》和《Kefauver－Harris 药品修正案》来加强禁止力量
	1970 年	《国家环境政策法》	成立环境保护署来处理各种形式的污染及产生污染的企业
	1971 年	《公共健康与吸烟法案》	禁止在广播或电视上做烟草广告
	1972 年	《消费品安全法案》	成立消费品安全委员会，授权对大多数产品的安全标准加以管理
	1998 年	《儿童在线隐私保护法案》	授权联邦贸易委员会就营销者在向儿童询问营销调研问题之前应何时、如何征得家长的许可而制定规则
	2000 年	《反域名抢注消费者保护法》	禁止非善意购买与现有注册商标一样或容易混淆的域
	2001 年	《电子签名法案》	赋予电子签名与手工签名相同的法律效率
	2001 年	《航空安全法案》	要求航空公司采取更多的安全措施来保护乘客

4. 研究法律执行与管理部门职能。除了要研究各项法律、规定之外，还要了解与法律的制定与执行有关的监督、管理政府部门的职能与任务，了解在某些情况下可以找什么机构处理。

第五步：分析国际目标市场的自然环境

1. 分析气候、地形及资源。世界各国地理分布差异很大，各国气候、地形和资源也存在巨大差异，对营销也会造成一定影响。北美洲中部的美国，是世界最大国家之一，境内地势东西高，中央低；水利资源比较丰富；美国自然矿资源比较丰富，森林面积占全国面积的 30%；美国气候比较复杂。企业应当结合东道国特点合理利用当地资源开展营销。

2. 分析环保标准。污染问题已引起各国政府高度重视，它们纷纷出台环保法律和法规，并强制要求企业购买设施和采取措施解决环境问题。同时，各类环保主义运动和环保组织也层出不穷，以自己的方式开展环保活动。制造污染的企业在社会舆论的压力和政府的干预下，不得不采取措施控制污染；这也给控制污染设备的生产企业找到市场和营销机会。应注重分析当地政府和市场消费者对环境保护的关注程度，以及相关环保组织和相关环保标准。一般来说，可以通过宣传产品使用了多少再生资源，强调对环境污染小来迎合消费者环保观念。产品如果通过 ISO14000 的环保认证，可以在全球市场免除与环境相关问题的检查并确立企业的环保品牌意识。

第六步：分析国际目标市场的技术环境

技术发展水平分析包括技术实力、技术竞争力、技术创新能力、研究与发展经费、因特网运用程度、人才技能水平和培养途径、人均拥有电话数、人均用电量等。

四、知识链接

（一）政治和法律制度对国际营销的影响及问题处理

1. 政治和法律制度对国际营销的影响。

（1）所有国家都有一定的法律法规来管理与他国的贸易和商业往来；

（2）都会对外地人与本国资源的接触施以控制；

（3）这些政治和法律制度会影响全球营销者在一个国家获得市场机会的能力；

（4）这些政治和法律方面的限制总在变化，因此，给国际营销者带来了障碍。

2. 政治风险处理方法。企业在国外被征用时要求返还一般不可能，司法途径也很难解决，因为一个主权国家不能在外国司法机构作为被告。这时可以请求世界银行投资纠纷处理中心（World Bank Investment Dispute Settlement Center）仲裁，也可以事先在私人保险公司或政府的海外私人投资公司投保征用险。

企业在国外遇到本土化政策时，因东道国政府试图掌握本国内外国企业的所有权，外国企业往往迫于政治压力而与当地的企业合作。如印度 1973 年的《外汇管理法》规定："外国资本在当地项目中股权的比例最多只能占到 40%。"当时，在印度的外国企业的反应有：（1）遵循规则。如高露洁（印度）公司，后来在当地发展得很好。（2）离开。IBM 公司认为如果同意政府参与控制，损失将超过获利，故选择离开。（3）在法律下协商。一些企业利用股权稀释的要求增加用于经营的基金。比如通过当地投资者发行新股等，扩大了企业的生产和销量。（4）预计政策的可能变化，采取预先措施。（5）听取该国经理的意见。

3. 解决国际贸易争端的途径。在国际营销过程中，发生法律纠纷的双方一般有三种情况：一是政府间；二是公司与政府间；三是两家公司间。政府间的争议可诉诸国际法庭，而后两种争议则必须由有关双方中的一方所属的国家法庭进行审理或仲裁。特别要注意的是：

（1）法庭和法律的选择。国内法律只适用于一国之内的营销。当两个不同国家的当事人之间发生商务争端时，最重要的问题是要明确诉诸哪种法律。如果交易双方对裁决事项没有共同协议，一旦发生纠纷，国际营销人员就将面临两种选择：①以签订合同所在地的法律作为依据；②以合同履行所在地的法律作为依据。一般来说，如果合同中没有写明以何地法律为准，多以签订合同所在地的法律为准。但是为了降低不确定性，避免不必要的矛盾，国际营销者在签订合同时应该写明裁决方式。

（2）诉讼。有很多原因使企业不愿在法院打官司。除了花费大、拖延时间长和使事情更加恶化外，还有以下一些原因：①害怕产生不好的名声，以至影响公共关系。②害怕外国法院的不公正待遇。③害怕泄密。企业在发生国际商业争端时往往愿意通过较为和平的方式（协调、调解和仲裁）解决问题。

（3）仲裁。仲裁裁决快、费用省，一般可以避免诉讼的缺点。而且由于仲裁过程保密并且不存在敌意行为，所以对商誉没有破坏性影响。正是由于仲裁具有调节特点，所以国际商务中大约有 1/3 的案件在裁决之前就通过当事人直接对话解决了。由于仲裁者不以法官面目出现并且经验丰富，所以仲裁结果比较公正，也易于被当事人接受。仲裁期间，允许当事双方一面争议一面继续做生意，所以避免了更大的损失。仲裁的依据不是法律条文，而是基于对事实的公道处理，争执双方也因此而不必诉诸对方的国家法庭，所以感到满意。正因如此，仲裁在解决国际商务争端中的作用越来越大。甚至，在斯德哥尔摩还成立了解决东西方贸易争端的仲裁机关。

仲裁的程序简单、直接。如果国际企业希望对未来争端通过仲裁解决，那么只需在合同中注明仲裁条款即可。

仲裁的优点及其地位越来越重要，它已成为解决商业争端中广受欢迎的措施。不过，仲裁不是包治百病的万灵药，在个别情况下，一项仲裁耗时数年、费资数万也时有所闻。但是，不管怎么说，仲裁仍是解决商业争端的最佳选择，国际商会称，其裁决只有8%受到异议或得不到执行。

（二）文化的分析方法及对营销的影响

1. 文化的分析方法。一是霍夫斯泰德的文化类型说：（1）个人主义/集体主义：个人主义接受和鼓励个人进取心，强调自我和个人成就，个人与集体、社会的关系比较松散，注重自我与家庭；集体主义是与社会阶层强烈紧密的组织关系，只要对集体忠贞不渝，集体就会提供保护。（2）权利距离：是人们对社会不平等的容忍程度，即对某一社会制度中上下级不等状况的容忍程度。（3）不确定性回避：反映社会对模棱两可或不确定性的容忍程度。（4）男性化/女性化：男性化是喜欢表现自我，追逐金钱和社会地位；女性化是男女均可担任多样角色，注重家庭、子女的抚养权等。

二是产品的环境敏感性：指在不同的国家市场上，产品需要符合特定文化需要的程度。环境敏感性越强，产品需要调整的幅度越大；不同的产品具有不同的环境敏感性，如集成电路环境敏感性差，而食品则强，计算机居中。

2. 文化环境对营销的影响。文化渗透于营销活动的各个方面。诸如产品要根据各国文化特点与要求设计，要根据各国消费者不同价值观念及支付能力定价，分销要根据各国不同文化与习惯选择分销渠道，促销则根据各国文化特点设计广告。

国际营销者的活动又构成文化的一个组成部分，推动着文化的发展。其活动既适应了文化又创造了新文化，诸如创造新需求、新的生活方式等。

市场营销成果的好坏受文化的裁判。消费者对产品接受与否，均是其文化意识的反应。文化环境能在根本上影响人们对世界的看法和社会行为，即人们潜意识中总是存在自我参照准则，从而影响行为。

（三）技术革命与国际营销

技术革命带来技术创新，改变企业生产、经营和管理组织模式，同时改变市场运行模式和机制，改变传统工业经济时代的营销模式和竞争策略。以信息技术革命为中心的知识经济作为一种新型经济形式对企业国际营销的影响主要有：

1. 对顾客需求的影响。由于技术革命推动世界经济飞速发展，人民生活水平迅速提高，消费需求由低层次的生理需求向高层次满足转变，从对物质需求向精神需求转变；消费需求日益趋向个性化；对服务水平和产品的品质有更高需求；信息技术革命使得一对一服务和以顾客为中心提供产品和服务成为可能。

2. 对产品策略的影响。知识经济时代，知识成为经济的核心要素，产品的价值由传统上以物质价值为基础变为以知识含量为基础进行衡量，新技术应用于新产品开发的周期大大缩短，产品更新换代加快。因此利用技术革命对产品实行技术创新，提高产品的技术含量是企业的重要竞争策略，同时必须利用新技术不断对产品进行创新以及不断地提高品质，缩短产品的设计、开发和使用周期。企业可以及时了解顾客需求的变化以及时满足顾客变化的需求，并提高企业的生产效益和营销效率。

3. 对价格策略的影响。科学技术的发展及应用，一方面降低了产品成本，使价格下降，另一方面使企业能够通过信息技术加强信息反馈，正确应用价值规律、供求规律、竞争规律来制定和修改价格策略。另外，传统的以生产成本为基准的成本导向定价，在全球竞争日益激烈的市场格局下，逐步转变为以市场为导向的定价方法，而新技术特别是网络技术使得以需求为导向定价成为可能。顾客可以通过因特网提出接受的成本，企业根据顾客的成本提供可选的产品设计和生产方案，直到顾客认同确认后再组织生产和销售，以顾客能接受的成本进行定价，即在定价中除考虑顾客的价值观念外，还考虑到顾客能接受的成本，做到以顾客为中心定价。

4. 对分销策略的影响。广大消费者的兴趣、思想等差异性扩大，自我意识的观念增强，从而引起分销机构的不断变化，大量的特色商店和自我服务的商店不断出现。例如，20 世纪 30 年代出现的超级市场，20 世纪 40 年代出现的廉价商店，20 世纪六七十年代出现的快餐服务、自助餐厅、特级商店、左撇子商店等。同时也引起分销实体的变化，运输实体的多样化，增加了运输容量及货物储存量，使现代企业的实体分配出发点由工厂变成了市场。同时，新技术使产品的分销更加方便顾客，实现一对一的跨时空分销渠道，顾客可以随时随地利用因特网订货和购买产品。如美国电脑销售公司戴尔公司（DELL），在 1995 年还是亏损的，但在 1996 年，它们通过因特网来销售电脑，销售率增长了 100%。

5. 对促销方式的影响。科学技术的应用引起促销手段的多样化，尤其是广告媒体的多样化，广告宣传方式的复杂化。同时可以使促销从强迫式向与顾客直接沟通式转变，实现一对一和交互式的促销，顾客可以参与到公司的营销活动中来，从而加强与顾客的沟通和联系，直接了解顾客的需求，获得顾客的认同。

6. 对营销管理的影响。国际营销是在国际市场上进行营销活动，企业面对的国际环境和因素比国内市场要复杂得多，因而传统的国际营销管理受地理位置和时间约束，一般采取松散型管理，而且对不同市场都必须设立相应的机构和配套组织，所以开拓国际市场成本相当高，且控制风险相当大。而信息技术革命带来全球通信便捷，使得远程办公、远程会议和远程管理成为可能，可以大幅度压缩传统的旅行费用和额外开支。

7. 对交易方式的影响。技术革命特别是信息技术革命，使得全球经济呈现出网络化、数字化特征，传统的以实物交换为基础的交易方式被以数字交换为基础的无形交易所代替。网络化和数字化技术使得世界各地市场被无形地连接在一起，不受地理位置和时间约束，使交易全球化成为可能。开展国际营销可以利用世界性网络进行信息交流和沟通，降低国际交易的费用和交易风险。

8. 对竞争战略的影响。技术革命的加速发展使企业在获取巨大利润的同时，需要大量的投入和承担巨大风险，因此采用高技术开拓国际市场的企业，一般都注重与相关企业建立战略合作联盟，使传统的单纯竞争形式变成既是竞争对手又是合作伙伴的相互依赖、相互竞争的形式，如美国的英特尔公司为开拓存储器市场就与日本的富士通公司联合开发研制，共同享受成果。同时由于知识经济的发展，国际市场的竞争由传统的对资本等低层次资源占有的竞争，转变为对知识生产、占有和利用能力的竞争。

（四）在国外筹资的渠道

1. 外资银行提供贷款。随着资本全球化的发展，外资银行进入了各国市场参与各种金融业务活动，它们对东道国企业的经营活动进行贷款。

2. 国际金融组织。国际金融组织提供的资金主要通过政府用于开发重大项目。如世界银行，它主要向发展中国家提供用于开发性项目的资金。该行与它的分支机构国际开发协会并不直接给企业贷款，通常是与政府合作来选定项目。

3. 国际金融市场。国际金融市场上存在各种金融机构及投资机构。诸如银行、财团、共同基金、养老基金、保险公司、证券公司都在积极地寻找投资项目。如果企业发展前景良好，并有一定的国际知名度，通过国际金融市场融资不失为一条捷径。

4. 国际证券市场。如同在国内发行股票是企业集资的捷径一样，能够在海外市场发行股票也是一种有力的融资手段。当然在国外发行股票风险也随之加大。

5. 国际设备租赁。现代设备租赁是指出租人根据承租人的要求，以其自有资金或向金融机构借款，从制造商那里购买承租人选定的设备，将设备长期出租给承租人使用，并按双方协商议定的价格和方式收取佣金。国际租赁具有鲜明的信贷融资性质，可提供一般中长期信贷所不能提供的融资便利，如租金支付方式可灵活多变以满足承租人的不同需要，租金在整个租赁期内一般固定不变，租赁期较长等。国际租赁由于其具有诸多优点而得到世界各国企业的欢迎，成为它们解决外汇短缺、利用外资、引进设备、提高设备使用效率的重要方式。

【阅读链接】

案例1：日本田中制造公司

日本田中制造所给该公司的每一个推销员都配上传真机，每天早晨公司通过传真机把当天的任务传给每一个推销员，推销员只根据传来的指令推销商品，每周向公司汇报一次，这样就节省了上班挤车的时间和交通费。这家公司的实践结果是，1983年订货额比上年同期增加了40％，行政费用却减少了30％。1984年2月日本神户制钢所和竹中公务店等公司开始租用日本电信电话公司研制成功的电视会议系统。这种系统是通过专用电话线把东京、名古屋、大阪和神户四大城市的会议室连接起来，出席会议的人都显示在屏幕上，可以相互交谈，就像在一个办公室开会一样。日本神户制钢所每月大约有1 500人去东京和大阪出差，每人每天的出差费用30 000日元，租用电视会议系统每月只需150万日元，不仅节省了时间，而且节省了费用。

案例 2：中国彩电在美遭"封杀"

2003 年 5 月 2 日，以美国五河电子公司（FREI），电子工人国际兄弟会（IBEW），电子产品、家具和通讯国际工会（IUE－CWA）等三方为原告，针对中国和马来西亚彩电企业向美国出口彩电，正式向美国商务部和美国国际贸易委员会提起反倾销诉讼。我国的长虹、海尔、康佳、创维、TCL 等主要彩电生产企业均"榜上有名"。

美国时间 2004 年 4 月 13 日，美国商务部发布了针对此次对华反倾销案的终裁结果（与美国副总统切尼的高调访华同期而至），长虹、TCL、康佳和厦华四家单独应诉的中国企业得到的倾销税率分别为 24.48%、22.36%、11.36% 和 4.35%，这几乎与它们出口到美国的产品量成正比。而其他应诉企业包括海尔、海信、创维、上广电在内，统一税率是 21.49%，其他未应诉企业的税率均为 78.45%。终裁结果比 2003 年 11 月 25 日的初裁结果降低幅度平均达 50% 以上。

4 月 14 日，国内主要彩电生产企业几乎在第一时间就对媒体表达了自己的态度，长虹、康佳、厦华等企业均对终裁结果表示遗憾，而中国机电产品进出口商会的相关负责人则表示，必要时将继续组织企业向美国国际贸易法院上诉。有业内人士向记者透露，中国企业对美出口产品的利润率也就在 10% 左右，再加上美国征收 5% 的海关关税，只要倾销税率在 15% 以上，中国企业就已经没有任何利润可言了。难怪终裁结果仍无法令中国企业满意了。

一、大举向外扩张引来祸端

据一位业内人士分析，自中国加入世界贸易组织以来，外贸出口强劲增长，其中机电产品占据了半壁江山，而机电产品主要就是靠彩电实现的迅猛增长。据信息产业部统计，2002 年全年我国出口彩电就达 1 800 万台，比上年同期增长 1 倍以上，更是 1997 年的 5 倍。据不完全统计，2003 年我国彩电出口达 2 000 万台以上。

美国不仅是除日本、欧盟以外中国家电出口的主要市场，也是增长最迅猛的市场。据了解，2002 年，长虹、康佳、创维、海尔等企业向美国的彩电出口量均大幅上升，呈十几倍的增长，这种趋势在 2003 年仍在延续。据中国家电协会的统计数据，仅 2003 年 1～3 月，我国家电企业向美国累计出口额同比增长 37.4%，达到 8.6 亿美元，占总出口量的 31.5%。

很显然，是中国彩电的"大举进军"引来了祸端。果然，2003 年 5 月的一天，几家都市类平面媒体同时收到了一份来自某律师事务所的爆料，称美方要对马来西亚及我国出口彩电企业提起反倾销诉讼。而令人奇怪的是，这位知情人士告诉记者："这家律师事务所没有受到包括我国政府机关和彩电厂家在内的任何单位的委托。"此外，一些营销专家认为，中国产品屡遭外国的反倾销，与中国出口产品定位雷同化、技术含量低、为争夺同一订单大打价格战的现实情况有很大关系。

二、市场经济地位与参照第三国原则

据有关部门统计，截至 2003 年底，我国国内企业被外国政府反倾销的案件总计达 540 多起，涉及金额达 500 多亿美元。我国的电视机、自行车、钢材、打火机、木制家具、糖精等行业领域都曾因外国政府而使辛辛苦苦才获得的国外市场份额付之东流，同时国内市场也因此而遭受一定的不利影响。一些专家认为，我国之所以成为世界上反倾销最严重的受害国，核心原因是我们仍被视为非市场经济国家，因此，根据世界贸易组织有关协议规定，在裁定是否存在倾销与计算倾销幅度时，参照的不是母国国内市场价格，而是第三国相同或相似产品的正常价值。这次，美国对从中国进口彩电的倾销裁决，适应的就是新加坡的彩电生产和销售的正常价值。

根据中美加入世界贸易组织谈判协议，在中国正式加入世界贸易组织后的15年内，美国针对非市场经济国家的反倾销法仍适用于从中国的进口。中欧协议的内容也往往效仿中美协议。因此，在未来几年里，我国被反倾销的案件数量仍会居高不下。从另一方面看，对付外国反倾销的出路之一就是要加快市场经济取向的经济体制改革，并推进与欧美国家的市场经济地位谈判，争取早日获得它们的认可。2004年9月，东盟十国正式承认中国的完全市场经济地位。这是中国第一次获得世界区域性组织对自己市场经济地位的认可。

美国商业部所指的非市场经济国家是指不按市场成本和价格规律进行运作的国家。它对市场经济有六个法定要求或说具体标准：一是货币的可兑换程度；二是劳资双方进行工资谈判的自由程度；三是设立合资企业或外资企业的自由程度；四是政府对生产方式的所有和控制程度；五是政府对资源分配、企业的产出和价格决策的控制程度；六是商业部认为合适的其他判断因素。从这些要求看，中国要想获得美国的市场经济地位认可，还有很长的路要走。

三、中国企业对反倾销的态度

2003年5月9日，即美国当地企业对来自中国的进口彩电提起反倾销诉讼的第7天，中国机电产品进出口商会具体负责该案的一位人士接受《中国经济时报》记者采访时表示，信息产业部、机电进出口商会以及彩电厂家等正积极联合商量对策，并于9日共同召开了紧急应诉会议。在会上，政府部门号召相关企业积极应诉，以争取最为有利的结果。鉴于此案涉及金额较大，商务部对此非常重视，争取利用一切机会努力尽早禁止美国对我国彩电提出的反倾销调查。

该负责人表示，应该理性看待整个事情，按照我国目前彩电的出口趋势，被起诉的危机蔓延，这是正常的，也在情理之中。日本、韩国等都曾经被美国提起过彩电反倾销诉讼，这都是正常的贸易纠纷，因此不必把此事看得过于严重。但他强调，我国彩电出口不存在低价倾销，关键在于数量上突飞猛进，迅速占领了别人的市场，威胁到一些相关厂商的利益，人家才不高兴。中国机电产品进出口商会一位副会长接受记者采访时认为，我方正在积极收集证据，这个过程将很复杂，可能是一年甚至更长时间，目前暂且不能定输赢，但在这个过程中，我国企业迫切需要政府部门的大力支持。

而有业内人士称，几大彩电企业却难以就此达成一致意见，有的主张集体应诉，有的主张单独应诉。集体应诉不仅可以降低应诉费用，而且因一致对外，可大大提高胜诉的可能性。但是有些企业认为，此次诉讼多半是由国内个别企业的中介商低价倾销造成的，费用应该主要由个别企业承担，不该由企业平均分摊。而据了解，在 2002 年中国彩电出口美国呈十几倍的增长中，一些投机型的国际中间商起了关键作用，他们的操作手法是大量收购然后进行低价倾销。

从终裁结果看，厦华的处境相对好一些，该公司的倾销税率仅为 4.35%。厦华一位负责人解释说，这不仅与厦华快速的应诉行动有关，而且与厦华开拓美国市场的"高技术、高端市场、高利润"策略有关。在 2003 年的反倾销调查中，厦华是第一个聘请美国著名律师事务所代理本案，第一个登录美国商务部网站，下载有关反倾销调查文件，第一个登记，第一个申请接受单独调查和应诉的中国企业，也是第一个填写完毕并递交调查问卷的中国企业。

四、国际营销战略需调整

康佳高层承认，11.36% 的倾销税率对于康佳来说正好是临界点，开拓美国市场能否赚钱，取决于下一步的运作。康佳在墨西哥的生产基地将在 2003 年 8 月投产，该生产基地有 4 条生产线，专门供应北美自由贸易区。康佳的做法代表许多中国企业的调整方向。尽管中国企业保留了继续上诉的权利，但是要推翻终裁结果或是得到更大规模的降幅几乎是不可能的，这促使中国企业必须调整海外市场进入战略。在中、美以外的第三国设立工厂或生产基地成为一个非常现实的选择，而墨西哥是北美自由贸易区的成员国，进入墨西哥就等于进入了北美自由贸易区的其他国家。不过，还有企业认为，选择当地合作伙伴，为对方做 OEM 和 ODM 也是一种可以选择的对策。

有关专家指出，在这种极为复杂的经济环境中，作为刚刚进入全球化市场、尚缺乏国际贸易经验的中国彩电企业，需要应对的绝不仅仅是价格问题，还需不断开发新技术，重新修正出口战略，打造占领国际市场的强有力武器。同时，面对国际市场的重重壁垒，也要善于运用贸易规则保护自己。

据悉，目前中国的彩电出口已经从以往的低端产品转向了高端产品，如长虹的背投和液晶等高端电视都有出口，其背投产品已占到全美彩电销量的 10%。海尔在美国也采取了个性产品销售策略。

五、能力实训

【实训背景】

巴西是拉丁美洲最大的国家，其国土面积为 8 511 965 平方公里，相当于苏联以外的欧洲大小，人口约为 1.69 亿人（排世界第五），其中 18 岁以下的未成年者占其总人口的一半左右；按照 2010 年的数据，巴西人口中 47.3% 为白种人，43.1% 为混血种人，7.6% 为黑人，2.1% 为亚洲人，其余则为少数印第安人；主要语言为葡萄牙语、西班牙语。巴西在 20 世纪六七十年代的 8 年间曾经实现高达 10.1% 的年均经济增长率，创造了举世瞩目的"巴西经济奇迹"，但在 1974 年的石油危机后巴西一直被严重的通货膨胀所困扰。尽管如此，巴西工业的增长速度仍比较快，2000 年 GDP 实现 10 890 亿雷亚尔

（约合 5 958.5 亿美元），增长率为 4.46%，人均收入 6 560 雷亚尔（美元与雷亚尔的比值为 1:2.1），吸引外商直接投资约 300 亿美元。

在 2002 年和 2003 年，由于国家公共债务规模日益庞大，债务结构不合理，以及政府为此实施了紧缩的财政政策和货币政策，导致经济增长速度放慢。同时，由于海外投资者担心未来的经济政策和债务的承受能力，使外资流入骤减，从而导致了雷亚尔大幅贬值，银行基准利率上调，也抑制了巴西经济的增长。此外，电力紧张也是导致巴西经济增长速度减缓的一个重要原因。2002 年巴西经济仅增长 1.5%，美元与雷亚尔的比价也降到 1:3.5 左右，获得外国资金 270 亿美元。2003 年经济更始出现负增长。

2003 年巴西平民总统卢拉上台后厉行新政，经过两年的艰难曲折，其成效终于显现：出口、就业、工业生产和经济增长的好消息频频传来。本来就乐观豁达的巴西人这下就更对国家强大充满信心。一个正在朝着经济强国目标起跑的巴西再次吸引了世界的目光。2005 年 3 月巴西国家地理统计局宣布，在经过几年的调整后，2004 年 GDP 实现 17 692 亿雷亚尔（约合 6 048.8 亿美元），增长率为 5.20%，创 1994 年以来的最高纪录；通货膨胀率为 7.6%，比 2003 年的 9.3% 下降 1.7 个百分点；吸引外国直接投资（FDI）181.66 亿美元。

巴西已跻身新兴工业化国家之列，并成为世界第九大经济体。中巴贸易额近年来快速增长，目前中国出口巴西的产品主要有丝绸，染料，汽车配件，自行车和缝纫、纺织品机械等。除此之外，巴西的经济还有以下特点。

1. 通货膨胀。如同许多南美国家，巴西一直被过度的通货膨胀所困扰，最严重时的 1986 年曾达到 400%，宏观经济环境不断恶化。为此，巴西政府不断推出反通货膨胀的计划，最具影响的有克鲁扎多计划、克洛尔计划和雷亚尔计划，其中效果最好的是 1994 年开始推行的雷亚尔计划，其核心内容就是放弃物价控制，转向减少政府公共支出，削减财政赤字，控制货币供应量，进而控制物价水平。雷亚尔计划实施以后，巴西经济呈现良好势头，通货膨胀得到很好的遏制，物价水平波动幅度明显减小，当年实现经济增长率 5.67%。2000 年通货膨胀率为 5%。与此同时，巴西实行浮动钉住汇率制度，并不定期地、频繁地实施小幅度贬值，使其出口更具竞争力。

2. 国家的区域性和收入分配两极化。在这样地缘辽阔的国家，各地区之间大相径庭。经济发达、经济增长速度较快的地区大多集中在里约热内卢、圣保罗和米那斯几拉斯等州。相反，东北地区却被称为"一国中的欠发达国家"，中西部及北部地区地广人稀，其人口仅占巴西总人口的 10%。

巴西还是一个两极分化非常严重的国家，近年来，基尼系数没有低于过 0.59，占人口 10% 的最富有阶层拥有 50% 以上的社会财富，而国家约有 7 500 万人处于贫困状态，其中 3 500 万人为赤贫（日生活费不足 1 美元）。因此，经常可以看到在大城市中，一边是高楼大厦，另一边却是贫民窟。

3. 进口规定和限制。

（1）进口许可证。在巴西，必须持有巴西中央银行发放的进口许可证，才能进口某种商品。20 世纪 80 年代以来，在巴西获得任何一个消费品的进口许可都是非常困难的事情。

（2）进口税。巴西对消费品的进口无一例外地征收较高的进口税，这种情况一直持续到现在。有时，其关税竟超过货物船上交货价的200%。机器设备的进口税相对较低，通常在15%到55%之间，有时甚至可以免税，这主要为了促进本国工业技术水平的提高。如果国内没有与进口货物相似的同类产品，一般可以得到减税，但是这种税收优惠政策现在只能应用在被批准的进口项目上。

（3）其他税。对进口货物除了征收较高关税外，往往还要征收其他一些税，其中较重的是营业税。虽然营业税也适用于国内产品，但在完税价值上再征收营业税，无疑是对进口货物采取的一项歧视措施。

（4）自由贸易区。主要位于马瑙斯的河港。

4. 对本国工业的保护。

（1）进口许可证和高额关税。

（2）如果某种商品的进口对地方工业形成威胁，那么海关政策委员会可将此种商品的关税提高30%。

（3）反倾销。一般情况下，当某种商品的进口量非常大且增长速度较快时，国内有关产业或产业协会就可以向政府提出反倾销申请。尽管有时反倾销不一定成立，也会对外国企业产生一定的威慑力，使得其进口行为有所收敛。近年来，巴西已成为世界上反倾销大国。

（4）政府采购。只要国内有同类产品，巴西政府部门、官方机构和国营企业就根本不买国外货。即使巴西国内没有同类产品，进口也受到严格的限制。

5. 代理人制。巴西盛行代理人制，因为整个拉丁美洲只有巴西说葡萄牙语，造成外国人在语言方面有一定障碍，所以，巴西市场风行代理人制。若没有代理人，巴西国内客商就不愿意直接跟你谈生意，人家会怀疑你今天来，明天走，合同签不了还得花很贵的传真费找你。在巴西，代理协议授予代理人签订合同的一般权利，并要求委托方负担缴纳地方所得税，其理由是对方"来到了"这个国家。一般情况下，应缴纳的税额为产品总营业额的20%。巴西法律保护本国代理人不因外国委托人无正当理由而单方面撤销合同。这种情况下的赔偿金额可达到合同期内营业额的6%。

此外，通货膨胀和进口管制使得巴西国内佣金代理人的数量越来越少，许多代理人已经改行。所以，要在巴西找到一个好的代理人越来越不容易，而且没有几个代理人能够在全国范围内进行代理。因此，许多外国公司选择代理人的标准是代理人的代理范围能包括里约热内卢、圣保罗和米那斯几拉斯等州即可。

6. 外商直接投资。显然，现在能够向巴西出口的商品种类有限，只有在巴西不能生产的工业品方面（大部分为工业成套设备和高科技资本产品）有较多种类的商品可以向其出口。

对于大多数外国公司来说，如果考虑进入巴西市场的话，只有在合资经营或独资经营的基础上进行当地化生产，才是最好选择。与我国相似，外国公司在巴西建立企业，通常选择股份有限公司的形式，而且最受欢迎的是将股份公司办成一个"开放公司"，即有多个投资者持有合资公司的股份。这样，在纳税方面就可以得到许多优惠并且可以打入巴西证券市场进行融资。向巴西投资的外国公司不断增加。

除了某些领域如银行或传播媒介部门，外国公司可以向巴西或某个巴西公司投资，其资本数额一般不受太多限制。巴西有关政策还规定：只有巴西方面控制的公司才有权接受国家的投资鼓励，而外国独资公司是无法享受这些优惠的；在一般情况下，巴西政府仅与本国公司签订采购合同；若一个合资公司进行许可证贸易，它可以享受更多优惠。

7. 利润汇回。与投资金额一样，巴西对利润汇回在数量上没有任何限制，但对于所有的汇款，巴西政府都要征收预扣税款，当汇款超过一定比例时，预扣税款的金额会直线上升。外国资本的首次投资必须办理注册登记，以便在红利汇回和资本撤出时征收税款和获得批准。

8. 投资鼓励政策。有许多州对进行生产性投资的投资者给予鼓励性政策，投资可以获得许多特权。而且，一项投资取得的特权可以来自不同的组织。任何一个准备在巴西建立子公司或合资企业的外国公司必须对这些投资鼓励政策加以认真考虑：（1）可以获得投资鼓励的项目包括具有特殊意义的新兴工业项目，如高科技产业的某些项目；在欠发达地区建立生产企业；在各州鼓励的地区进行工业投资。（2）鼓励形式包括免除进出口税，如对成套设备、机械产品和零部件的进口免税；免除营业税和公司所得税；出口补贴等。

9. 物价管制。总的来说，巴西对出口与投资进行鼓励，其国内市场受到保护，在这个市场上赚取令人满意的利润是可能的，但巴西政府决定将利润限制在一定的水平上。目前，巴西国内正实行着一套综合的物价管理措施，意图提高商品价格的公司必须首先得到部际价格管理委员会的批准。这个委员会统管着大多数工业产品、药品和主要消费品的价格，违反了该委员会规定的公司会受到严厉的制裁。

10. 自然资源。已探明铁矿砂储量650亿吨，为世界之最，产量和出口量也均为世界第一。铁矿砂品位较高，多数含铁60%以上，且为露天矿。铀矿、铝矾土和锰矿储量均居世界第三。铌矿探明储量已达455.9万吨，按当前全球消费量，足够供应全球市场800年。此外，巴铬、镍、金、石棉等矿产均储量丰富。煤矿储量230吨，但均为低品位矿。石油储量已探明54亿桶，油页岩相当于15亿桶储量，天然气2 330亿立方米。森林面积442万平方公里，全国森林覆盖率52%。木材储量658亿立方米。水力资源丰富，水电占全国发电总量的92%。

11. 中巴双边贸易。巴西成为中国在拉丁美洲的最大贸易伙伴，而中国则于2009年4月成为巴西的第一大贸易伙伴。中巴于1993年确立了"战略合作伙伴关系"，之后两国经贸关系保持稳定增长。1993年双边贸易额仅为10.55亿美元，到2000年，双方贸易总额翻番，上升到28.45亿美元；之后又以加速的态势猛增至2008年的480亿多美元，创历史新高。中巴间的贸易在20世纪90年代保持平衡增长，进入21世纪以后，中国经济始终保持着持续、快速增长的势头；巴西也在逐步摆脱经济危机困扰的情况下，步入经济增长周期。在此背景下，中巴经贸关系不仅持续增长，而且呈现直线上升的增长态势。

从商品结构看，中巴双方商品贸易结构的互补性强，为双边贸易的发展提供了长远空间。出口方面，由于资源丰富，巴西向中国出口的商品多为资源性产品和初级产品，大豆、铁矿砂、豆油、木材、木浆、石油、皮革、烟草等位居巴西向中国出口商品的前列（其中，仅大豆一项就占对华出口额的30%）。进口方面，巴西从中国进口的商品主要是机电产品（电器及电子设备、机械设备、金属制品等）、高新技术产品（计算机与通信技术、生命科学技术等）、焦炭、纺织纱线织物及制品、电视收音机及无线电通信设备的零附件等，其中，焦炭、纺织纱线织物制品及音频视频设备零部件等产品的进口约占巴西此类商品进口总额的60%以上。随着中国经济的持续快速发展，对石油的需求越来越大，2004年中国从巴西进口石油2.1亿美元，比上年猛增843.7%。

2004年是中巴经贸关系史上重要的一年。在中巴建交30周年之际，中巴双方元首实现了互访，建立了战略伙伴关系。2004年5月巴西总统卢拉访华时，随团访华的巴西企业家有400多名，是巴西总统出访历史上人数最多的一次，并签订了多项合作协议。巴西最大的国有企业——巴西石油公司在北京设立了办事处，巴西航空公司也开辟了直飞中国的航线，大大方便了双方的经贸联系。2004年11月中国国家主席胡锦涛对巴西进行了访问，巴西正式承认了中国的市场经济地位，这将有利于加强和扩大两国间的贸易和投资，也为两国经贸关系的健康快速发展注入了新的动力。

【实训要求】

阅读以上内容，查找相关资料，对巴西的宏观环境作一份简要的报告并回答以下问题：

1. 分析巴西在限制进口方面有哪些规定，其实质是什么？
2. 在巴西投资可能会遇到哪些政治风险？
3. 巴西收入状况会对国际营销产生哪些影响？
4. 巴西有哪些重要节日，这对中国企业来说可能带来哪些机会？

六、思考与练习

1. 经济环境对市场营销的影响怎样？
2. 举例说明为什么文化因素对消费者行为的影响最深远、最持久？
3. 请比较国际经济贸易争端几种解决方法的优缺点。
4. 举例说明技术环境对国际营销带来的积极作用。
5. 访问一个国外政府法律事务管理机构网站，如美国的联邦贸易委员会（http：//www.ftc.gov）、美国联邦通信委员会（http：//www.fcc.gov）网站，了解网站上相关法律内容，简单总结并进行交流。

第二篇

战略分析篇

ZHANLüE FENXI PIAN

学习情境三 开展国际市场营销调研

一、学习目标

【能力目标】能制订调研计划；能进行网络二手信息收集；能设计简单的调研问卷。

【知识目标】了解市场调研的类型和要求；熟悉调研的步骤；掌握网络调研的基本方法。

二、工作项目

承接学习情境二，万皎公司市场部总经理刘熙向董事会递交了市场营销环境评估报告，经过一段时间的讨论，董事会决定未来几年以国际化扩张为公司发展的重点，初步设想首先进军美国市场。为了谨慎起见，他们要求刘熙的项目组开展针对美国市场的关于个人洗护用品的一系列调研，包括市场竞争情况、用户需求情况，特别是美国客户对"纯天然"和"中草药成分"概念产品的接受程度，并且拨款用于委托专门调研机构开展调研。项目组在具体实施调研过程中的任务包括：

任务1：确定调查问题；

任务2：制订调查计划；

任务3：进行信息收集；

任务4：分析信息及报告结果。

三、操作示范

第一步：确定调查问题

这一阶段要求主管和市场调查员仔细确定调查问题和调查目标。一般来说调研问题有以下几类：

1. 宏观经济调研，具体包括：工农业总产值、国民收入、积累与消费的比例、发展速度、基建规模、基建投资、社会商品零售总额、人口增长、就业率、主要产品产量等，以便确定企业的服务方向以及测算本企业产品的市场容量。

2. 科学技术发展动态调研，具体包括：世界科学技术现状和发展趋势；国内同行业科学技术状况和发展趋势，本企业所需的设备、原材料的生产和科技状况及其发展趋势等，以便确定本企业的科研方向，对研发什么质量水平的新产品起指导作用。

3. 用户需求的调研，具体包括：用户的特点；影响用户需要的各种因素；用户的购买动机；用户的现实需要和潜在需要等。

4. 产品销售调研，具体来说就是对产品的销路、产品的价值能否实现的调研，包括在一定销售区域内的销售状况及原因；产品处于产品生命周期的哪一个阶段；产品的价格在市场上有无竞争能力；企业的销售力量和现有的销售渠道是否合理；销售产品的市场营销组合策略是否妥当。

5. 竞争对手的调研，具体包括：同类型企业实力如何；主要竞争者的产品市场分布和市场占有率如何；主要竞争者采取了哪些市场营销组合策略及对企业的生产经营有何影响等。

本案例中万皎公司主要是针对用户需求开展调研。刘熙作为主管必须把握住问题的范围，没有限定问题范围或问题的范围过小，都会造成调查活动的失败。如果没有限定范围，可能会得到许多没有价值的信息；如果问题范围太小，又会丧失调查的意义，并且会造成资源的浪费。

第二步：制订调查计划

市场调查的第二阶段是制订有效收集所需信息的计划。在制订调查计划时，要明确调研目的、确定调研对象、明确调研日期，特别是确定完成时间、作出调研经费预算及规定作业进度，还要确定资料来源、调查方法、调查手段、抽样方法等。

1. 明确资料来源。根据来源可将资料分为一手资料和二手资料。一手资料是指为达到当前特定目的而收集的原始信息，二手资料是为其他目的已经收集到的信息。一般来说，这两种信息往往都需要。调查计划要确定收集的是二手资料，还是一手资料，或是两者都要收集。（1）一手资料。大多数市场调查项目都要求收集一手资料。常规的做法是与某些人单独或集体交谈，从而了解人们对企业产品或服务的大致看法，接着确定调查方法，然后进行实地调查。（2）二手资料。市场调查开始时，一般先着手收集二手资料，以判断问题是否已经解决或解决的程度，必要时，再去收集成本较高的一手资料。各种二手资料的来源通常有内部资料（如企业销售数据、发票、资产负债表等）、政府出版物（如人口普查报告等）、期刊和书籍、商业性资料等。当所需的资料不存在，或现有的资料已经过时、不准确、不完整、不可靠时，调研人员就得花费时间和财力去收集更切题和更准确的一手资料。

2. 确定调查方法。

（1）观察法。调研者到现场观察被调研者的行动来收集情报资料。也可以使用照相机、摄影机、录音机等进行录音和拍摄。具体方法可以到顾客购买现场观察，也可以到产品使用单位的使用现场观察。这种方式准确性较高，但调研面较窄，费时较长。

（2）专题讨论法。题讨论通常邀请6～10人，在一个有经验的主持人引导下，花一段时间讨论某种产品、某项服务、某个组织或其他市场营销话题。主持人应客观地去了解所讨论的话题，并了解群体激励和消费者行为。通常应支付给参与者少量的酬金。会场应设在比较轻松的环境中，要鼓励大家畅所欲言，利用群体激励来揭示深层的感觉和想法。

专题讨论法往往是设计大规模问卷调查前的一个试探性步骤，应避免将专题讨论参与者的感觉推广到整个市场，因为该调查的样本范围太小，并且也不是随机抽样。

（3）调查法。调查法介于观察法、专题讨论法、实验法之间。观察法与专题讨论法适用于因果性调查。采取问卷调查法是为了了解人们的认识、看法、喜好和满意程度等，以便在总体上衡量这些量值。通常有三种方法接触主体：①邮寄。在被访者不愿面访或访问，可能会曲解其回答时，邮寄问卷是最好的调查方法。不过，邮寄的问卷需要简单清楚。但邮寄问卷的回收率通常较低，而且回收速度也慢。②电话。这是快速收集信息的最好办法。其优点是被访问者不理解问题时能得到解释，且回收率比邮寄问卷通常要高。其主要缺点是只能访问有电话的人，而且访问的时间比较短，也不能过多涉及对方的隐私问题。③面访。包括约定访问和拦截访问。约定访问是随机选择答卷人，通过预先约定进行面访，通常要支付少量报酬给被访者，并且要对被访问者的配合表示感谢。拦截访问是在购物中心或繁华的街道上拦住行人要求访问。拦截访问的缺点是非概率抽样，访问时间也较短。

（4）实验法。实验法是最科学的调查方法。该法选择若干有可比性的主题组，分别赋予不同的实验方案，控制外部变量，并检查所观察到的差异是否具有统计上的显著性。其理论依据是在将外部因素剔除或加以控制的情况下，观察到的结果与实验方案中的变量具有一定的相关性。

某种产品在大批量生产之前，先生产一小批，向市场投放，进行销售试验，观察和收集用户有关方面的反映来获得情报资料。也就是在特定地区、特定时间，向市场投放一部分产品进行试销，故也称实验市场。这样可以了解本企业生产的产品质量、品种、规格、外观是否受欢迎，产品的价格是否被用户所接受。目前常采用的产品展销会、新产品试销门市部等都属于实验调研法。

3. 确定调查手段。

（1）问卷。问卷调查是收集一手资料最普遍的手段。在大规模使用问卷前需要仔细设计问卷，问题的措辞必须十分审慎，应尽量使用简单、直接、不带偏见的词句，正式使用前应找部分答卷人对问题进行实验性回答。问题的顺序应遵循一定的逻辑顺序，同时开始的问题应尽可能引起兴趣，对答卷人进行统计分类的问题应放在最后。

问题的形式分为闭合式和开放式两种。闭合式问题事先确定了所有可能的答案，答卷人可从中选择一个答案。开放式问题允许答卷人用自己的语言回答问题，问题的形式是多种多样的。一般来说，在需要了解人们真实想法的试探性调查阶段，开放式问题特别有用。闭合式问题由于事先规定了所有答案，所以很容易进行解释和列表工作。

（2）仪器。仪器是市场调查的辅助工具。例如，电流计可用于测量主体看到特定广告或图像时所表现出的兴趣或感情的强度；视速仪则能以百分之几秒或几秒的间隔在主体前面展示一个广告，在每次展示后，要求主体描述他所能回忆起来的细节；眼睛照相机是用于研究主体眼睛活动的情况，以观察最先着眼点和在特定对象上的逗留时间等；听度计可安装在接受家庭调查的电视机上，用于记录收看的时间和所看的频道。

4. 确定抽样方案。抽样方案包括以下几个方面的内容：

（1）抽样单位，即调查对象。首先应定义出抽样的目标总体，确定抽样单位后确定出抽样范围，以便目标总体中所有样本被抽中的机会是均等的或已知的。（2）样本规模，即被调查人数。一般大规模调查样本比小规模调查样本的结果更可靠。但是抽样程序正确的话，不到整体百分之一的样本就能有较高的可靠性。（3）抽样性质，即选择样本方法。为了得到有代表性的样本，应采用概率抽样的方法。在概率抽样的成本过高或时间过长时，市场调查人员可以采用非概率抽样。通常的概率抽样与非概率抽样的类型见表3-1。

表3-1　　　　　　　　　　　概率抽样与非概率抽样的类型

抽样性质	抽样类型	方法
概率抽样	简单随机抽样	总体的每个成员都有已知的或均等的抽中机会
	分层随机抽样	将总体分成不重叠的组（如年龄组），在每组内随机抽样
	等距抽样	将总体中的各单元先按一定的顺序排列、编号，然后决定一个间隔，并在此间隔基础上选择被调查的单位个体
	整群抽样	将总体分成不重叠的组（如街区组），随机抽取若干组进行普查
非概率抽样	方便抽样	调查人员选择总体中最易接触的成员来获取信息
	立意抽样	调查人员按自己的估计选择总体中可能提供准确信息的成员
	定额抽样	调查人员按若干分类标准确定每类规模，然后按比例在每类中选择特定数量的成员进行调查
	雪球抽样	选择并调查几个具有研究目的所需要的特征的人，再依靠他们选择合乎研究需要的人，后者又可选择更多合乎研究需要的人，依此类推

上述内容要以"调研项目建议书"的形式报主管领导，批准后才可进行调研。在开展调研前还要确定合适的人选并采取有效的方法进行培训。

第三步：进行信息收集

市场调研计划批准后，市场调研就进入正式调研阶段。应注意组织安排好调研力量和调研进度。利用现代计算机和通信技术进行资料收集，如电话访问时，可以根据计算机屏幕所示的问题向被访者提问，然后将答案输入计算机，可以省去校正和编码工作，并且可以直接输出所需的统计；在购物中心抽样调查时，可以设置交互式终端，愿意接受访问的人坐在终端前，阅读屏幕上的问题并输入回答，大多数被访问者喜欢这种"机器人"式的访问。

第四步：分析信息及报告结果

1. 信息整理。在情报资料的编辑整理过程中，要检查调研资料的误差。产生误差常常是不可避免的，其原因一般有两种：

（1）抽样误差，由于抽样调研是用其结果推算全体，因此推算结果与全体必然有一定误差。所以必须加以测定。

（2）非抽样误差，例如统计计算错误，调研表内容设计不当，谈话记录不完整，访问人员的偏见，被调研人员回答不认真或前后矛盾等。错误资料必须剔除。

要对情报资料进行评定，即审核其根据是否充分，推理是否严谨，阐述是否全面，观点是否成熟，以保证情报资料的真实与准确。

2. 分类。为了便于查找、归档、统计和分析，必须将经过编辑整理的资料进行分类编号。如果资料采用计算机处理，分类编号尤为重要。

3. 统计。将已经分类的资料进行统计计算，以便利用和分析。

4. 分析。运用调研所得出的有用数据和资料，分析情况并得出结论。

5. 形成调研报告。应从数据中提炼出与调查目标相关的信息，例如构造调查数据的列表；对主要变量计算平均值和离散趋势；还可应用某些高级的统计技术和决策模型来发现更多的信息。将结果编写成调研报告形式提供给相关领导，以便作决策时参考。（1）编写调研报告的原则是：突出调研主题；调研内容要客观、扼要、有重点；方案简洁易懂；报告结构要合理、严谨，给人以完整的印象。（2）编写调研报告的结构主要是：调研的目的和范围；调研所采用的方法；调研的结果；提出的建议；必要的附件。

四、知识链接

（一）有效市场调查的特征

有效市场调查有以下七个特征：

1. 科学的方法 。有效市场调查的原则是使用科学的方法，仔细观察、形成假设、预测并实验。举例如下：某邮购企业的退货率高达30%，对此，市场调查员检查了退回的订单的特征，如顾客的地理位置、退回订单的金额以及商品种类等。然后作出假设：顾客等候订购商品的时间越长，退回订单的可能性就越大。统计分析证实了该假设。调查员估计出使退货率下降所要求的服务速度。企业采纳了他的建议，结果证明预测是正确的。

2. 调查的创造性。市场调查最好能提出解决问题的建设性方法。典型例子如下：速溶咖啡首次引进美国市场时，家庭主妇们抱怨味道不像真正的咖啡。但在蒙住眼睛的试饮中，许多家庭主妇并不能分辨出速溶咖啡和真正的咖啡。这说明她们有心理上的抵触。调查员又设计出两张几乎相同的购货单，唯一的区别在于普通咖啡和速溶咖啡。有普通咖啡的购物单交给一组家庭主妇，有速溶咖啡的购物单给另一组有可比性的家庭主妇。调查员要求这两组家庭主妇推测所看到的购物单主人的社会特征和个人特征。她们的解释几乎相同，一个显著的区别是：看到有速溶咖啡购物单的家庭主妇中，有相当高比例的人认为购物单主人必然是一个"懒惰、浪费、蹩脚的妻子，安排不好家庭计划"。这些妇女显然把自己对购买速溶咖啡的忧虑和不良印象通过虚构的妇女形象反映出来了。速溶咖啡企业现在知道了家庭主妇抵触的原因，就可以开展一个宣传活动来改变家庭主妇对使用速溶咖啡的不良印象。

3. 多种方法。调查人员不要过分依赖某一种方法，他们强调方法的适用性，而不是让问题适应方法；他们也知道通过多种来源收集信息有更大的可信度。

4. 模型和数据的相互依赖。调查人员应懂得模型的意义，因为这些模型将指导所要收集的信息的类型，因此，应尽可能予以明确。

5. 信息的价值成本。调查人员应注意衡量信息的价值与成本之比。价值—成本比能帮助确定应该进行哪个调查项目，应该采用什么样的调查设计，以及初期结果出来以后是否应该收集更多的信息。调查的成本很容易计算，而价值就很难确定了。价值依赖于调查结果的可靠性和有效性，以及管理层是否愿意承认调查结果并加以使用。

6. 正常的怀疑态度。调查人员对上级主管轻率作出的关于市场运作方式的假设应该持正常的怀疑态度。

7. 合乎职业道德的市场营销。大多数市场调查都会给企业及消费者带来好处。通过市场调查使企业更了解消费者的需要，为消费者提供更满意的产品和服务。然而滥用市场调查也会危害或惹恼消费者。

（二）网上市场调查

1. 网上市场调查概念。网上市场调查是指在互联网上针对特定营销环境进行简单调查设计、收集资料和初步分析的活动。网上调查有两种方式，一种是利用互联网直接进行问卷调查等方式收集一手资料，另一种是利用互联网的媒体功能，从互联网收集二手资料。

（1）网上直接调查方法。按网上调查采用的技术可以分为：站点法，是将调查问卷的 HTML 文件附加在一个或几个网络站点的 Web 上，由浏览这些站点的网上用户在此 Web 上回答调查问题的方法。电子邮件法，是通过给被调查者发送电子邮件的形式将调查问卷发给一些特定的网上用户，由用户填写后以电子邮件的形式再反馈给调查者的调查方法。随机 IP 法，是以产生一批随机 IP 地址作为抽样样本的调查方法。视讯会议法，是将分散在不同地域的被调查者通过互联网视讯会议功能虚拟地组织起来，在主持人的引导下讨论调查问题的调查方法。

（2）网上市场间接调查。间接信息的来源包括企业内部信息源和企业外部信息源两个方面。与市场有关的企业内部信息源，主要是企业自己搜集、整理的市场信息。企业外部的市场信息源主要是国内外有关的公共机构，包括：政府机构网站、公共图书馆和大学图书馆、国际性大银行发行的期刊、商情调研机构定期发表的市场报告和专题研究论文、相关企业的年度报告、国际组织网站等。其中与国际市场信息相关的国际组织网站主要有：① 联合国 （United Nations，网址：http：//www. UN. org/）。出版有关国际的和国别的贸易、工业和其他经济方面的统计资料。② 国际贸易中心 （International Trade Center，网址：http：//www. ITC. org/）。提供特种产品的研究、各国市场介绍资料，还设有答复咨询的服务机构，专门提供由电子计算机处理的国际市场贸易方面的全面、完整、系统的资料。③ 国际货币基金组织 （International Monetary Fund，网址：http：//www. IMF. org/）。出版有关各国和国际市场的外汇管理、贸易关系、贸易壁垒、各国对外贸易和财政经济发展情况等资料。④ 世界银行 （World Bank，网址：http：//www. WorldBank. org/）。⑤ 世界贸易组织 （World Trade Organization，网址：http：//www. WTO. org/）。

通过网络搜索资料时，选择搜索引擎前最好区分一下是查中文信息还是外文信息，如果是中文信息，使用较多的中文搜索引擎是：搜狐 （http：//www. sohu. com），新浪 （http：//search. sina. com. cn），网易 （http：//www. yeah. net），中文雅虎 （http：//gbchinese. yahoo. com）。如果是外文信息，使用较多的搜索引擎是：Yahoo！ （http：//www. yahoo. com），Excite （http：//www. excite. com），Lycos （http：//www. lycos. com），Infoseek （http：//www. infoseek. com），AltaVista （http：//www. altavista. com） 以及 Hotbot、Webcrawler、Planetsearch。

同时，还可以选择利用公告栏收集资料，即在网上提供一公开"场地"，任何人都可以在上面进行留言回答问题或发表意见和问题，通过他人留言获得资料；利用新闻组收集资料，即一个基于网络的计算机组合，这些计算机可以交换以一个或多个可识别标签标识的文章 （或称之为消息），一般称做 Usenet 或 Newsgroup；利用 E－mail 收集资料，即通过到有关网站进行注册，收集公司发布的最新动态和有关产品服务信息。

2. 网上市场调查特点。

（1） 及时性和共享性。网上调查是开放的，任何网民都可以进行投票和查看结果，而且在投票信息经过统计分析软件初步自动处理后，可以马上查看到阶段性的调查结果。

（2） 便捷性和低费用。实施网上调查节省了传统调查中耗费的大量人力和物力。

（3） 交互性和充分性。网络的最大好处是交互性，因此在网上调查时，被调查对象可以及时就问卷相关问题提出自己更多看法和建议，可减少因问卷设计不合理导致调查结论偏差。

（4） 可靠性和客观性。实施网上调查，被调查者是在完全自愿的原则下参与调查，调查的针对性更强，因此问卷填写信息可靠、调查结论客观。

（5） 无时空、地域限制。网上市场调查是 24 小时全天候的调查，这就与受区域制约和时间制约的传统调研方式有很大不同。

（6） 可检验性和可控制性。利用互联网进行网上调查收集信息，可以有效地对采集信息的质量实施系统的检验和控制。

（三）市场调研的类型

1. 按照调研目的分，可以分为：

（1）探测性调研。探测性调研是企业对市场情况很不清楚或者感到对调研的问题不知从何处着手时所采用的方法，即收集初步的数据以揭示出问题的真正性质，从而提出一些推测或新想法。这种调研主要是发现问题和提出问题，以便确定调研的重点。

（2）描述性调研。描述性调研就是对已经找出的问题作如实的反映和具体的回答。着重回答用户买什么、何时买、如何买等问题，并提出一些相关问题。这项调研必须占有大量的信息情报，调研前需要有详细的计划和提纲，以保证资料的准确性，明确一些特定的量值，如有多少人愿意花 1 000 元购买这种产品。描述性调研比探测性调研细致、具体，但也只是对问题的现象，产生这种现象的原因到底是什么，还必须通过因果性调研作进一步研究。

（3）因果关系调研。因果关系调研是在描述性调研的基础上进一步分析问题发生的因果关系，并弄清原因和结果之间的数量关系。比如，有的产品为什么滞销或畅销，有的用户为什么喜欢这种品牌而不喜欢其他品牌，产品的质量、价格、包装、服务等对销售量到底有什么影响及影响程度，产品陈列在商场门内左侧比陈列在右侧能增加或减少多少销量等。

（4）预测性调研。对未来市场的需求变化进行估计，即预测性调研。预测性调研对企业制订有效的经营计划，使企业避免较大风险和损失，有特殊的重要作用。

2. 按调研的范围和调研统计的形式，还可分为全面调研和非全面调研。

（1）全面调研又称普查。就是对调研对象所包括的全部单位逐一地毫无遗漏地进行调研统计。很显然，这种调研的好处就是能够搜集到比较全面、细致、精确的资料，缺点是工作量大，花费的人力、物力、财力多，时间过长。

（2）非全面调研就是对调研对象的一部分进行调研。这种调研方法可以节省人力、物力、财力和时间。非全面调研又有以下两种。

重点调研。就是在对被调研对象进行全面分析的基础上，有目的、有计划地选择几个具有代表性的典型单位，作系统的、周密的调研。对市场的典型来说，就是通过具有代表性的用户或地区的调研，以达到对全部用户需求的基本认识，了解市场的大体趋势。这种典型调研的好处是：调研的单位少，情况可以摸得准，情报汇总得快，节省人力、物力和财力。它适用于专业生产比较强、能比较准确掌握供应面、产品供应比较稳定的企业。

抽样调研。就是从被调研对象的总体中，抽取一部分样本单位进行调研，用以推算总体。它适用于一些使用量大、涉及面广的产品。

【阅读链接】

案例1：可口可乐调研的反思

20世纪70年代末，面对百事可乐的挑战，可口可乐曾被迫尝试研究新口味的产品以争取消费者。它花费了400万美元对20万个消费者做了市场调查，结果是半数以上的人接受可口可乐公司的新配方。然而，当公司正式推出新配方的可乐后，市场结局却是一个悲剧。

有专家分析说，问题出在该调查是在盲目测试的情况下进行的，当消费者不知道品牌时，它可以完全依据口味偏好做"理性"的判断。但一旦与品牌相联系时，情况就完全不同，因为这其中涉及对品牌的认知与偏好，所以最终判断受到了干扰，此时，口味判断已不再那么理性了。

至少有以下两个方面可以反思：第一，市场调查测试新产品的口味时，该不该遮去品牌？第二，如果当时的新口味市场调查是挂上品牌的，是否还会有半数以上的人认同？

一般的新产品口味测试都不作品牌提示。于是，根据上例，很容易得出：品牌的魅力远超过口味的魅力。这就等于证明：这种无品牌的口味测试，其意义并不是很大。

但是，如果可口可乐公司事先知道这样一个道理，为什么还会投巨资去干这种傻事呢？因为早在1975年，百事可乐就做过另一个实验，将两大可乐的牌子取下，试验消费者喜欢哪种口味。结果，那些喜欢喝可口可乐的人中有一半以上认为百事可乐更好喝，然而在现实生活中，他们还是喝可口可乐。

从上例可以悟出：我们并不应该简单地指责市场调查的方式有问题，关键是应用结果的人如何更全面地解读有意义的资讯价值。如果当时的可口可乐公司获知"新口味至少能得到半数以上消费者的认同"后，再考虑"可口可乐品牌"与"新口味"相结合后的结果又会是怎样的，可能还会再做一些挂上品牌的新口味市场调查测试，将会减少400多万美元的投资浪费。

所以，市场调查的结果还应该配合企业本身对市场的了解与经验，加进自己的策略性思考与判断，才能使市场调查数据发挥出更大的参考价值。

案例2：反应迟钝的吉列

美国吉列公司是一个名牌公司，然而，在1963年至1964年，由于在推出新产品时动作迟缓，结果让对手钻了空子，使吉列马失前蹄。

1962年，吉列的高级蓝色刀片得到许多消费者青睐，它便把注意力集中到质量和降低成本上，这种表面覆盖一层硅的刀片，能防止头皮屑粘附刀片而妨碍剃须的现象。所以，即使它比一般的刀片贵40%也被消费者看好，它成为吉列刀片生产中主要的利润来源。

这时，英国有家叫威尔金森的小公司，开发出一种不锈钢剃须刀片。这种高级剑刃刀片制造工艺合理，刀刃锋利，不被腐蚀且使用寿命长，可重复使用 15 次之多，而一般的碳素刀片只能使用 3.5 次左右。威尔金森的生产能力有限，主要在英国销售，故一直没有引起吉列的注意。然而，美国利特尔埃弗夏普公司注意到了这种新产品，并开始从英国引进。1963 年，它以低价高质开始赢得客户。

但吉列没有及时了解客户真正的需求，错误地认为虽然不锈钢刀片的使用寿命是蓝色刀片的 4 倍，却不如蓝色刀片好使，刮同样的胡子，不锈钢刀片需要 1.5 磅的压力，而高级蓝色刀片只需要 1 磅的压力。所以吉列认为顾客还会看好蓝色刀片，迟迟不愿进行不锈钢刀片的开发和研究。直到当年秋天，在利特尔埃弗夏普大片大片地侵蚀吉列原先占有的市场以后，吉列才转向制造不锈钢刀片。但这时的不锈钢刀片市场早已被美国、英国的领先者瓜分完毕，吉列每夺回 1% 的市场占有率都必须付出巨大的代价。

资料来源：屈云波：《品牌营销》，北京，企业管理出版社，1996。

五、能力实训

【实训背景】

1986 年暑假，骄阳似火，几个在北京旅游的学生正在北海公园的树荫下休息，一位衣着典雅、文静清秀的小姐微笑着和他们打招呼，并问：“今天好热，女士们想喝点、吃点什么？我是北京商学院的学生，暑假里被美国肯德基炸鸡公司聘为临时职员，公司为了征求中国顾客对肯德基炸鸡的意见，在这公园设置了免费品尝点，还准备了一些免费饮料。”那小姐指着公园东南边的小餐厅，“各位能否帮助我的工作？谢谢”。

这几位学生作为被访者随着这位小姐走进了餐厅，餐厅舒适整洁，一切使人感到仿佛身处春天。待被访者盥洗完毕，一位衣冠楚楚的男士彬彬有礼地请他们就座，并在每个人面前摆放好以塑料袋盛装的白毛巾，随之送上苏打饼干和白开水，以消除口中异味，片刻又送上油亮嫩黄的鸡块。

稍事品尝后，一位女士开始发问，提问内容项目十分详细。在提问过程中，为了使气氛更加轻松愉快，她会和被访者聊一些北京的天气和名胜古迹，还拿出一大本彩色画册对着不同的设计图片询问餐厅风格。最后，她询问了他们的地址、职业、收入、婚姻和家庭状况等。

整个询问过程不到 20 分种。那位女士几乎收集到了被访者能够给予的全部信息。临行前，引他们入座的那位男士又给被访者每人送上一袋热腾腾的炸鸡，纸袋上“肯德基”的字样分外醒目。“带给您的家人品尝，谢谢您的帮助”，他轻声说道。

1987 年，美国肯德基炸鸡公司在北京前门开业，他们靠着鲜嫩香酥的炸鸡、纤尘不染的餐具、淳朴洁雅的美国乡村风格的店容，加上悦耳动听的钢琴曲，赢得了来往客人的声声赞许。

【实训要求】

假设你是肯德基的调研人员，做一份调研计划并设计调研问卷内容。

调研问卷可以包括：鸡块口味（是否嫩、酥，水分含量，作料）、鸡块大小、价格、服务、促销方式、适合食用的场合、餐厅设计色调、座位布置、餐厅地址等。

六、思考与练习

1. 如果肯德基公司打算在潜在的新国际市场进行调研以便进行扩张，你会建议公司采用什么样的调研方法？为什么？

2. 讨论因特网对国际市场调研产生的影响。

3. 国际市场调研包括哪些步骤？应当注意什么问题？

4. 什么是一手资料？什么是二手资料？何时调研者需要收集一手资料？

5. 调查法、观察法、专题讨论法和实验法有什么区别？各举一例。

学习情境四　分析国际市场营销竞争环境和战略

一、学习目标

【能力目标】能运用相关模型分析国际市场竞争环境；能进行国际市场竞争战略选择。

【知识目标】了解行业竞争结构；熟悉竞争者的类型；掌握竞争的含义。

二、工作项目

承接学习情境三，万皎公司董事会认真讨论了刘熙递交的美国市场调研报告和分析预测，通过研究，董事会决定从美国西部的太平洋沿岸地区开始进入市场，他们要求国际项目组对该地区个人洗护用品竞争环境进行进一步的了解，并制定竞争战略。项目组将主要通过查阅二手资料并开展专业分析来完成该报告。

任务1：分析行业竞争结构；

任务2：依据波特的五力模型指标分析竞争环境；

任务3：确定企业竞争战略。

三、操作示范

第一步：分析行业竞争结构

万皎公司国际项目组需要分析行业竞争结构类型来了解分销商数量及其差别程度。一般来说，行业结构的类型包括以下几种。

1. 完全独占：指只有一个企业在一定范围内提供一定的产品或服务。如果有部分替代品或者出现了紧急竞争危机，完全独占者会投入更多的服务和技术作为对新的竞争者的进入障碍。另外，一个守法的独占者通常根据公众的利益把价格降低并提供较多的服务。

2. 垄断：由少数几个大企业提供从高度差别化到标准化的系统产品。一般有纯粹垄断和差别垄断两种形式。纯粹垄断是由几家提供本质上属于同一种类的商品（如钢铁）的企业共同瓜分市场。新进入者会发现只能按现行价格定价，除非它的服务有显著差别，如果竞争者在其所提供的服务方面不分上下，那么赢得竞争优势的唯一办法只能是降低成本。差别垄断是由几家提供部分差别的产品（如汽车）的公司组成，在质量、特性、款式或者服务方面可能出现差别，竞争者可在其中一种主要产品的属性上寻求领先地位，吸引顾客偏爱该属性并为该属性索取溢价。

3. 垄断竞争：该行业和市场由许多这样的公司构成，它们能从"整体上或部分地"区别出提供各有特色的产品或服务，如餐厅、美容院等。竞争者趋向于针对某些它们能够更好地满足顾客需要的细分市场并索取溢价。

4. 完全竞争：该行业和市场由许多提供相同产品或服务的公司所构成，彼此之间的质量、价格等差别很小。除非广告能产生心理差别，否则就没有竞争者会做广告。分销商要获得不同的利润率，只有通过低成本生产或分销来实现。

第二步：依据波特的五力模型指标分析竞争环境

万皎公司国际项目组可以选用波特五力分析模型中的指标开展美国太平洋沿岸地区个人洗护用品竞争环境的分析。波特五力分析模型（Five Forces Model）又称波特竞争力模型，是迈克尔·波特（Michael Porter）于20世纪80年代初提出的用于竞争战略分析的模型，可以有效地分析客户竞争环境。五力分别是：供应商的讨价还价能力、购买者的讨价还价能力、潜在竞争者进入的能力、替代品的替代能力、行业内竞争者现在的竞争能力（如图4-1所示）。

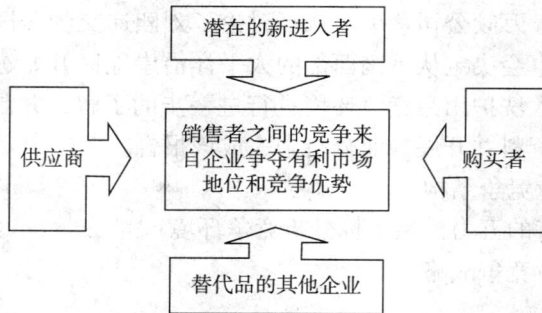

图4-1 波特五力分析模型

1. 分析供应商的讨价还价能力。供应商是指向企业及其竞争者提供生产上所需要的资源的企业和个人，包括提供原材料、设备、能源、劳务、资金等，他们所提供资源的价格和供应量直接影响着企业产品的价格、销量和利润；供应短缺、工人罢工或其他事故都可能对企业是否能按期完成交货任务产生影响。也就是说，供应商对要素价格与单位价值质量的控制能力将影响企业的盈利能力与产品竞争力。

分析供应商力量的强弱主要看它们所提供给买主的是什么投入要素，当供方所提供的投入要素其价值构成买主产品总成本的较大比例，对买主产品生产过程非常重要，或者严重影响买主产品的质量时，供方对于买主的潜在讨价还价力量就大大增强。一般来说，供应商讨价还价力量较强大表现在：（1）供方行业为一些具有比较稳固市场地位而不受市场激烈竞争困扰的企业所控制，其产品的买主很多，以至于每一单个买主都不可能成为供方的重要客户。（2）供方各企业的产品各具一定特色，以至于买主难以转换或转换成本太高，或者很难找到可与供方企业产品相竞争的替代品。（3）供方能够方便地实行前向联合或一体化，而买主难以进行后向联合或一体化。

2. 分析购买者讨价还价能力。购买者就是顾客，即目标市场。购买者压价与要求提供质量较高的产品或服务的能力将影响行业中现有企业的盈利能力。一般可以分为消费者市场、生产者市场、转卖者市场、政府市场和国际市场五种市场。这些市场上顾客不同的变化着的需求，必定要求企业以不同的服务方式提供不同的产品（包括劳务），从而制约着企业营销决策的制定和服务能力的形成。一般来说，满足如下条件的购买者可能具有较强的讨价还价力量：（1）购买者的总数较少，而每个购买者的购买量较大，占了卖方销售量的很大比例。（2）卖方行业由大量相对来说规模较小的企业所组成。（3）购买者所购买的基本上是一种标准化产品，同时向多个卖主购买产品在经济上也完全可行。

3. 分析新进入者的威胁。新进入者可能会与现有企业发生原材料与市场份额的竞争，最终导致行业中现有企业盈利水平降低，严重的话还有可能危及这些企业的生存。新进入者威胁的严重程度取决于两方面的因素，这就是进入新领域的障碍大小与预期现有企业对于进入者的反应情况。（1）进入障碍主要包括企业在生产、研发、采购等职能和经营业务、纵向联合经营等方面的规模经济，企业的产品差异、资本需要、转换成本、销售渠道开拓，政府行为与政策，不受规模支配的成本劣势（如商业秘密），自然资源、地理环境等方面，这其中有些障碍是很难借助复制或仿造的方式来突破的。（2）预期现有企业对进入者的反应情况，主要是采取报复行动的可能性大小，这取决于有关厂商的财力情况、报复记录、固定资产规模、行业增长速度等。总之，新企业进入一个行业的可能性大小，取决于进入者主观估计进入所能带来的潜在利益、所需花费的代价与所要承担的风险这三者的相对大小情况。

4. 分析替代品的威胁。两个处于不同行业中的企业，可能会由于所生产的产品互为替代品，从而在它们之间产生相互竞争行为，这种源自于替代品的竞争会以各种形式影响行业中现有企业的竞争战略。第一，现有企业产品售价以及获利潜力的提高，将由于存在着能被用户方便接受的替代品而受到限制；第二，由于替代品生产者的侵入，使得现有企业必须提高产品质量，或者通过降低成本来降低售价，或者使其产品具有特色，否则其销量与利润增长的目标就有可能受挫；第三，源自替代品生产者的竞争强度，受产品买主转换成本高低的影响。总之，替代品价格越低、质量越好、用户转换成本越低，其所产生的竞争压力就强；而这种来自替代品生产者的竞争压力的强度，可以具体通过考察替代品销售增长率、替代品厂家生产能力与盈利扩张情况来加以描述。

5. 分析竞争者。一般来说，竞争加剧的状况表现为：行业进入障碍较低，势均力敌竞争对手较多，竞争参与者范围广泛；市场趋于成熟；产品需求增长缓慢；竞争者企图采用降价等手段促销；竞争者提供几乎相同的产品或服务，用户转换成本很低；一个战略行动如果取得成功，其收入相当可观；行业外部实力强大的公司在接收了行业中实力薄弱企业后，发起进攻性行动，结果使得刚被接收的企业成为市场的主要竞争者；退出障碍较高，即退出竞争要比继续参与竞争代价更高。在这里，退出障碍主要受经济、战略、感情以及社会政治关系等方面考虑的影响，具体包括：资产的专用性、退出的固定费用、战略上的相互牵制、情绪上的难以接受、政府和社会的各种限制等。

第三步：确定企业竞争战略

1. 识别企业竞争者。一般来说，有四种层次的竞争者。（1）品牌竞争：当其他公司以相似的价格向相同的顾客提供类似的产品与服务时，公司将其视为竞争者。例如，万皎公司的牙膏与同等价位、针对同类消费者的牙膏生产商存在竞争。（2）行业竞争：可以把制造同样或同类产品的公司都广义地视做竞争者。例如，万皎公司的牙膏与所有牙膏生产商存在竞争。（3）形式竞争：公司可以更广泛地把所有制造并提供相同服务的产品的公司都作为竞争者。例如，万皎公司的牙膏与漱口水等口腔清洁产品、牙齿美白产品都存在竞争。（4）通常竞争：更广泛地把所有争取同一消费者的人都看做是竞争者。例如，万皎公司的牙膏与所有的个人日常用品存在竞争。

2. 确定竞争对手。竞争者分析应当循着从广泛到具体的程序，逐步理清竞争关系，最重要的是要确定影响企业生死存亡的竞争对手。可以通过三个步骤来确定：一是描绘细分市场轮廓，二是列出在为细分市场和准备为细分市场提供产品和服务的所有竞争者，三是考察这些竞争者的战略目标、战略途径、战略手段以及战略优势来源等战略要素，勾画出战略群（组）的差别，并确定自己的竞争对手。

3. 确定竞争对手的目标及策略。竞争对手通常的目标有：目前获利的可能性、市场份额增长、先进流量、技术领先和服务领先等。竞争者的目标是由多种因素共同影响和确定的，包括规模、历史、目前的经营管理和经济状况。公司要知道竞争对手对其目前的"位置"是否满意，包括目前的利润水平、市场份额、技术领先程度等。另外，公司还需监视它的竞争者对不同产品市场细分的目标。

竞争者的策略越相似，它们间的竞争就会越激烈。在多数行业里，竞争对手可分为几个追求不同策略的群体。策略群体（Strategy Group）是指在一个行业里采取相同或类似策略的群体且在一个特定的目标市场上的一群公司。

4. 分析竞争者优势与劣势。公司要充分考虑评估每个竞争者的优势与劣势，公司可收集有关对手过去几年的关键资料，包括销量、市场份额、利润率、现金流量及技术领先水平等。当然，有些信息可能不易获得。公司一般通过二手资料来了解有关竞争者的优势与劣势。他们可以通过与顾客、供应者和经销商合作进行原始的市场营销研究。当前，越来越多的公司采用优胜基准的方法在产品和工序方面与竞争对手相对比，以便找出改进业绩的方法。

竞争者能否达到其目标，这取决于每个竞争者的资源和能力，这就需要辨认每个竞争者的优势与劣势。通常需要搜集相关资料，即竞争者业务上的最近的关键数据，包括销量、市场份额、毛利、投资报酬率、先进流量、新投资等。通常通过二手资料、个人经历或传闻来了解有关竞争者的优势和劣势。可以通过向顾客、供应商和中间商进行第一手调研来增加对竞争者的了解。所有这些资源信息可帮助本企业作出选定挑战对象的抉择。

同时还必须监视三个变量：（1）市场份额：衡量竞争者在有关市场上所拥有的销售份额情况。（2）心理份额：这是在回答"举出这个行业中你首先想到的一家公司"这一问题时，提名竞争者的顾客在全部顾客中所占的百分比。（3）情感份额：这是指在回答"举出你喜欢购买其产品的公司"这一问题时，提名竞争者的顾客在全部顾客中所占的百分比。一般而言，在心理份额和情感份额方面稳步进取的公司最终将获得市场份额和利润。

5. 评估竞争者的反应模式。单凭竞争者的目标和优劣势还不足以解释其可能采取的行动和对诸如降价、加强促销或推出新产品等公司举动的反应。此外，每个竞争者都有一定的经营哲学、某些内在的文化和某些起主导作用的信念。具体地说可分为五种反应模式：

（1）从容不迫型：某些竞争者对某一特定竞争者的行动没有迅速反应或反应不强烈，而只是坐观事变。它们可能认为某顾客是忠诚于它们的，也可能是由于它们没有作出反应所需的资金，还可能认为还未到"出击"的时机。公司一定要先弄清楚它们"镇静"的原因，以防止它们的突然袭击。

（2）全面防守型：这类竞争对外在的威胁和挑战作出全面反应，确保其现有地位不被侵犯。但会使战线拉得过长，若资源不雄厚，会被其他竞争对手拖垮。

（3）选择型：竞争者可能只对某些类型的攻击作出反应，而对其他类型的攻击视而不见。例如竞争者会对削价作出积极反应，防止自己市场份额减少（目前我国家电市场上就是这种情况，对于价格极为敏感，只要有一家削价，其他竞争对手都会不约而同作出反应）。它们可能对对手大幅增加广告费不予理睬，认为这并不能构成实质性威胁。为此，应了解这种类型的竞争者的敏感部位，避免与其发生不必要的正面冲突。

（4）强烈反击型：这一类型的公司对其所占据的所有领域发动的任何进攻都会作出迅速强烈的反应。例如，宝洁公司（P&G）绝不会允许一种新洗涤剂轻易投放市场。这种类型的公司一般都是实力较强大的公司，占有的市场份额具有绝对优势，否则没有实力对任何外在威胁采取行为。

（5）随机型：这类竞争者并不表露自己将要采取的行动。这一类型的竞争者在任何特定情况下可能作出也可能不作出反击，而且根本无法预测它会采取的行动。

6. 选择竞争者以便进攻和回避。在获得良好的竞争情况以后，就会很容易地制定相应的竞争战略。可以在下列分类的竞争者中挑选一个进行集中攻击：

（1）强竞争者与弱竞争者。多数公司把目标瞄准较软弱的竞争者，这样取得市场份额的每个百分点所需的财力、人力、物力较少，但这可能对公司提高能力方面没有帮助。在选择强大公司竞争时，关键是要努力发现强大公司的潜在及现在的弱点（即使再强大的公司也有弱点），并对其弱点采取有效行为，以便取得更多的回报。评估竞争对手强弱的一种有用工具是顾客价值分析。在分析时，公司首先要识别顾客的重要属性和顾客将这些属性排名的重要性。其次，要评估公司和竞争者在有价值属性上的业绩。如果通过比较发现公司在所有的重要属性方面均超过竞争对手，就可以通过制定高价策略获得更多的利润，或者在同样价格的条件下占有更多的市场份额。如果主要属性表现不如竞争对手，则必须想方设法加强这些属性，并且再挖掘其他能够领先竞争者的主要属性。

（2）近竞争者与远竞争者。多数公司会与那些与其非常类似的竞争者竞争，如雪佛莱汽车选择与福特汽车竞争而不是与美洲豹竞争，同时，还应避免企图"摧毁"邻近的竞争者。

（3）"良性"竞争者与"恶性"竞争者。每个行业都包括"良性"竞争者和"恶性"竞争者，公司应明智地支持好的竞争者，攻击坏的竞争者。良性竞争者的特点：它们遵守行业规则；它们对行业的增长潜力所提出的设想切合实际；它们依照与成本的合理关系来定价；它们喜欢健全的行业；它们把自己限制于行业的某一部分或细分市场里；它们推动他人降低成本，提高差异化；它们接受为它们的市场份额和利润所规定的大致界限。

"恶性"竞争者则违反规则：它们企图花钱苟安而不是靠自己的努力去赢得市场份额；它们敢于冒大风险；它们的生产能力过剩但仍继续投资。总而言之，它们打破了行业的平衡。公司从良性竞争者处可以得到许多好处，例如：它们可以增加总需求；它们可以导致更多差别；它们为效率较低的生产者提供了一把成本保护伞；它们分享市场开发成本和给一项新技术以合法地位；它们可以服务于吸引力不大的细分市场。

7. 选择攻击方式。

（1）直接进攻，即直接地从正面向竞争者发起攻势。在直接进攻中，市场挑战者是针对竞争对手的产品、广告价格、包装等发起攻击，进攻若想成功，挑战者一般要有超过竞争对手的实力，否则难以成功。这种进攻方式实质上是向竞争者的优势展开进攻。

（2）间接进攻。这种方式是挑战者避开直接向竞争者占据优势的现行领域进行攻击，而是绕到竞争者的后方，攻击竞争者较薄弱、较容易进入的市场，以扩大自己的资源基础和市场份额。间接进攻方式有三种：多样化地经营无关联产品，用现有产品进入新的地区市场，引入新技术开发换代产品。当换代产品的性能达到或超过现有产品时，挑战者就有力量向市场领先者发起直接的正面进攻。

四、知识链接

（一）广义与狭义的竞争

正常情况下，识别竞争者对公司而言似乎轻而易举。长虹公司知道 TCL 公司是其主要竞争者，远大公司知道春兰集团与其竞争。在最狭窄的层次上，公司能阐明它的竞争对手就是以类似的价格提供类似的产品和服务给相同的顾客或其他公司的企业。

概括起来说，竞争包含非常广泛的含义，我们可以把竞争关系分为四个层次：（1）最为广泛的，所有为争取某一部分顾客消耗其购买力的市场营销者之间都存在竞争。例如，由于某一顾客本月购买了房子，因此不能再购买摩托车。生产摩托车的哈雷公司可以把房地产公司看做是竞争者。（2）稍窄一点范围，提供部分或全部替代性功能产品的企业是竞争者。在此意义上，哈雷公司可以将通用、福特、丰田等汽车厂商看做是竞争者。替代性越全面，竞争性越强。（3）再窄一点范围，提供相同或类似产品的企业是竞争者，如哈雷公司与本田、川崎、雅马哈、宝马公司都是竞争关系。这个层次的竞争关系是我们在谈及竞争时最普遍使用的含义。（4）最后，从战略的观点，最为直接的竞争对手是采用相同的战略而竞争能力又非常接近的竞争者。

（二）企业竞争地位

企业对自己在本行业中所处竞争地位的分析，是企业制定经营战略和策略的基础。在一个特定的行业中，企业的竞争地位可以用不同的指标来表示，例如，用相对市场占有率和企业的实力等来表示，也可以用不同方式表现出企业所处的竞争地位。

美国著名管理咨询公司的阿瑟·D. 利特尔把企业的竞争地位分为六种，每个企业可以在其行业的六种竞争地位中占有一种：（1）统治地位。该企业控制着其他竞争者的行为，并且在经营战略上有广泛的选择权。（2）强壮地位。该企业可以采取不危及自己长期地位的独立行动，而且它的长期地位也不受竞争者行动的影响。（3）有利地位。该企业有力量利用一些特定的战略，并且在改进它的竞争地位上有超过一般企业的机会。（4）防守地位。该企业在足够令人满意的水平继续经营，但是，它的存在要得到占统治地位企业的容许，在改进其地位的机会上少于一般的企业。（5）虚弱地位。该企业的经营业绩不令人满意，但还存在着一个改进的机会，它必须考虑是否要退出原市场。（6）无活力地位。该企业的经营业绩太差，并且已经没有改善机会了。

每个企业都可以认识到自己所处的竞争地位。这将有助于企业判断在本行业中是否要采取扩张、维持、缩小或退出战略。

根据各企业在行业中所处的地位，美国著名市场营销学教授菲利普·科特勒把它们分成四类，即市场领先者、市场挑战者、市场追随者和市场补缺者。一般市场领先者掌握了40%的市场，拥有最大的市场份额。市场挑战者掌握了30%的市场，名列第二，而且该类企业正在为获得更大的市场份额而努力。市场追随者掌握了20%的市场，该类企业只图维持现有市场份额，并不希望打破现有的市场结构。市场补缺者掌握了剩余的10%的市场，这部分市场是大企业所不感兴趣的小细分市场。

（1）市场领先者，是指在相关的产品市场中占有最大市场份额，并且在价格变化、新产品开发、分散覆盖和促销手段上，对其他企业起着领导作用的企业。

市场领先者必须找到扩大总需求的方法。处于统治地位的企业，由于其占有的市场份额大，通常在总市场扩大时得益也最多。为了扩大总市场，市场领先者可以采用的方法包括：寻找其产品的新用户、寻找产品的新用途、说服消费者在各种场合更多地使用该产品。同时还要通过良好的防御和进攻策略来保护现有的市场份额。市场领先者在努力扩大市场总规模的同时，还必须注意保护自己现有的市场不被侵犯。市场领先者为了保护它的地盘，一般采取两种防御措施：静态防御和动态防御。

①静态防御，又称阵地防御。是指市场领先者在企业周围建造一个牢固的守卫工事，以防止竞争者的侵略。这种防御是把企业的资源和精力用于建立保护现有产品和现有的经营活动上，因而是一种被动的、静态的防御措施，这种防御措施容易导致失败。

②动态防御，又称进攻式防御。这是一种比较积极的防御措施，是在竞争对手向自己发动进攻前，先向对手发动进攻，使竞争者一直处于防守地位，而自己则从被动变为

主动。一个有战略眼光的市场领先者从不满足于现状，而是一直是本行业新产品构思、降低成本、顾客服务、分销效益等方面的领导者。最好的防御方法就是发动有效的进攻。有时，有效的进攻是在心理上展开的，并不付诸实践。市场领先者发出信号，劝告竞争对手不要进攻。

（2）市场挑战者，是指那些积极向行业领先者或者其他竞争者发动进攻来扩大其市场份额的企业。这些企业可以是仅次于领先者的大公司，也可以是那些让对手看不上眼的小公司。只要是为了扩大市场份额，对市场领先者或其他竞争者发动进攻的企业，都可称为市场挑战者。

（3）市场追随者，是指那些不愿扰乱市场形势的一般性企业。这些企业认为，它们占有的市场份额比领先者低，但自己仍可以盈利，甚至可以获得更多的收益。它们害怕在混乱的市场竞争中损失更大，它们的目标是盈利而不是市场份额。

实际上，并非所有屈居第二的企业都会向市场领先者进行挑战，而且市场领先者对争夺自己市场的挑战者绝不会置之不理。如果挑战者的策略是降低价格、改进服务或增加产品特性等，那么市场领先者可以马上找到对策瓦解挑战者的攻击。一场恶战通常会使双方两败俱伤，这意味着挑战者进攻前必须三思而行。除非挑战者能发动一场先发制人的攻击，例如，以产品有重大创新等方式进行攻击，否则，市场挑战者最好是追随领先者。另外，市场追随者认识到，产品差异性和形象差异性的机会是很少的，价格敏感性又很高。为了不招致领先者的报复，市场追随者常常仿效市场领先者，为购买者提供相似的产品和服务。

市场追随者通常用三种方式进行追随。

①紧迫不舍。追随者在尽可能多的细分市场和在营销组合领域中模仿领先者，追随者往往几乎以一个市场挑战者的面目出现，但它如果并不激进地妨碍领先者，它们之间的直接冲突便不会发生。有些市场追随者在刺激市场方面很少有动作，它们只希望在市场领先者开辟的领域中坐享好处。

②有距离的追随。市场追随者仅在主要市场和产品创新、价格水平和分销上追随领先者，而在其他方面则同市场领先者保持一段距离。

③有选择追随。此类企业不完全地追随市场领先者，而是有选择地进行追随。即根据自己的情况在有些方面紧跟领先者，以明显地获得好处，而在其他方面又走自己的路。这类企业可能具有完全的创新性，但它们又避免直接地与市场领先者发生对抗。这类企业通常会成长为未来的市场挑战者。

（4）市场补缺者，是指那些选择不大可能引起大企业注意的市场的某一部分进行专业化经营的小企业。

这些企业为了避免同大企业发生冲突，往往占据着市场的小角落。它们通过专门化的服务，包括对某一类型的最终使用者服务、按照客户需要服务、专业化生产某一种有特色的产品，把销售对象限定在少数的几个特定的顾客。

市场补缺者在经营上的特点：高度集中，不愿意样样都干，通常享有质量高、价格低的产品或服务，单位产品成本较低；在产品的研究和开发、新产品引进、广告、促销和人员开支上花费较少；优越的售后服务等。

市场补缺者成功与否的关键在于市场补缺基点的选择上。这些企业通常寻找一个或多个安全且有利可图的市场补缺基点。一个理想的市场补缺基点一般有下列特征：该补缺基点有足够的规模和购买力，企业有利可图；该补缺基点有成长潜力；该补缺基点被大企业所忽略或者不愿意满足；企业有市场需要的技能和资源，可以进行有效服务；企业能够靠已建立的顾客信用，进行自卫来抵制竞争者的攻击。

市场补缺者承担的主要风险是选定的市场基点可能会枯竭或受到其他竞争者的攻击，市场补缺者往往选择多个补缺基点，作为自己经营的领域，以增加企业的生存机会。

【阅读链接】

案例1：标杆超越是怎样改进竞争绩效的

标杆超越（Benchmarking）是一门艺术，它寻找某些公司怎么样和为什么在执行任务时比其他公司做得更出色。

执行标杆超越的公司的目标是模仿其他公司的最好做法并进行改进。日本人在第二次世界大战以后，勤奋不懈地贯彻标杆超越，并模仿美国产品和生产方法。施乐公司1979年在美国率先执行标杆超越。施乐想要学习日本竞争者生产性能可靠和成本更低的能力。施乐买进日本复印机，并通过"逆向工程"分析它，施乐在这两方面有了较大的改进。但施乐并不满足，它提出了进一步的问题：施乐的科学家与工程师在他们各自的专业上是最杰出的吗？施乐的生产者、销售员及其活动在全世界是最优秀的吗？这些问题要求他们识别世界级的最佳实践公司，并向它们学习。虽然标杆超越起源于学习竞争者的产品和服务，但它的视野已扩展至工作全过程、员工功能、组织绩效和全部的价值提供过程。

另一个早期实行标杆超越的是福特公司。福特的销售落后于日本和欧洲汽车商。当时福特的总裁唐·彼得森指示他的工程师和设计师，根据客户认为的最重要的400个特征组合成新汽车。萨巴的座位最好，福特就复制座位，如此等等。彼得森进一步要求：他的工程师要成为"比最好的还要好"的人。当新汽车（高成功的陶罗车）完成时，彼得森声称：他的工程师已经改进（而不是复制）竞争者汽车的大部分最佳特征。

在其他方面，福特发现它要雇用500人管理付款账单，而日本同行马自达完成同样任务只要10个人。学习了马自达的体制结构后，福特开始了"无票据系统"，减少员工至200多人，并还在不断地改进。

今天，诸如美国电话电报、国际商用机器、柯达、杜邦和摩托罗拉等许多公司都把标杆超越作为它们的标准工具。有些公司在本行业中寻找最佳竞争者，而另一些公司则寻找全世界"最佳实践者"。这意味着，标杆超越已超越标准竞争分析。例如，摩托罗拉把标杆超越定位于寻找世界上"成长最佳者"。其负责人表示："我们比竞争对手跑得越远，我们越高兴。我们寻求成为竞争的优胜者，而不是与竞争者平起平坐。"

为了寻找"成长最佳者",施乐公司的标杆超越专家罗伯特·C. 坎普飞至缅因州弗里伯特,去参观 L. L. 比恩公司,一家"产外"品目销售公司,它的仓库工人整理工作比施乐快 3 倍。由于两者不是竞争对手,比恩公司很高兴介绍经验,施乐最后重新设计了它的仓库管理软件系统。后来,施乐向美国捷运学习账单处理技术,向卡明斯工程公司学习生产计划技术。

标杆超越的步骤如下:(1)确定标杆超越的基准项目;(2)确定衡量关键绩效的变量;(3)确定最佳级别的竞争者;(4)衡量最佳级别对手的绩效;(5)衡量公司绩效;(6)规定缩小差距的计划和行动;(7)执行和监测结果。

当一个公司决定实行标杆超越时,它可以在每一项活动中都执行标杆基准。一个公司首先要解决的关键任务是顾客满意度定量化的比较和评价、公司更低的成本和在实质上更好的绩效。

一个公司怎样确定"实践最好"的其他公司呢?第一步是问客户、供应商和分销商,请他们对最好的工作进行排队。另外接触咨询公司,他们有"实践最好"的公司的档案。另一重点是标杆超越活动不应去求助工业间谍。

在"实践最好"公司被确定之后,公司需要收集衡量绩效的诸如成本、时间和质量等方面的标准。

案例 2:百事可乐如何从可口可乐手里挣得市场份额

在第二次世界大战前,可口可乐统治着美国的软饮料行业。那时的确没有值得一提的第二位公司。在"可口意识下,百事很难有一点被认知的火花"。百事可乐是一种新饮料,制造成本较低,与可口可乐相比口味较差一些。百事主要的销售宣传要点是用同样的价格可以得到更多的饮料。百事在它的言行中强调"五分钱可买双倍饮料"。百事的瓶子不美观,瓶上贴着纸质标签。搬运中经常破损,从而造成一种印象,认为百事是第二流的软饮料。

第二次世界大战期间,百事可乐和可口可乐都伴随着美国国旗飘扬在世界各地,而同时增加了销售量。第二次世界大战后,百事可乐的销售与可口可乐相比开始下降。百事可乐的问题是由很多因素造成的,包括它不良的形象、较差的口味、马虎的包装和差劲的质量管理。而且,由于成本增加,百事不得不提高售价,这使它的成交条件不如从前。在 20 世纪 40 年代末期,百事的士气相当低落。

在这关头上,商界素享盛誉的艾尔弗雷德·N. 斯蒂尔出任百事可乐的总经理。他和他的同僚认为,他们的主要希望在于把百事可乐从可口可乐的廉价仿制品转变为第一流的软饮料。他们也承认这个转变需要若干年的时间。他们设想了一个向可口可乐发动的大攻势,这个攻势分两个阶段进行。第一阶段,从 1950 年到 1955 年,采取下列步骤:第一,改进百事的口味。第二,重新设计和统一百事的瓶子和商标。第三,重新设计言行活动以提高百事的形象。第四,斯蒂尔决定集中进攻可口可乐所忽视的"购回家"市场。第五,斯蒂尔选定 25 个城市进行特别的推销以争取市场份额。

到1955年，百事可乐所有的主要弱点都被克服，销售大幅上升，于是斯蒂尔准备了第二阶段的进攻计划。第二阶段计划包括向可口可乐的"堂饮"市场发动直接进攻，特别是对迅速成长的自动售货机和冷瓶细分市场的进攻。另一个决策是引入新规格的瓶子，使"购回家"市场和冷瓶市场的顾客感到更加方便。最后，百事可乐对想要购买和安装百事可乐自动售货机的销售商提供财力帮助。从1955年到1960年，百事的这些行动大幅度地增加了销售量。十年之中，百事的销售增长34倍。

案例3：拍立得的营销短视症

生产拍立得相机的公司是以创新著名的跨国企业，虽然在行销、技术上都享有盛名，却曾有连续4年亏损的纪录。造成这种局面的主要原因在于行销上的短视症。

公司总裁威廉·麦克求接任后，认为拍立得的问题在于过于依赖拍立得相机，因此公司必须往非相机、非消费品的方向转化，发展多元化事业。在这个过程中，麦克求恰恰忽视了检查、回顾、反思原来在企业管理中出现的问题，结果使企业陷入了更加难堪的境地。拍立得公司最严重的威胁，也是最基本的事实是，当时这种拍立得相机的竞争比以往更激烈，结果市场占有率节节下跌。而正统的相机公司在技术上又有许多突破性的创新，例如单镜反光相机、小型相机，再加上又出现了镭射唱片、录放机等。在这种情况下，拍立得是腹背受敌。更惨的是，传统的彩色软片也有惊人的突破，只需要一个小时快速冲洗，马上就可以看到照片，而且不需要软片的照相机也即将问世。

从上述竞争形势来看，拍立得公司又犯了行销大师李维特所谓的行销短视症。它将自己的事业定义为"立即显像"的摄影业，而不是摄影业。这种短视的策略，使它一直没能跟上柯达迅速发展的步伐。虽然麦克求的多元化在1982年产生了1/3的业绩，但对原来市场的竞争没有产生多大的保护作用。

五、能力实训

【实训背景】

国际航空速递巨头在中国市场已拼战十多年，它们早就看中了中国市场巨大的吸引力。在中国速递业的国际巨头对抗赛中，FedEx（联邦快递）和UPS（联合包裹）正如一前一后的两个长跑选手。FedEx最先进入中国，UPS紧跟其后。FedEx最早拥有直航权，但2001年4月起它已不能把直航权作为对抗UPS的优势。为此，双方大造声势，不断加大广告投入，激烈竞争不可避免。

2001年4月4日，美国联合包裹运送服务公司开始正式直航中国。UPS董事长兼首席执行官吉姆·凯利在美国接受中国媒体记者采访时说："UPS人对于获得直航中国内地的权利感到相当兴奋，这对于我们来说是经过了千辛万苦的努力后才获得的，因此我们十分珍惜。"据UPS中国总经理陈学淳介绍，2000年UPS在中国的业务比1999年增长了45%。UPS直航中国的第一年内，将在原有基础上为该公司增加1亿美元的营业收入。

UPS 国际业务总裁罗纳德·瓦莱士则雄心勃勃地说："我的目标是让 UPS 公司在美国以外的地区同样家喻户晓。到今年底，UPS 将把包裹文件送到中国境内的每一个地址。"UPS 直航中国被业内人士认为是欲取代美国联邦快递公司占据中国市场的领先地位。

就在 UPS 刚刚落地中国并欲大展宏图之际，已在中国市场先行一步的联邦快递（FedEx）亚太区总裁 2001 年 4 月 6 日宣布：FedEx 将选址上海浦东国际机场建设中国最大的快件处理中心。作为全球最大的快递运输公司，FedEx 目前已在杭州、南京、宁波和东莞建成了初具规模的快件处理设施，并先行开通了京、津、沪、穗、深圳及周边城市客户投寄 15 个亚洲城市和美国、加拿大诸城市的"亚洲一日达"和"北美一日达"速递航班。在此基础上，FedEx 又作出新部署，从 2001 年 4 月起在上海推出直达世界各地的速递新航班，从而成为拥有直飞中国各城市速递专线航班最多的国际快递公司。

对于竞争对手的到来，FedEx 似乎并不畏惧。其亚太区副总裁陈嘉良在接受记者采访时胸有成竹地说，中国市场的竞争会越来越激烈，FedEx 要保持领导地位，就不能满足现在所做的一切，要不断改善和提升 FedEx 的服务，而无论竞争对手是否来中国。对于 FedEx 目前在中国市场的领导地位，陈嘉良认为更是毋庸置疑。陈嘉良说，FedEx 是第一家有飞机直飞中国的快递公司，而且来中国的飞机数量也比竞争对手多一倍。陈嘉良还强调说，FedEx 过去几年在中国的发展速度是有目共睹的，无论是人员的增加，还是地域的扩大，FedEx 服务的城市已由 140 个增加到 190 个，在未来 5 年预计将再增加 100 个城市。也许是进入中国市场的时间较长，FedEx 在描绘自己的蓝图时，似乎比 UPS 直白的"要做中国最大的包裹承运商"的雄心表现得更为圆满。陈嘉良说，FedEx 做中国最大的快递服务公司是一定的，但不单是为赚钱，是立足长远的，而不是只注重眼前的利益。FedEx 以本地员工为主的思想不会改变，FedEx 将为中国物流业的繁荣作出贡献，并且会与中国企业一同分享其成果。

【实训要求】

1. 试分析快递业在中国所面临的竞争环境。
2. 分析中国邮政和快递行业的发展前景。

六、思考与练习

1. 行业竞争结构分为哪几类？
2. 找一家公司，依据波特的五力模型对其竞争环境进行分析。
3. 企业应如何确定谁是自己的竞争对手？针对不同的竞争对手如何选择竞争策略？
4. 市场领先者可以采取什么样的战略来确保自己的领先地位？

学习情境五　进行国际市场细分及市场进入策略

一、学习目标

【能力目标】能依据市场特点对市场进行细分；能找到合适的方法进行市场潜力估

计；能简要分析市场营销机会并针对性地提出目标市场营销战略。

【知识目标】了解市场细分要求；熟悉细分市场综合评价一般标准，熟悉企业资源分析方法和市场潜力量化指标；掌握市场定位的方法。

二、工作项目

美国个人护理用品市场属于买方市场，由于消费者对大部分产品的需求是多元化的，具有不同的质的要求，即市场具有多元异质性，只靠广泛推销单一产品的策略已很难奏效。许多企业为适应消费者的需求差异，有针对性地提供不同的产品，并运用不同的分销渠道和广告宣传开展市场营销活动。如美国宝洁公司发现它的顾客由于需要洗涤不同性质的织物，要求有性能不同的肥皂，于是改变了原来经营单一肥皂的做法，推出三种不同性能、不同牌号的洗衣皂，从而满足了不同消费者的需要，提高了竞争能力，取得了很高的市场占有率。

万皎公司如果想要进一步发现市场营销机会、制定最优营销策略从而扬长避短、发挥优势，有效地与竞争对手相抗衡，拓展自己的市场，就需要调查分析不同的消费者在需求、资源、地理位置、购买习惯和行为等方面的特性，然后将上述要求基本相同的消费者群分别收并为一类，形成整体市场中的若干子市场或分市场，即进行市场细分，同时确定自己进入该细分市场的方式，便于今后实施有效的营销活动。国际项目组的工作任务主要是：

任务 1：识别细分市场；

任务 2：收集研究信息；

任务 3：拟定综合评价标准；

任务 4：选定细分因素，估计各子市场潜力；

任务 5：分析市场营销机会，提出目标市场营销策略；

任务 6：选择进入目标市场模式。

三、操作示范

第一步：识别细分市场

国际项目组需要首先确定欲细分市场的基本性质，然后定出市场细分的重要因素，并尽可能对这些因素作定量分析。

1. 市场的基本性质。一般来说市场基本性质或类型包括：

（1）导入期市场：在企业拥有清晰的开拓步骤和计划的前提下，产品已开始导入区域市场。将属于导入期的市场按导入的时间和绩效再细化分类。

（2）成长期市场：导入以后，销售已经启动，而且销售业绩在逐步攀升。将成长期市场按成长的速度和绩效再细化分类。

（3）成熟期市场：已达到销售的顶峰，市场上的产品流通畅通无阻。将这部分市场按时间和销售规模再细化分类。

（4）衰退期市场：商品流通虽畅通无阻，但销售业绩已开始下滑，区隔市场明显地供大于求，预计销售与实际销售的差距逐渐增大。将此类市场按衰退的速度和规模再细化分类。

（5）钉子市场：所谓钉子市场，就是企业虽然进行了努力开拓，但仍未攻下的市场。将此类市场按投入资源的多少和时间再细化分类。

（6）重点市场：销量也许不大，但却具有战略意义的市场。如企业所在地市场和某一区域市场群中有巨大影响意义的市场等。将此类市场按规模和意义的广度再细化分类（如中心市场）。

（7）典型市场：将抢占快、位置稳、规模大、盈余高、资源投入少的市场细化分类。

（8）零点市场：出于某种原因，企业尚未开拓的市场。对这类市场按人口、竞争环境等进一步细化分类。

2. 市场细分的因素。市场细分的基础是客观存在的需求的差异性，但差异性很多，究竟按哪些进行细分，没有一个绝对正确的方法或固定不变的模式。各行业、各企业可采取许多不同的变数，用许多不同的方法细分，以求得最佳的营销机会。影响消费品市场需求的因素，即用来细分消费品市场的变数，可概括为四类。

（1）地理变数。按地理变数细分市场就是把市场分为不同的地理区域，如国家、地区、省市，南方、北方，城市、农村等。以地理变数作为消费品市场细分的基础是因为地理因素影响消费者的需求和反应。各地区由于自然气候、传统文化、经济发展水平等因素的影响，便形成了不同的消费习惯和偏好，并有不同的需求特点，因此，有些产品只行销于少数地区，有些则行销于全国各地，但各地区侧重不同。

（2）人口变数。人口变数细分是按年龄、性别、家庭人数、生命周期、收入、职业、文化程度、宗教信仰、民族、国籍、社会阶层等人口统计变数，划分不同的消费者群。例如，某玩具公司生产出各种玩具，以适应三个月至一岁的婴儿需要，购买者只要知道孩子的年龄，就能选购到合适的玩具。还有像服装、化妆品、自行车等商品，男女性别不同，购买的特点大为不同。再者，收入多少直接影响着购买者的购买特点。一般来说，我国沿海开放地区高收入人群的比例要比内陆地区高，如高档服装、汽车、空调等高档商品均为高收入者购买。

除此之外，上述所提到的一些人口变数都将成为影响消费者消费的重要因素。

（3）心理变数。在市场营销活动中，经常产生这种情况，即在人口因素相同的消费者中间，对同一商品的爱好和态度截然不同，这主要就是由于心理因素的影响。消费者心理因素很复杂，下面就其主要方面加以说明。

①生活方式。生活方式是指个人或集团对消费、工作和娱乐的特定的习惯。人们形成和追求的生活方式不同，消费倾向也不同，需要的商品也不一样。近些年来，西方国家的企业十分重视生活方式对企业市场经营的影响，特别是经营化妆品、服装、家具等的企业，生产酒类商品的企业更是高度重视。有一些企业把追求某种生活方式的消费者群当做自己的目标市场，专门为这些消费者生产产品。例如，美国有的服装公司把妇女分成"朴素型"、"时髦型"、"有男子气型"三种类型，分别为她们设计不同式样和不同颜色的服装。

②社会阶层。美国人将消费者分为七个阶层，并且说明每个社会阶层的人对汽车、服装、家具、娱乐、阅读习惯等都有较大的不同偏好。

③个性。国外很多企业的营销人员都已使用个性变数来细分市场。他们赋予产品品牌个性，以迎合相应的顾客个性。如 20 世纪 50 年代末，福特牌汽车和雪佛莱牌汽车在促销方面就强调其个性的差异。有人认为购买福特牌汽车的顾客有独立性、易冲动、有男子汉气概、敏于变革并有自信心，而购买雪佛莱牌汽车的顾客往往保守、节俭、缺乏阳刚之气、恪守中庸之道。

④偏好。这是指消费者对某种牌号的商品所持的喜爱程度。在市场上，消费者对某种牌号商品的喜爱程度是不同的，有的消费者对其有特殊的偏好，有的消费者对其有中等程度的偏好，有的消费者对其无所谓。因此，许多企业为了维持和扩大经营，努力寻找忠诚拥护者，并掌握其需求特征，以便从商品形式、销售方式及广告宣传等方面去满足他们的需要。

心理标准是细分市场中比较复杂的一个标准，企业必须根据消费者的不同心理，进行市场调查研究，从而获得可靠的数据，用来确定自己的目标市场。

（4）行为变数。在行为细分中，根据顾客对产品的了解、态度、使用情况及其反应，将他们分为不同的群体。许多营销人员认为行为变数是进行市场细分的最佳起点。

①购买时机。按消费者购买和使用产品的时机细分市场。例如，某些产品或服务项目专门为适用于像春节、中秋节、圣诞节、寒暑假等节假日的需求，旅行社可为某种时机提供专门的旅游服务，文具企业专门为新学期开始提供一些学生学习用品。

②寻求利益。根据顾客从产品中追求的不同利益分类，是一种很有效的细分方法。运用利益细分法，首先必须了解消费者购买某种产品所寻求的主要利益是什么；其次要了解寻求某种利益的消费者是哪些人；最后要调查市场上的竞争品牌各自适合哪些利益，以及哪些利益还没有得到满足。

美国学者 Haley 曾运用利益细分法对牙膏市场进行分析而获得成功就是一例。他把牙膏需求者寻求的利益分为经济实惠、防治牙病、洁齿美容、口味清爽四类。牙膏公司可以根据自己所服务的目标市场的特点，了解竞争者是什么品牌，市场上现有品牌缺少什么利益，从而改进自己现有的产品，或另外再推出某种新的产品，以适应牙膏市场上未满足的需要（如表 5 - 1 所示）。

表 5 - 1　　　　　　　　　　牙膏市场的利益细分

利益细分	人口统计特征	行为特征	心理特征	符合利益的品牌
经济实惠	男性	大量使用者	自主性强者	大减价的品牌
防治牙病	大家庭	大量使用者	忧虑保守者	品牌 A、品牌 E
洁齿美容	青少年	吸烟者	社交活动多者	品牌 B
口味清爽	儿童	薄荷爱好者	喜好享乐者	品牌 C

③使用状况。许多产品可按使用状况将消费者分为从未用过、曾经用过、准备使用、初次使用、经常使用五种类型，即五个细分市场。通常大公司对潜在使用者感兴

趣，而一些小企业则只能以经常使用者为服务对象。对使用状况不同的顾客，在广告宣传及推销方式方面都有所不同。

④使用率。使用率也可用来细分某些产品的市场。可先划分使用者和非使用者，然后再把使用者分为小量使用者和大量使用者。例如，有人曾经做过调查，在总住户中有68%是啤酒的非使用者，32%是使用者，其中小量使用者和大量使用者各占一半。但16%的大量使用者却占总销量的88%，而小量使用者只占12%。又据调查，啤酒的大量饮用者多数是劳动阶层，年龄在25~50岁；年龄在25岁以下和50岁以上的为少量饮用者。这种细分将有助于企业作出相应的对策。

⑤忠诚程度。消费者对企业的忠诚程度和对品牌的忠诚程度，也可用来细分市场。假设某市场共有A、B、C、D、E五个品牌，按消费者的忠诚程度不同，可分为四类。

专一忠诚者：始终购买同一品牌，如A。

动摇忠诚者：同时喜欢两种或两种以上的品牌，如交替购买A和B。

转移忠诚者：经常转换品牌偏好，不固定忠于某一品牌，如一段时间忠于A，又一段时间忠于B，或C、D、E。

犹豫不定者：从来不忠于任何品牌，可能是追求减价品牌，或是追求多样化，喜新厌旧。

每个市场上都不同程度地同时存在着上述四类消费者，企业可以对消费类型进行分析，从中找出营销中所存在的问题，从而及时解决。例如，分析专一忠诚者，可以知道自己的目标市场的消费者情况。分析动摇忠诚者，可以发现哪些品牌是主要竞争者，以便采取相应措施。研究转移忠诚者，可以了解营销工作中的弱点，从中改进。研究犹豫不定者，可以考虑采用奖励等办法促销。

⑥待购阶段。消费者对各种产品，特别是新产品，总是处于各种不同的待购阶段。例如，对某些新产品，有些人根本不知有此物，有些人已经知道，有些人知道很清楚，有些人已有购买欲望，有些人准备马上购买。企业应该对处于不同阶段的顾客采取不同的营销手段，并要随着待购阶段的变化而随时调整营销方案。

⑦态度。消费者对某些产品的态度可分为五种：热爱、肯定、冷淡、拒绝和敌意。企业可以通过调查、分析，针对不同态度的顾客采取不同的营销对策。例如，对抱有拒绝和敌意态度者，就不必浪费时间去改变他们的态度，而对冷淡者应设法争取他们。

第二步：收集研究信息

收集研究信息指收集、整理细分市场时需考察分析的市场情报和资料，如通过收集类似产品已有的市场情况，可以参照对新产品市场进行细分，或者通过对消费者的调查来检验欲采用的细分因素是否合适。收集研究信息还包括最终能确定市场细分后的情况，如各年龄组究竟包括多少人。

资料是预测的基础，必须做好资料的收集工作。收集什么资料是由预测的目标所决定的。对所收集到的资料要进行认真审核，对不完整和不适用的资料要进行必要的推算和调整，以保证资料的准确性、系统性、完整性和可比性。对经过审核和整理的资料还要进行初步分析，观察资料结构的性质，作为选择适当预测方法的依据。

第三步：拟定综合评价标准

为了能够回答谁是购买者、购买什么、在哪里购买、为什么购买、怎样购买等问题，项目组需要对细分市场拟定综合评价标准。

一般来说，评价的具体内容可以包括两部分：

1. 外部因素。

（1）市场需求动向（如流行趋势、爱好变化、生活形态变化、人口流动等）。市场需求决定销售潜力，常用的需求预测方法有市场调查法、市场试验法、消费者论断法等。需求预测有助于区域主管从整体上把握区域市场的状况，使销售预测更加准确。

（2）经济的变动（区域加工业的发展、区域经济增长率等）。销售收入深受经济变动的影响。

（3）同业竞争的动向。为了生存，必须掌握竞争对手在市场上的所有活动。例如，其产品的组合价格如何？促销与服务体系如何？

（4）政府、消费者团体的动向。考虑政府的各种经济措施以及站在消费者立场所产生的各种问题。

2. 内部因素。

（1）营销活动政策。这是由于产品政策、价格政策、销售途径政策、广告及促销政策等的变更对销售额能产生重要的影响。

（2）销售政策。如变更市场管理内容、交易条件或付款条件、销售方法等对销售额所产生的影响。

（3）业务员。销售活动是一种以人为核心的活动，所以人为因素对于销售额具有深远的影响。

（4）企业的生产状况。考虑其能否与销售收入相配合，今后是否会产生问题等。

第四步：选定细分因素，估计各子市场潜力

对细分后的每一个子市场作出评价后，如果各个子市场之间存在较大差别，则企业就需考虑不同市场的特点，确定本企业的市场活动范围及适应新选定的市场范围特点的营销活动要点。然后根据市场研究的结果和选定的细分因素，估计出总市场和每个子市场预期需求水平。

评估各种不同的细分市场时，企业必须考虑两种因素，即细分市场结构的吸引力、公司的目标和资源。（1）市场吸引力：比如市场的规模、成长性、规模经济、低风险等。（2）投资与目标和资源的一致性：某些细分市场虽然有较大的吸引力，但不符合企业长远目标，因此不得不放弃。即使该市场符合企业的目标，也必须考虑企业是否具备在该市场获胜所必需的技术和资源。

通常的市场容量预测方法有以下几种：

1. 德尔菲法。德尔菲法，又称专家意见法，是由美国兰德公司在20世纪50年代初创造的一种预测方法。它是充分发挥专家们的知识、经验和判断力，并按规定的工作程

序来进行的预测方法。其主要特色在于：整个预测过程是背靠背进行的，即任何专家之间都不发生直接联系，一切活动都由工作人员与专家单独打交道来进行，从而使预测具有很强的独立性和较高的准确性。

采用这种方法，企业首先必须拟定预测提纲，明确预测目标，并准备好有关的信息资料及征询表格；还要选择既熟悉业务，又善于与专家打交道和责任心强的工作人员来专门负责预测工作。然后，由工作人员将预测提纲及有关信息资料、征询表格送交专家们，专家们按照提纲要求作出自己的主观估计，填好征询表格，定期交回给工作人员汇总整理。由于第一轮专家们的估计差异较大，由工作人员整理加工以后，把修改后的预测提纲及相关资料第二次送交专家，进入第二轮循环。专家们根据新的提纲和资料，对原来的估计予以修改，提出新的判断估计，并说明修改的理由，再交回给工作人员集中整理。一般来说，这一轮专家们的意见还不能趋向一致，需提出新的预测提纲，进入第三轮循环。在第三轮，由工作人员提供新提纲和新信息，要求专家们进一步作出分析判断。专家们经过两轮的情况交流，对前两次预测中产生过高或过低估计的原因逐渐清楚，一般至此预测意见可基本趋于一致。如果预测的问题非常复杂，也可能需要第四轮或第五轮的循环。这就是德尔菲法的一般工作程序。企业在具体运用中，还应掌握和控制好时间，每一轮循环的时间以 1 周或 10 天左右为宜，否则易影响分析判断的效果。

2. 集中意见法。集中意见法是将有关业务、销售、计划等相关人员集中起来，交换意见，共同讨论市场变化趋势，提出预测方案的一种方法。许多企业为了避免依靠某一个人的经验进行预测而产生偏差，集合有关人员共同研究进行预测。如对销售量的预测，可组织企业的业务人员、企划人员、销售人员共同分析研究市场情况，提供销售量的预测方案；对进货批量和进货次数的预测，可组织仓储人员、业务人员等进行分析研究，提出预测方案；对资金的来源、运用和资金周转的测算，可组织财务人员、业务人员共同研究，提出预测方案。它的优点是在市场的各种因素变动剧烈时，能够考虑到各种非定量因素的作用，从而使预测结果更接近现实。它可以与其他定量预测方法配合使用，取长补短，以达到预测值的可靠性和准确性。这与德尔菲法既有共同点，也有不同之处。这是面对面讨论的办法，能够相互启发，互为补充，简便易行，没有繁复的计算。在缺少历史资料或对其他预测方法缺乏经验的情况下，是一种可行的办法。具体来说有三种操作办法：

（1）根据经营负责人意见的推测法。又称经营者意见交换法，是依据区域主管的经验与直觉，通过一个人或所有参与者的平均意见求出销售预测值的方法。此方法不需要经过精确的设计即可简单迅速地预测。所以，当预测资料不足而预测者的经验相当丰富的时候，这是一种最适宜的方法。

由于推测法是以个人的经验为基础，不如统计数字令人信服，当无法依循时间系列分析预测未来时，这种预测方法确实可以利用丰富的经验和敏锐的直觉，从而弥补统计资料不足的遗憾。

（2）根据业务员意见的推测法。业务员接近消费者和用户，对商品是否畅销、滞销比较了解，对商品花色、品种、规格、式样的需求等都比较了解。所以，可以通过听取业务员的意见来推测市场需求。

操作方法为：先让每个参与预测的业务员对下一年度的销售最高值、最可能的值、最低值分别进行预测，算出一个概率值，然后再根据不同人员的概率值求出平均预测值。

（3）根据顾客与客户意见的推测法。这种预测方法是通过征询顾客或客户的潜在需求或未来购买商品计划的情况，了解顾客购买商品的活动、变化及特征等，然后在收集消费者意见的基础上分析市场变化，预测未来的市场需求。

运用这种方法可以采用多种形式进行。如可以在商品销售现场直接询问顾客的商品需求情况，了解他们准备购买商品的数量、时间，某类商品需求占总需求的比重等问题；也可以利用电话询问、分类、总结，再按照典型情况推算整个市场未来的需求趋势；还可以采取直接访问的方式，到居民区或用户单位询问他们对商品的需求、近期购买计划、购买商品的数量和规格等。

调查哪些用户和消费者要依调查对象数量而定。如果调查对象数量较小，可以采用发征询意见表的方式全部调查；如果调查对象数量较大，可以采用随机抽样或选取典型的方式进行调查。

这种方法常用于生产资料商品、中高档耐用消费品的销售预测，使用时必须具备两个条件：一是购买意向明确清晰，二是购买意向真实可靠。

采用征询用户意见法首先要统计用户名单，然后根据用户的产值、需求量、购买量、购买时间来设计并印刷用户意见调查预测表格。不仅要将表格发给老客户，而且要发给潜在客户。然后对回收的调查表格信息进行认真分析，并对产品需求作统计汇总。

另外，对于一些生产资料商品以及像耐用品那样的生活资料商品的调查预测，因为调查数量庞大，必须采用抽样调查的方法。

耐用消费品调查预测表设计应包括购买者家庭人数、总收入、所在单位、已有耐用消费品（冰箱、彩电等）的购买时间及数量、计划再购买的时间及数量等内容。表下应注明填写要求和注意事项，并强调为客户保密。将设计好的调查表发给调查对象（采用邮寄或直接送达的方法），填写完毕后，预测人员将表按时收回（邮寄或直接下户收取）。

这种预测法准确率较高。但用来观察两年以上的需求量时，可靠程度比短期预测要低一些。这是因为在一段较长的时期内，市场变化因素较多，消费者不一定都能按长期的购买计划购买商品。所以，对预测结果应与采用其他方法预测的结果进行对比并修正，使之更接近准确。

3. 时间序列预测法。所谓时间序列就是将过去的历史资料和数据，按时间顺序排列起来的一组数字序列。例如按年度排列起来的年产量，按季度或月份排列起来的企业产品销售量等。时间序列预测法是销售预测中较具代表性的方法。一般的销售预测法大多是指时间序列预测法。

时间序列预测法的特点是，假定影响未来市场需求和销售量的各种因素与过去的影响因素大体相似，并且产品的需求形态有一定的规律。因而，只要将时间序列的倾向性进行统计分析，加以延伸，便可以推测出市场需求的变化趋势，从而作出预测。这种方法简单易行，但经济事件的未来状态不可能是过去的简单重复，因此，这种方法适用于短期预测或中期预测。如果时间序列的数据随时间的变化波动很大，市场环境变化很大，国家的经济政策有重大变化，经济增长发生转折，一般不宜采用这种方法。

市场需求的变化随时间而变，一般都受两类因素的影响：一类是对市场需求动态起主导作用的规律性因素；另一类是对市场需求动态起辅助性和临时性作用的偶然性因素。时间序列预测法主要是要消除偶然性因素的影响，把时间序列作为随机变量序列，采用数学平均或加权平均方法进行预测。

经常使用的时间序列预测法有简单平均法、加权平均法、指数平滑法和季节指数法等。

4. 统计分析法。统计分析法是建立在大量实际数据的基础上，寻求随机性后面的统计规律性的一种方法。客观事物或经济活动中的许多因素是相互联系、相互制约的。也就是说，它们的变量之间客观上存在着一定的关系。通过对所占有的大量实际数据分析，可以发现数据变化的规律性，找出其变量之间的关系，这种关系叫回归关系。有关回归关系的计算方法和理论，称为回归分析。

回归分析研究的内容是：从一组数据出发，确定变量间的定量关系，对这些关系式的可信程度进行统计检验；从影响着某一个量的许多变量中，判断哪些变量的影响是显著的，哪些是不显著的；利用所得的关系式对设计、生产和市场需求进行预测。

运用回归法进行定量预测，必须具有以下三个条件：

（1）预测对象与影响因素之间必须存在因果关系，而且数据点在 20 个以上为好。

（2）过去和现在的数据规律，能够反映未来。

（3）数据的分布确有线性趋势，可采用线性解；如不是线性趋势，则可用非线性解。

第五步：分析市场营销机会，提出目标市场营销策略

在细分市场过程中，分析市场营销机会，主要是分析总的市场和每个子市场的竞争情况，以及确定对总的市场或每个子市场的营销组合方案，并根据市场研究和需求潜力的估计，确定总的市场或每个子市场的营销收入和费用情况，以估计潜在利润量，作为最后选定目标市场和制定营销策略的经济分析依据。

企业要根据市场细分结果来决定市场营销策略。这要区分为两种情况：

1. 如果分析市场细分后，发现市场情况不理想，企业可能放弃这一市场。

2. 如果市场营销机会多，需求和潜在利润量满意，企业可根据细分结果提出不同的目标市场营销战略。

一般可以采用三种不同目标市场战略。

（1）无差异性目标市场战略。实行无差异性市场战略的企业，是把整个市场作为一个大目标，针对消费者的共同需要，制订统一的生产和销售计划，以实现开拓市场，扩大销售。以生产观念和推销观念为指导思想的企业，往往把整个市场作为一个大目标开

展营销，它们强调消费者的共同需要，忽视其差异性。采用这一策略的企业，一般都是实力强大，进行大规模生产，又有广泛而可靠的分销渠道，以及统一的广告宣传方式和内容的企业。美国可口可乐公司曾一度长期生产一种味道的产品，使得该公司较长时间统治世界饮料市场。

采取无差异性市场战略的优点：大量生产、储运、销售而使得产品平均成本低，并且不需要进行市场细分，可节约大量的调研、开发、广告等费用。但是这种市场策略也存在许多缺点，即这种策略对于大多数产品是不适用的。因为市场处于一个动态变化、不断发展的过程，所以一种产品长期被所有消费者接受是极少的，而且当几家同类大企业都同时采用这一策略时，就会形成异常激烈的竞争，而不得不开始改变其无差异市场策略。

（2）差异性目标市场战略。实行差异性目标市场战略的企业，通常是把整体市场划分为若干细分市场作为其目标市场。针对不同目标市场的特点，分别制订出不同的营销计划，按计划生产营销目标市场所需要的商品，满足不同消费者的需要，不断扩大销售成果。例如，国内一些自行车公司近年来改变了原来的经营观念，牢固树立以消费者为中心的现代化经营观念。按不同消费者的爱好和要求，分别设计生产出轻便男车、轻便女车、赛车、载重车、童车等多种产品。同时，也根据不同消费者的偏好，生产出各种彩色车，改变了过去清一色的黑色车。

采用差异性目标市场战略的优点：小批量、多品种、生产机动灵活，针对性强，能满足不同消费者的需求，特别是能繁荣市场。但是，由于品种多，销售渠道和方式、广告宣传的多样，产品改进成本、生产制造成本、管理成本、存货成本、营销成本就会大大增加。这样，无差异性目标市场战略的优点基本上就变为差异性目标市场策略的不足之处。

（3）集中性目标市场战略。无差异性目标市场战略和差异性目标市场战略都是以整体市场作为企业的营销目标，试图满足所有消费者的需要。集中性目标市场战略则不把目标放在整体市场上，而是目标市场更加集中。选择一个或几个细分化的专门市场作为营销目标，然后集中企业的总体营销优势开展生产和销售，充分满足某些消费者需要，以开拓市场。采用这种市场策略的企业，不是追求在整体市场上占有较大的份额，而是为了在一个或几个较小的细分市场上取得较大的占有率，甚至居于支配地位。它们的具体做法不是把力量分散在广大的市场上，而是集中企业的优势力量，对某细分市场采取攻势营销战略，以取得市场上的优势地位。

一般来说，实力有限的中小企业，可以采用集中性市场策略。由于它们的营销对象比较集中，企业就可以集中优势力量，为充分满足消费者的需要而奋斗，以取得消费者的信任和偏爱，从而提高销售额、利润额和投资收益率。并且随着生产、分销渠道、广告宣传等的专一化，不仅企业的营销成本逐步降低，盈利增加，而且提高了商品和企业的声誉。但是，采用集中性市场策略一般风险比较大。因为所选的目标市场比较狭窄，一旦发生突然变化，消费者的兴趣就会转移，甚至会导致在竞争中失败。基于这种原因，企业往往又将经营目标分散于几种策略之中，根据具体情况加以选择实施。

项目组在选择三种不同目标市场战略时应考虑的因素包括：

（1）企业自身实力。当企业生产能力、技术能力和销售能力很强时，就可采用无差异性策略和差异性策略。若实力不足，最好采用集中性市场策略。

（2）产品特性。对于一些类似性很强的产品以及不同工厂或地区生产的在品种、质量方面差异较小的同类产品，宜采用无差异性策略。而对于消费者要求差别很大的产品，宜采用差异性策略或集中性策略。

（3）市场特性。如果不同市场消费者对同一产品的需求和爱好相近，宜采用无差异性策略。否则，宜采用差异性策略或集中性策略。

（4）产品所处生命周期的不同阶段。通常在产品处于投入期和成长期时，可采用无差异性策略，以探测市场与潜在顾客的需求。当产品进入成熟期或衰退期时，则宜采取差异性策略，以开拓新的市场，或采取集中性市场策略，以维持和延长产品生命周期。

（5）竞争者所采取的市场策略。采取哪种市场策略，往往视竞争者所采取的策略而定。若一个强有力的竞争者实施无差异性策略，那么，本企业宜采取差异性策略。

第六步：选择进入目标市场模式

万皎公司进入美国太平洋沿岸地区时，可以选择的方式主要有：

1. 出口模式。出口模式包括间接出口和直接出口两种方式。

间接出口是指企业通过母国的中间商来从事产品的出口。使用这种方式，企业可以利用中间商现有的销售渠道，不必自己处理出口的单证、保险和运输等业务，可以灵活地进退国际市场和改变国际营销渠道，并且不用承担各种市场风险。

直接出口是指企业拥有自己的外贸部门，或者通过目标国家的中间商来从事产品的出口。直接出口有利于企业对目标市场的营销组合有更多的控制，摆脱对中间商的依赖，培养自己的国际商务人才，积累国际市场营销经验，但要承担更多的风险。

2. 契约模式。具体包括：许可证模式、特许经营模式、合同制造模式、管理合同模式、工程承包模式、双向贸易模式六种。

（1）许可证模式，指企业在一定时期内向国外法人单位转让其工业产权（如专利、商标、配方等无形资产）的使用权，以获得提成或其他补偿。许可证模式能绕过进口壁垒，且政治风险很小，但不利于对目标国市场的营销规划和方案进行控制，被许可方可能在结束合作后成为竞争对手。

（2）特许经营模式，这种模式和许可证进入模式很相似，但除了转让工业产权使用权，还要给予被特许方以生产和管理方面的帮助。特许方可以通过被特许方快速进入国外市场，迅速扩张并打响自己的品牌，但是很难保证被特许方的产品和服务水平。

（3）合同制造模式，指企业向国外企业提供零部件由其组装，或向外国企业提供详细的规格标准由其仿制，由企业自身负责营销的一种方式。采取这种模式不仅可以输出技术或商标等无形资产，而且还可以输出劳务和管理等生产要素以及部分资本。但是由于合同制造往往涉及零部件及生产设备的进出口，有可能受到贸易壁垒的影响。

（4）管理合同模式，指管理公司以合同形式承担另一公司的一部分或全部管理任务，以提取管理费、一部分利润或以某一特定的价格购买该公司的股票作为报酬。利用这种模式，企业可以利用管理技巧，不发生现金流出而获取收入，还可以通过管理活动与目标市场国的企业和政府接触，为以后的营销活动提供机会。但这种模式具有阶段性，即一旦合同约定完成，企业就必须离开东道国，除非又有新的管理合同签订。

（5）工程承包模式，指企业通过与国外企业签订合同并完成某一工程项目，然后将该项目交付给对方的方式进入外国市场。它是劳动力、技术、管理甚至是资金等生产要素的全面进入和配套进入，这样有利于发挥工程承包者的整体优势。工程承包进入模式最具吸引力之处在于，它所签订的合同往往是大型的长期项目，利润颇丰。但也正是由于其长期性，这类项目的不确定性因素也因此增加。

（6）双向贸易模式，指在进入一国市场的同时，同意从该国输入其他产品作为补偿。双向贸易通常是贸易、许可协定、直接投资、跨国融资等多种国际经营方式的结合。根据补偿贸易合同内容的不同，双向贸易可以分为易货贸易、反向购买和补偿贸易三种形式。

3. 投资模式。投资模式属于进入国际市场的高级阶段，包括合资进入和独资进入两种形式。

（1）合资进入，指与目标国家的企业联合投资，共同经营、共同分享股权及管理权，共担风险。合资企业可以利用合作伙伴的成熟营销网络，而且由于当地企业的参与，企业容易被东道国所接受。但是也应看到，由于股权和管理权的分散，公司经营的协调有时候比较困难，而且公司的技术秘密和商业秘密有可能流失到对方手里，将其培养成将来的竞争对手。

（2）独资进入，指企业直接到目标国家投资建厂或并购目标国家的企业。独资经营的方式可以是单纯的装配，也可以是复杂的制造活动。企业可以完全控制整个管理和销售，独立支配所得利润，技术秘密和商业秘密也不易丢失。但是独资要求的资金投入很大，而且市场规模的扩大容易受到限制，还可能面临比较大的政治风险和经济风险。

4. 国际战略联盟。国际战略联盟就是指两个或两个以上企业为了相互需要，分担风险并实现共同目的而建立的一种合作关系。国际战略联盟是弥补劣势、提升彼此竞争优势的重要方法，可以迅速开拓新市场，获得新技术，提高生产率，降低营销成本，谋求战略性竞争策略，寻求额外的资金来源。

在选择以上进入模式时应主要考虑两方面因素：一是市场因素；二是环境因素，包括政治环境、经济环境、地理和社会文化环境。由于万皎公司的目标市场是美国太平洋沿岸地区，通过前面的分析发现市场规模和市场潜力较大，政局稳定、法制健全、投资政策较为宽松、人均国民收入比较高、汇率稳定，基础设施比较完善，文化包容性较强，距离本国较远，因此可以考虑以投资模式进入，尽可能地扩大销售额，并使企业有足够的能力在当地与实力雄厚的企业竞争。

四、知识链接

（一）市场细分的要求

企业在进行市场细分时，应遵循以下基本要求。

（1）要有明显特征。用以细分市场的特征必须是可以衡量的，细分出的市场应有明显的特征，各子市场之间有明显的区别，各子市场内都有明确的组成成员，这些人应具备共同的需求特征，表现出类似的购买行为。

（2）要根据企业的实力，量力而行。在市场细分中，企业所选择的目标市场，必须是自己有足够的能力去占领的子市场，在这个子市场上，能充分发挥企业的人力、物力、财力和生产、技术、营销能力的作用。反之，那些不能充分发挥企业资源作用、难以为企业所占领的子市场，则不能作为目标市场。否则，只会白白浪费企业资源。

（3）要有适当盈利。在市场细分中，被企业选中的子市场还必须具有一定的规模，即有充足的需求量，能足以使企业有利可图，并实现预期利润目标。为此，细分市场的规模既不宜过大，也不宜过小。如果规模过大，企业无法"消化"，结果也白费工夫；如果规模过小，企业又"吃不饱"，现有资源得不到最佳利用，利润则难以确保。因此，细分出的市场规模必须恰当，使企业能得到合理盈利。

（4）有发展潜力。市场细分应具有相对的稳定性，因而企业所选中的目标市场，不仅要能为企业带来目前利益，还必须有相当的发展潜力，能够给企业带来较长远的利益。因此，企业在市场细分时选择的目标市场不能是正处于饱和或即将饱和的市场，否则，就没有多少潜力可挖。

（二）企业资源分析方法

1. 自身资源（纵坐标）。

（1）人才资源：首先检阅一下自己现有的营销队伍，从各个环节一一过滤，针对其应有的职能与市场经历进行对比，看看他们的能力是否适宜。营销队伍与现有市场营销实务的正反比程度，会给企业的市场布局提供一个动力性的思考。

（2）财务资源：检查财务运营情况，财务管理是否有影响销售的环节，在什么地方达到了什么程度，是可以改善的还是不可避免的，这样可以给企业提供一个有效布局的依据。

（3）产品资源：在以往的销售中，企业的主导品牌属于什么档次，现在在市场上是上升还是下滑，预计生命周期还有多长，盈利情况怎么样。除主导品牌以外，其他的附属产品有多少，盈利对比情况。检查产品资源就像打仗前一定要知道自己拥有多少种武器，每种武器都还能发挥哪些功能一样重要。

（4）开发资源：包括新产品开发资源和新市场开发资源两部分。所谓新产品开发资源是就以往的经验，成功地开发一个新产品从定位到成品投放市场的时间；所谓新市场开发资源就是现有的成功开发一个新市场所能投入的人力和物力的平均能力、平均时间。了解现有的开发资源，有助于企业确定攻守决策比例的定位和程度。

2. 市场资源（横坐标）。

（1）品牌资源：这里的品牌资源不是理论上的企业品牌，而是具体到各个区隔市场上企业及其产品的可利用率。企业在区隔市场上的品牌资源的多少直接影响着营销投入的成本，更影响着推广的难易度和速度。

（2）生命资源：所谓生命资源，就是企业及其产品在各个区隔市场上现正处于什么样的周期阶段，是导入期、成长期、成熟期或是衰退期？如果是成长期，生命资源就丰富；如果是衰退期，那么资源就稀少。对生命资源的认真分析和对比，有助于企业市场归类，从而合理地分配纵向资源。

（3）客户资源：回顾和总结各个区隔市场的现有客户，检查以往的合作业绩，并进行细化分类；同时要检查各个区隔市场上目前企业储备的客户及其质量和数量，并分析即将合作的可能性及成功率。优秀的客户等于市场的一半。拥有的和潜在的客户都是难得的资源。

（4）机会资源：所谓机会资源，就是在区隔市场的竞争地位上，企业现在处于什么位置，如要成功地达到营销目标有多少阻力，克服阻力所需的资源。

（三）市场潜力量化指标

市场潜力有时也称为市场规模，这是一个宏观的概念，但却是一个可以量化的数据。获取相关数据的途径有以下几个方面：

1. 从过去几年自己企业的销售历史数据和增长率可以得出一个趋势性的数据，当然如果知道竞争对手的这些数据，则更完整一些。

2. 从国家、地方的各种文件、报告、政策、法规等方面入手，也会得到很多有价值的宏观经济信息和指导性数据，国家在鼓励什么，限制什么，反对什么都能通过分析得出。

3. 从各种报刊杂志上也能得到各行业、各地区的投资和发展等方面的信息，只要掌握分析与汇总的方法、比较与检验的技巧，就能得出很多有用的数据。

4. 从用户的供应商和用户的角度来分析供求关系和状况，把握住市场可能出现的上升或下降。很多行业某个产品的市场规模取决于配比关系，比如说用户每购买一台大型设备会买十套小型检测仪器，每个机场导航站会装备几套设备，这在工业品市场上尤为突出。所以了解最终用户的供应商和他的下一层用户的情况，了解了某个行业的配比数字，也可以计算出一个市场的规模。

5. 从市场调研公司那里得到第二手的统计和分析数据。当然这需要资金去做这件事，但却是很合算的一项工作，因为专业的市场调研公司有这方面的专长，效率比企业自己去做要高；同时也更客观，不会因为从事调研的人员因考虑部门利益和自身利益而带有倾向性。这是外企公司普遍采用的一种方式，结果如何当然取决于方案的制订和信息的可靠性，这是企业需要参与和监督的一个合作项目。

6. 从用户的消费心理和产品的生命周期的角度来判断某类产品处在什么状态，能普及到什么程度。这涉及产品生命周期的四个阶段：投入期、成长期、成熟期和衰退期，五大类消费群体则是发烧型、先锋型、实用型、保守型和怀疑型。

【阅读链接】

案例1：互补商圈吸引客流

在越来越激烈的市场竞争中，上海商业正逐步形成多个经营互补型的商圈。

上海徐家汇路口，东方商厦、太平洋百货、第六百货三家大商厦隔路相望。前两年三家商厦也曾摆出拼个你死我活的架势，但很快认识到恶性竞争只会带来三败俱伤。于是各家商场主要在突出自己的经营特色上下工夫：东方商厦主要针对中高收入顾客，突出商品档次，向精品店方向发展；太平洋百货则成为流行时尚的窗口，主要吸引以女青年为主的青年消费者；第六百货则以实惠诱人，坚持以薄利多销、便民利民为经营方向。比如彩电，东方商厦主要经营大屏幕进口彩电，第六百货则主要经营国产彩电，太平洋百货则基本不经营彩电。

这三家商厦近一两年销售额不仅没滑坡，而且都在增长，在上海市单位面积销售和利润中名列前茅，徐家汇也成为上海新的中心商业区。目前，这三家商场成立了"徐家汇地区商场老总联谊会"，定期研究分析市场形势，合理划分各自经营范围，共同发展。第六百货还出资修建一条空中走廊，把本店和太平洋百货连接起来。

位于南京路上的中百一店、华联商厦、新世界是上海商界三大巨头，由于它们各自经营有别，利益冲突不大，能做到联手繁荣南京路，为中华商业第一街的繁荣作出了贡献。

上海各商圈因地理位置不同，在整体经营上也有差异。如巴黎春天、百盛、二百永新构成的金三角商圈，主要吸引外资机构、高收入白领阶层；南京路上的商圈则针对国内旅游购物者，以大众化名品为主。

资料来源：沈为：《上海商业：互补型商圈吸引客源》，载《市场报》，1998 - 04 - 07（2）。

案例 2：今日新概念汽车租赁

北京今日新概念公司是北京最早开展针对个人的汽车租赁业务的企业，也是目前中国汽车租赁业中规模最大的企业。今日新概念的业务始于 1995 年，当时在 1991 年、1992 年的学车潮流的带动下，北京有了很多有本无车的人，驾校有计时班，但没有一家汽车租赁企业面向个人租车。今日新概念在此时率先开展了针对个人的汽车租赁业务，并推出了以小时为单位的租赁服务，这对刚刚拿到驾照却没车开的爱车族来讲，无疑是个实践的机会，而对今日新概念来说也是事业的开始。

刚开始租赁业务的今日新概念只有 10 辆客货两用车，随后随着业务量的不断增长，到 1996 年中，车辆数达到了 50 辆，车型也有所增加。此时今日新概念又迈出了突破资金限制对业务影响的最大一步：和汽车生产厂家达成分期付款购买新车的协议，用有限的资金激活了大量资产。新车投入运营后，很快就又收回成本再用来购买下一批车辆，到 1997 年 6 月，车辆数发展到了 2 000 多辆，几乎呈几何级数增长，为业务的进一步发展拓展了空间。

案例 3："李锦记"蒸鱼豆豉油的营销策划

1994 年，李锦记首次推出其豆豉油产品，虽然做过种种营销方面的努力，但销售成绩并不理想，销量一直没有取得突破性进展。

1996 年，李锦记在香港市场推出其新产品蒸鱼豆豉油，获得极大成功，并荣获 1997 年度香港 MA/TVB 杰出市场策划奖之铜奖。其过人之处在于：它通过深入的市场调研，在品牌林立、竞争激烈的豆豉油市场中，发现了进入市场的机会，从而成功地研制和推出蒸鱼豆豉油这一新产品，开辟了一个新的市场空间。在推出新产品的过程中，它通过不凡的创意，对营销工具的有效整合以及各种促销推广手段的完美演绎结合，树立了良好的品牌形象，取得了骄人的销售成绩。其策略、方法都值得同业人士深思与借鉴。下文将从对此个案的分析中，一窥营销之奥妙。

1. 从市场进入策略中寻找市场空隙。针对豆豉油市场竞争激烈、各种品牌鱼龙混杂，消费者无所适从、找不到满意的产品这一现状，李锦记经过深入的市场调研、分析，认为进入一个更细分的市场能使自己的品牌凸显，与众多其他品牌区隔。问题的关键在于是否有这样一个细分市场？它的容量是否足够大？李锦记在对消费者的调研中发现，很多香港人上酒楼爱吃蒸鱼，但酒楼使用特制豆豉油，消费者不知道如何炮制，而在市场上又找不到。家庭主妇们希望有一种专用于蒸鱼的豆豉油，使她们在家里就能做出和酒楼一样美味可口的蒸鱼来。这对于李锦记是一个令人鼓舞的发现，它随即根据这一需求进行产品研制。1996年，李锦记在香港市场推出其新产品蒸鱼豆豉油，为配合新产品上市，它展开了强大的营销攻势。

2. 富有创意的营销组合策略。李锦记为推出新产品而进行的营销策划活动是对"4P"组合的一次完美演绎，每一"P"策略都体现了策划者的睿智和对消费者的透彻理解，闪耀着智慧的光芒。

通过营销努力，李锦记取得极大成功。消费者试用后一直购买，销量及利润都比预期好。从以下资料可以得到有力证明：在超市上的销货率提高了25%，销售增长了50%，新产品占李锦记总销量的50%，市场份额从1996年的5%迅速提升至1997年的15%。通过革新，李锦记树立了高品质的品牌形象。

李锦记为推出蒸鱼豆豉油这一新产品所做的系列营销策划活动，真正体现了营销的本质。

案例4：日产汽车以"小"取胜

面对美国发达的汽车工业，日本的日产汽车无畏无惧，以艰苦卓绝、坚韧不拔的毅力和决心，花了将近25年的时间，终于攻下了美国市场。美国汽车最主要的特色在于"大"，而且车型流线美观，高速行驶时平稳、舒适、安全。然而，日本汽车设计上的特色却是"小"。这种设计上的差异，原本是和国家的经济实力等国情有关，而与汽车的品质性能关系不大。但是，习惯开大车的美国人怎么也看不上这种"小不点"。所以在初期，日产汽车的行销相当艰辛，成绩有限。

不过"能源危机"却为日本汽车带来了意想不到的机会。20世纪70年代两次的石油暴涨，不但造成世界性的通货膨胀，也使汽油的价格提高了5倍多。这时美国人才感到大车的累赘与负担。而日本的小车，不但价格便宜，而且省油，维修费也较低廉，于是美国人纷纷舍弃美国的大车改买日本小车。1970年，日产汽车在美国的年销售量仅为1 300辆，实在少得可怜，到了1973年增到15万辆，增长速度令人咋舌。至此，日本汽车才算在美国市场站稳脚跟，取得一席之地。

紧接着，日产汽车又成功地开发了介于卡车与轿车之间的PickupTruck，这种专供农民和中小企业使用的客货两用车，在1980年销售量即达50万辆，1982年增加到75万辆，引发美国的汽车公司也竞相投入这个市场。

案例5：女性刮毛刀风靡全美

1974年，以生产安全刀片而著称于世的美国吉列公司推出面向女性的雏菊牌专用刮毛刀，结果一炮打响，畅销全美国，销售额已达20亿美元的吉列公司又发了一笔横财。

吉列公司雏菊牌刮毛刀的成功完全是建立在精心周密的市场调查基础上的标新立异。1973年，吉列在市场调查中发现，美国8 360万30岁以上的妇女中，大约有6 490万人为了保持自身美好的形象，要定期刮除腿毛和腋毛，这与她们的衣着趋向于较多的"暴露"不无关系。调查者还得到这样的统计数据，在这些妇女中，除约有4 000多万人使用电动刮胡刀和脱毛剂外，有2 000多万人主要是通过购买各种男用刮胡刀来美化自身形象，一年的费用高达7 500万美元。这是一笔很大的开销，丝毫不亚于女性在其他化妆品上的支出。这是一个极富诱惑力的潜在市场，谁能抢先发现它，开发它，谁将大得其利。

根据市场调查结果，吉利公司在雏菊牌刮毛刀的设计和广告宣传上也非常注重女性特点。例如，刀架不采用男性用刮胡刀通常使用的黑色和白色，而是选取色彩绚烂的彩色塑料以增强美感。把柄上还印压了一朵雏菊图形，更是增添了几分情趣。把柄由直线形改为弧形，以利于女性使用并显示出女性刮毛刀的特点。广告宣传上则着力强调安全，不伤玉腿。吉列公司的这种标新立异，确实为其带来了丰厚的利润。

案例6："聋哑人餐厅"招徕顾客

在菲律宾首都马尼拉市的黎刹公园，有一家特殊的"聋哑人餐厅"。从餐厅经理到招待人员，共计100多人，都是聋哑人。在这里，全部服务的交际方式不是一般人使用的会话，而是聋哑人的手语。手势语言的服务，不仅方便了聋哑人的交际，还使一些正常人好奇地来到餐厅以感受手势语言交际的乐趣。这些正常人来到餐厅如果不懂手势语，就无法点菜，所以只好模仿聋哑人点菜的手势，也可以在餐厅特备的菜单表格上画"×"，表示要点的菜。

有时顾客也喜欢用自己创造的手势与侍者交谈，尽管有时使聋哑服务员感到难以正确领会，然而却使顾客兴致盎然，餐厅的生意红火，利润大增。

案例7：左撇子用具"特供店"

据统计，世界上的左撇子约占人口总数的10%，但是，由于绝大多数人都习惯使用右手，各类日常用品均是按照使用右手的习惯设计制造的，左撇子们在使用这些物品时，不免会碰到一些难题。于是，一些精明的商人便开办了专门出售左撇子使用的各种用品的商店。在英国伦敦苏和区比克街60号，就有一家店名为"左撇子一应俱全商店"，专门出售左手用的切截器、剪刀、汤匙、削皮器、量尺，还有左手用的高尔夫球杆，左手保龄球等。此外，该店还储存了各种各样习惯于用左手干杂活所使用的工具，如泥刀、石器以及镰刀等。开张头一个月，仅罐头开启刀就销售了500多把。

五、能力实训

【实训背景】

（一）美国利盟公司的历史及其发展

利盟公司的前身是 IBM 信息产品部，1991 年 3 月由三家美国风险投资公司出资使其成为独立公司，并于 1995 年在纽约证券交易所上市。公司成立时间虽然只有短短的几年，但对于打印机的研究、开发已有五十多年的历史。利盟的产品大致分为四类：家用及小型办公用喷墨打印机和激光打印机、网络激光打印机、票据打印机及打字机、各类打印机专用消耗品。目前美国利盟公司是全球所有著名 IT 厂商中唯一全力倾注于打印机开发生产的公司，其激光打印机在全球的市场占有率为 11%，排第二位；喷墨打印机的全球市场占有率为 9%，排第四位；截至 1997 年底，美国利盟公司在短短的 6 年时间里已获全世界各类计算机大奖 500 多项。由于公司规模相对于竞争对手较小，利盟公司的发展战略也与众不同，其核心战略是：发展成为一家专注于打印机解决方案的高科技公司，同时自己拥有关键的核心技术；实施合作伙伴战略及重点的垂直市场营销战略。在这种战略的指导下，利盟公司已经在打印机行业内成为若干项关键技术的领先者。例如，利盟公司首先推出 600X600dpi（点每英寸）分辨率和 1200X1200dpi 的彩色喷墨打印机。利盟公司在全球已有 50 多个销售代表处、几万个经销商和零售点。

为了争夺 20 世纪最后的也是最具潜力的信息产业市场，国外众多著名的 IT 厂商云集中国大陆，抢占先机。美国利盟公司作为全球排名第四的打印机厂商，于 1997 年 1 月在北京设立了代表处。

（二）中国打印机市场现状

国内外数据调查机构的研究报告表明，中国大陆 IT 产品市场从 1996 年开始呈现强劲的增长势头，年增长率高达 50%，预计 2000 年 IT 产品市场的销售额将达到 300 亿美元。1997 年，与打印机密切相关的微机销量达到 350 万台，比 1996 年增长 67%，并预计 1998 年销量将达到 450 万台，增长近 30%。喷墨打印机和激光打印机市场从 1996 年开始，也保持了与整个 IT 市场同步的增长率。

目前，打印机市场有三种产品系列：针式、喷墨和激光打印机，并各自呈现出不同的发展态势。非击打式打印机（激光打印机和喷墨打印机）取代击打式打印机是大势所趋，在国际市场上这一趋势已经成为现实；在中国市场上，这一趋势虽明显滞后但也是大势所趋。

喷墨打印机作为市场新宠，自 1996 年以来，其市场开始快速增长（当年增长率高达 175%），抢占了针式打印机市场相当大的市场份额。进入 1997 年，喷墨打印机厂商在提高产品性能的同时，加大了产品降价的幅度，从而赢得了更多的用户，当年销量达到 48 万台，比 1996 年增长 92%。凭借优异的性能价格比，估计在 1998 年喷墨打印机极有可能取代 24 针通用型打印机成为市场主导产品。激光打印机以其优良的打印品质以及较为昂贵的价格和使用成本，一直被誉为打印机中的"贵族"，从而在相当大程度上限制了其市场销量。近年来，激光打印机的技术进步使得各种品牌及各种档次的激光打印机的市场售价呈现大幅下滑趋势。1997 年，以 HP6L 为代表的主流机型的产品售价已降至 3 500 元。用户购买激光打印机的价格门槛已被打破。凭借打印速度与打印品质的优势，激光打印机已经抢占了针式打印机相当大的市场份额，成为商用办公市场的主流产品。在针式打印机家族中，平推式打印机被誉为"针打奇葩"，在整个针式打印机市场逐步萎缩的情况下，唯平推式打印机一枝独秀。在国家信息化工程尤其是金融信息化工程的带动下，这种专业打印机的销量在 1997 年以前的几年内一直保持快速增长。预计在未来的几年内，由于设备的更新需求以及新的国家信息化工程的出台，平推式打印机将会出现一个新的增长期，但其势头将远远弱于喷墨打印机和激光打印机。

（三）利盟公司在中国的发展

早在利盟公司正式进入中国之前，四通公司总经理李大龙就已开始与国内几家颇具实力的计算机公司进行接触，进而通过小批量的生产和销售试探性地了解中国市场。其中包括与中国长城计算机集团公司在 1996 年初以 OEM 方式生产"彩喷 96"型喷墨打印机，1997 年与四通集团合作生产"四通 Le 调 mark'品牌的 Lexmark 彩色喷墨打印机。

1997 年 1 月，利盟公司正式成立北京代表处。同年 8 月，美国利盟公司董事长兼首席执行官曼马文先生首次访华，与上述两家公司签署了"策略性合作伙伴夫系"的协定。这意味着美国利盟公司将在激光打印机和彩色喷墨打印机产品市场领域与中国的著名高科技企业进行全面的合作。

利盟公司 1997 年的市场重点是喷墨打印机，主要的合作伙伴是四通公司——它既是利盟公司彩色喷墨打印机的策略性合作伙伴，同时又是利盟彩喷的总代理。因此，利盟公司 1997 年主要的市场活动都是与四通公司的配合。比较有影响的市场活动有：暑期的"电脑爱好者"展览会、敬师卡制作大奖赛等。同时，利盟公司支持四通公司在各地依靠当地的代理商开展各种形式的促销活动，包括 1998 年初在全国五大城市的巡展。

在国内 IT 行业知名度还很低的利盟公司在市场宣传的初期，主要采取的方式是在计算机行业的主要媒体上进行品牌、产品和先进技术等主要内容的宣传。这些措施初步提高了利盟在计算机行业内的知名度，取得了预期的效果。

根据国外的市场经验，低端喷墨打印机的主要销售方式是与微机厂商的捆绑销售。因此，在各方面条件相对成熟的 1997 年底，李大龙开始重点选择国内外著名的微机厂商进行合作谈判。1998 年春节期间，南京同创集团的同创家用电脑成为第一家与利盟彩喷捆绑的国内微机厂商。捆绑活动非常成功，李大龙也非常满意。当时正值美国利盟公司北京代表处喜迁新址，李大龙当即决定购买若干套同创商用微机作为代表处员工的办公电脑，以示对同创大力支持的回报。这些活动的开展极大地提高了"利盟"品牌在各地计算机市场上的知名度。

国际数据公司（IDC）和当时的电子部计算机与微电子发展研究中心的综合分析报告显示，截至 1997 年底，利盟彩色喷墨打印机全年销售数量为 3.4 万台，占全国销量总数 48.5 万台的 7%，排名在佳能（49%）、惠普（22%）和爱普生（20%）之后列第四位。这与当时美国利盟公司在全球其他地区的市场份额排名一样。通过一年多的市场推广，业内人士已经认识到这位世界重量级选手进入中国的决心。利盟的喷墨产品也通过各种方式让广大消费者有了初步的认知。尤其是1998年暑期，国内排名前五位的微机厂商中有四家（方正、金长城、同创、海信电脑）同时捆绑Lexmark1000彩色喷墨打印机，利盟公司从中获得了极大的声誉。

（四）中国打印机市场目前的竞争状况

爱普生公司目前在通用型针式打印机领域市场份额第一，但该公司也认识到了喷墨打印机的市场潜力，从1995年开始进入中国喷墨打印机市场，并逐渐加大投入力度，其市场份额到1997年已达到20%。1998年，爱普生公司更是凭借其与其他三家世界知名品牌不同的喷墨技术和对市场的信心，斥资1 000万美元投入市场宣传。1998年上半年，爱普生公司通过全国巡展、大型展览会、促销活动和完善售后服务体系，尤其是通过完善二级经销商和零售店的管理政策，加大对他们的管理和市场支持，取得了很好的市场效果。根据IDC国际数据公司的报告显示，目前爱普生公司喷墨打印机市场份额已经超过惠普公司和佳能公司而排名第一。

惠普公司是有几十年历史的IT业界的巨型公司，有优异的产品和很高的品牌知名度。惠普是最早发展喷墨打印技术的公司之一，也是最早进入中国喷墨打印机市场的国外知名IT企业之一。惠普公司在产品性能、市场宣传、售后服务上都非常出色，尤其是其维修服务体系是目前这几家打印机厂商中最完善的，其用户满意度也最高。凭着其在全球领先的竞争优势和对中国市场的充分了解，惠普公司希望在中国市场上继续保持优势，巩固其市场份额。

佳能公司最早是用复印机和照相机产品来敲开中国商用办公设备和消费者市场的。凭着几年的市场开拓，佳能的产品和品牌迅速被广泛认同和接受。与前述两家公司不同，佳能在消费者市场的开拓方面有着丰富的经验，而喷墨打印机的大部分产品定位于消费者市场，所以在喷墨打印机产品进入市场的初期，佳能即获得了极大的成功，市场份额列全球第一和中国第一。但是，随着竞争对手的依次进入，佳能公司原有的优势已不明显，其市场份额在全球跌至第三，在台湾地区和香港特别行政区已跌至第四。预计在1998年，佳能将会让出1997年中国市场份额冠军的宝座。

无论是在全球还是在中国，上述三家公司都是利盟公司在喷墨打印机市场上的主要竞争对手。利盟公司是专业打印机制造厂商，上述三家公司都分别拥有不同的产品，如爱普生公司同时还拥有液晶显示屏、半导体器件、计时器和数码相机等产品，惠普公司同时还拥有扫描仪、微型计算机、测试仪器和医疗仪器等，佳能公司同时还拥有复印机、照相器材和数码相机等产品。它们的品牌可以延伸，而利盟公司却没有这方面的优势，市场宣传只能针对打印机产品——全球打印机专业制造厂商，而且，目前的市场投入与竞争对手相比较小，也是利盟公司提升知名度方面的劣势。

（五）利盟公司的营销策略

在营销渠道方面，利盟公司目前只有两家总代理。这两家总代理在1997年利盟进入中国市场的第一年，付出了艰辛的努力与利盟公司共同开拓市场，并取得了很大的成效：当年喷墨打印机市场份额为7%。但是，两家的总代理数量与每家竞争对手平均6家总代理的数量相比有明显差距，这就意味着在销售渠道的广度方面，利盟公司明显弱于竞争对手。在销售渠道的深度方面，针对消费者市场，IT 业目前的发展趋势是缩短渠道，即厂家已将主要精力用于位于总代理下一层的经销商和面向最终用户的零售店的支持与管理，因为这样能更好地实现"使管道内处处通畅，管道内的水能快速地流通起来"。利盟公司原先的做法是过多地去管理总代理，让总代理去管理渠道。这种做法在产品推广初期是非常有效的，有助于产品尽快进入市场。但是，在知名度和产品推广的快速上升阶段，这种做法就会制约渠道在广度和深度上的进一步扩展。利盟的三家竞争对手已经初步建立了二级经销商管理体系。厂家通过直接管理渠道，将更能了解渠道流通的真实情况，直接把握市场脉搏。

在产品市场策略方面，1997 年利盟重点在喷墨打印机市场上进行了有针对性的市场推广。所以在 1997 年底，许多用户认为利盟公司只是喷墨打印机的全球知名厂商。其实，激光打印机产品才是利盟公司的"根"，是其离开 IBM 公司后在短短的几年时间内在全球赢得重要地位的基础。目前利盟激光打印机在全球市场份额排名第二位。当初李大龙在提交给美国总部的报告中，曾经在用喷墨打印机还是用激光打印机作为进入中国市场的敲门砖这个问题上思考、权衡了很久，最后李大龙还是毅然选择了喷墨打印机。这不仅是因为在中国喷墨打印机市场具有以每年 50% 的幅度增加的潜力，而且还因为喷墨打印机作为消费类产品相对于激光打印机而言更容易被用户接受。

事实证明当时的决策是对的：利盟的喷墨打印机进入中国市场第一年就取得了市场份额 7%、名列第四名的佳绩，可谓初战告捷。但是出现的问题是用户和经销商对利盟的激光打印机认知度较低。同时，利盟公司的整体形象概念也不清晰：是家用喷墨打印机的供应厂商，还是同时自己拥有喷墨和激光打印技术，在全球打印领域有独特领先技术的能提供打印解决方案的高技术公司……

（六）利盟公司下一步的计划

相对于竞争对手而言，利盟公司虽然进入中国时间最晚，但是利盟也有自身的优势：

第一，利盟公司拥有几十年打印技术研究的经验和领先的打印科技，从机芯引擎、控制器到相关消耗品，利盟公司都拥有专利，所以从产品的角度来看利盟居领先的地位。这是利盟的产品优势。

第二，由于利盟公司全力倾注于打印机产品而不经营其他产品，所以竞争对手只局限于打印机行业内部。而竞争对手们的产品门类众多，它们在诸如微机、扫描仪、工作站等产品上有许多的竞争对手。这意味着有许多厂商能与利盟进行合作，而不能与利盟的竞争对手合作，因为它们之间是竞争的关系。这又在无形之中为利盟公司提供了许多的市场机会。这是利盟的市场优势。

第三，利盟公司重视在中国市场的开拓。1998 年 7 月利盟公司正式对外宣布进入中国商用激光打印机市场，同时发布了一款专门针对中国市场设计研究开发的网络激光打印机。

第四，利盟公司目前的渠道不宽，用户对产品的价格不是很了解，对产品不熟悉。因此利盟公司给经销商较之竞争对手产品更大的利润空间，经销商有信心和意愿来推广这一产品。

第五，利盟公司目前在中国的经营政策灵活，希望能有众多的合作伙伴。同时，利盟对外的姿态较低，已获得新闻媒体、经销商和用户的广泛好评。

展望未来，利盟公司计划在以下方面作重点突破，即拓宽总代理体系，建立和管理二级经销商体系，扩充并完善维修服务体系，调整市场策略，尤其是把利盟公司目前对外的形象——"喷墨打印机厂商"转到"美国打印机专家"这一主题，等等。

【实训要求】

假设你是美国利盟公司分析员，请完成以下工作：

1. 分析中国打印机市场特点，尝试利用不同的市场细分因素对市场进行细分。

2. 对中国打印机市场来说，哪种市场潜力估计方法较为合适？尝试使用一种方法对你选定的市场进行评估。

3. 简要分析利盟公司在中国市场的机会，并选择目标市场营销战略。

4. 利盟公司如何进行市场定位？

六、思考与练习

1. 消费品市场可以从哪些角度进行细分？

2. 找一种日用品，对其消费者市场进行细分，并分析细分市场特征。

3. 选择一项你喜欢参加或观赏的体育项目，确定该项目的细分市场，并分析细分市场特征。

4. 什么时候营销者最可能采用地理因素细分法？举例说明适合该细分方法的产品或服务并解释原因。

5. 分析一家公司是如何开展市场细分的，说明他们采用了哪些因素的细分。

学习情境六　分析国际市场购买行为

一、学习目标

【能力目标】能分析消费者购买动机和消费者购买行为类型；能合理选择指标对消费模式进行分析。

【知识目标】了解消费者购买的形态和购买程序；熟悉马斯洛需求理论；掌握消费者市场需求特点和生产者市场需求特点。

二、工作项目

承接学习情境五，万皎公司国际项目组对美国太平洋沿岸地区进行市场细分并进行市场定位之后，为了今后能更有效地针对自己的目标客户制定营销策略组合，他们需要对目标客户的购买行为，即城乡居民、社会集团在市场上购买万皎公司产品的有支付能力的愿望和要求作深入分析，具体任务包括：

任务1：研究消费者购买动机；

任务2：分析消费者购买行为类型；

任务 3：分析消费者购买形态；

任务 4：分析消费模式。

三、操作示范

第一步：研究消费者购买动机

万皎公司首先需要了解目标客户购买该公司产品的动机，因为消费者富有弹性的购买行为都是在生理动机和心理动机支配下发生的，购买动机的心理过程往往是消费者有新需要，进而产生心理紧张，形成购买动机，促成购买行为，当需要得到满足后，紧张消除。

一般来说，购买动机分为两大类。一类是生理性的，如饿了会产生对食物的需要，口渴了会产生对水的需要，在生理性购买动机的支配下，人们往往事先早已计划妥当或很自然地要求购买，在购买时较少犹豫，且不太注重商标，这些不是营销研究的主要对象。第二类是心理性动机，在这一动机作用下，消费者是否购买可以通过营销努力来改变，这是我们研究的重点。心理性购买动机可以分为以下三种：

1. 感情动机。感情动机就是由人的感情需要而引发的购买欲望。感情动机包括情绪动机和情感动机。

（1）情绪动机是由于人们情绪的喜、怒、哀、乐的变化所引起的购买欲望。针对这种购买动机，在促销时就要营造顾客可以接受的情绪背景。情绪动机还分为诱发性购买动机和冲动性购买动机，冲动性购买动机一般说来是主动的、迅速的，而诱发性购买动机则有一个被动、缓慢的过程。

诱发性购买动机的心理过程常常是：好奇性—探究竟—被说服—掏钱买，主要受环境气氛和周围人语言的影响和诱导。处理品、新奇产品、土特产品往往是产生这种购买动机的诱导对象。

带有冲动性购买动机的消费者在购买东西时，往往会被商品的外观、式样、包装的新奇所吸引，所刺激，缺乏必要的考虑和比较。他们的购买活动常常是：心头一热—买下再说—后悔不迭。他们事先一般没有明确的购物目标，往往是在浏览商品时无意中发现，引起了兴趣，决意购买，所以极易受周围环境、气氛和周围人们言论的影响，他们在选择时也常常心中无数。

（2）情感动机就是由人们的道德感、友谊感等情感需要所引发的动机。具体来说，主要有：求新心理动机，即追求商品的趋时和新颖；求美心理动机，即追求商品的欣赏价值和艺术价值；求名心理动机，即追求个人地位和名望；从众心理动机，即要求购买商品的特征与别人保持步调一致。

2. 理智动机。理智动机就是消费者对某种商品有了清醒的了解和认知，在对这个商品比较熟悉的基础上所进行的理性抉择和作出的购买行为。持有理智性购买动机的人，在购买商品前一般都经过深思熟虑。他们对所要购买的商品有足够的知识和经验，对其特点、性能和使用方法等早已心中有数，因而在品评比较时，不受周围环境气氛和言论的影响。在商品的选择过程中，他们除了注重外观和价格外，还着重检查商品的内在质量和特殊功能，并充分运用视觉、触觉、听觉等器官，以及记忆、想象和思维等方法，反复挑选，在恰当的时机立即决断。具体来说有追求实用的动机、追求物美价廉的心理动机。

3. 信任动机。信任动机就是基于对某个品牌、某个产品或者某个企业的信任所产生的重复性的购买动机。主要有嗜好心理动机，满足个人特殊偏好；习惯性购买动机，对所要购买的商品有较多的了解，购买时会直接选中惯用产品，其他的推荐和劝说对他们无法起到明显作用，购买的对象一般都是普通生活必需品或烟、酒之类的嗜好品。具有习惯性购买动机的人，往往十分注重商品的商标，并牢牢记住自己喜爱的商品商标。有一些为大众所称道的名牌高档商品，人们会自然地产生一种信任感，形成习惯性购买。

第二步：分析消费者购买行为类型

消费者的购买行为是指消费者为满足自己的生活需要，在一定购买动机驱使下，所进行的购买商品的活动过程。消费者千差万别的购买行为，是以其千姿百态的心理活动作为基础的。消费者在购买活动中所发生的心理变化，是主观与客观的统一，是消费者对客观事物和本身需要的综合反映。这种复杂而微妙的心理活动直接支配着消费者的购买行为，影响着实现购买的全过程，产生出各有差异的购买行为。

1. 从消费者购买目标的选定看购买行为。

（1）全确定型。此类购买行为，是指在购买商品前已有明确的购买目标，对商品名称、商标、型号、规格、样式、颜色，乃至价格的幅度等都有明确的要求。采取这种购买行为的消费者进入商店后，一般都有目的地选择，并主动地提出需购商品，以及对商品的各项要求；可以毫不迟疑地买下商品，其购买目标在购买行动与语言表达等方面都能鲜明地反映出来。

（2）半确定型。此类购买行为，是指消费者在购买商品前，已有大致的购买目标，但具体要求还不甚明确，最后购买决定是经过选择比较而完成的。例如，洗衣机是其计划购买的商品，但购买什么牌子、型号、规格、式样等尚未作肯定。持这种购买行为的消费者，在进入商店后，一般不能明确、清晰地提出所需商品的各项要求，实现购买目标需要经过较长时间的比较、评定才能完成。

（3）不确定型。这类购买行为在购买商品时没有明确的或坚定的购买目标，进入商店主要是参观，一般是漫无目的地观看商品，或随便了解一些商品销售情况，碰到感兴趣与合适的商品也会购买，否则不买商品就离去。

2. 从消费者购买态度与要求看购买行为。

（1）习惯型。消费者对某种商品的态度常取决于对商品的信念。信念可以建立在知识的基础上，也可以建立在信任的基础上。例如，保护身体安全的信念，满足情感需要的信念，值得信赖的信念，都能加深对某种商品的印象，形成一种习惯性态度，使之在需要时会不加思索地去购买。这就形成了购买行为的习惯性。属于此类行为的消费者，往往根据过去的购买经验和使用习惯进行购买活动，很少受时尚风气的影响。

（2）理智型。此类消费者购买行为以理智为主，感情色彩较少。往往根据自己的经验和对商品知识的了解，在采取购买行动前，注意收集商品有关信息，了解市场行情，经过周密的分析和思考，做到对商品的特性心中有数。在购买过程中，主观性较强，不愿别人介入。受广告宣传以及售货员的介绍影响甚少，往往是自己对商品作一番细致的检查、比较，反复地权衡各种利弊因素，才作购买决策，在作决定时，一般也不太爱动声色。

（3）经济型。持这种购买行为的消费者在选购商品时多从经济角度考虑，对商品的价格非常敏感。例如，有的从价格的高昂确定商品的优质，选购高档商品；有的从价格的低廉评定商品的便宜，选购廉价商品。当然，价格选择的原因很大程度也与其经济条件和心理需要有关。

（4）冲动型。持此类购买行为的消费者，个性心理反应敏捷，客观刺激物容易引起心理的指向性，其心理反应与心理过程的速度也较快。这种个性特征反映到购买的实施时便呈冲动型。此类行为以直观感觉为主，新产品、时尚产品对其吸引力较大。他们一般对所接触到的第一件合适的商品就想买下，而不愿作反复选择比较，因而能快速地作出购买决定。

（5）感情型。这种购买行为兴奋性较强，情感体验深刻，想象力与联想力特别丰富，审美感比较灵敏，因此，在购买商品时容易受感情的影响，也容易受销售宣传的诱导，往往以商品品质是否符合其感情的需要来确定是否购买。针对这种行为，可以在包装设计上、产品的造型上下工夫，让他产生美好的联想，或在促销活动中注入一些内涵。

（6）疑虑型。这种购买行为具有内倾性的心理特征，持这种购买行为的消费者善于观察细小事物，行动谨慎、迟缓，体验深而疑心大，选购商品从不冒失仓促地作出决定，听取商品介绍和检查商品时，往往小心谨慎和疑虑重重，挑选商品动作缓慢费时较多，还可能因犹豫不决而中断；购买时常常"三思而后行"，购后还会疑心是否受骗上当。

（7）不定型。这种购买行为常发生于新购买者。他们缺乏购买经验，购买心理不稳定，往往是随意购买或奉命购买；在选购商品时大多没有主见，表现出不知所措的言行。持这类购买行为的消费者，一般都渴望能得到商品介绍的帮助，并很容易受外界的影响。

3. 从消费者在购买现场的情感反应看购买行为。

（1）沉着型。这种购买行为是由于消费者神经过程平静而灵活性低，反应比较缓慢而沉着，因此环境变化刺激对他们影响不大。持这种行为的消费者在购买活动中往往沉默寡言，情感不外露，举动不明显，购买态度持重，不愿谈与商品无关的话题，也不爱听有幽默或玩笑式的语句。

（2）温顺型。有些人由于神经过程比较脆弱，在生理上不能忍受或大或小的神经紧张，对外界的刺激很少在外表上表现出来，但内心体验较持久。这种心理特征表现在购买行为上，一般称为温顺型。此类行为的消费者在选购商品时往往遵从介绍作出购买决定，很少亲自重复检查商品的品质。这类购买行为对商品本身并不过于考虑，而更注重服务态度与服务质量。

（3）健谈型。有些人由于神经过程平衡而灵活性高，能很快地适应新的环境，但情感易变，兴趣也很广泛。这种心理特征表现在购买行为上就是健谈型或活泼型。持这类行为的消费者在购买商品时，能很快地与人们接近，愿意交换商品意见，并富有幽默感，喜爱开玩笑，有时甚至谈得忘乎所以，而忘掉选购商品。

（4）反感型。此类消费者在个性心理特征上具有高度的情绪易感性，对于外界环境的细小变化能有所警觉，显得性情怪僻，多愁善感；在购买过程中，往往不能忍受别人的多嘴多舌，对售货员的介绍异常警觉，抱有不信任的态度，甚至露出讥讽性的神态。

（5）激动型。有的人由于具有强烈的兴奋过程和较弱的抑制过程，因而情绪易于激动，在言谈举止和表情神态上都有急躁的表现，这种心理特征表现在购买行为上，就是激动型或傲慢型。此类消费者选购商品时表现出不可遏制的劲头，而不善于考虑有否可能，在言语表情上显得傲气十足，甚至会用命令式的口气提出要求，对商品品质和服务质量的要求极高。

上述购买行为的分析还是很粗糙的，现实生活中消费者的购买行为远比此复杂得多。即使在同类购买行为上，由于消费者的性别、年龄、职业，经济条件和心理素质等方面的不同，以及购买环境、购买方式、商品类别、供求状况、服务质量等方面的不同，都会出现购买行为的差异现象。

第三步：分析消费者购买形态

购买形态主要是研究消费者何时、何地、如何购买，以及由谁来担任购买，可以采用5W1H的研究方法：

1. What——买什么商品。主要研究顾客购买什么，以决定生产什么。

2. Why——为什么购买。顾客为什么购买呢？是为了自己消费还是馈赠亲朋好友？如果是为了自己消费，在包装上便可以不增加顾客购买的压力；如果要馈赠亲朋好友，包装上则要讲究一些。

3. When——消费者何时购买。企业在市场营销活动中应注意了解消费者购买物品时间方面的特点，以便适时满足消费需求。例如，季节性的购买，一年中某个月份，一月中某个日子，一天中某个时间购买的人最多。具有季节性和节假日的商品，在淡季和旺季、逢年过节和平常时期，消费者购买活动大不一样。

4. Where——消费者何处购买。研究消费者在何处购买，要从两个方面分析，即消费者在何处决定购买，以及在何处实际购买。这涉及不同的营销渠道的选择问题，可以多样化。有很多商品如家具、家用电器等，消费者在购买前往往是先在家中作出决定；而对某些商品如一般日用消费品、一般食品等，则在购买现场作决定。所以，企业在进行产品设计和拟订销售计划前，应充分了解消费者在何处决定购买，在此基础上作针对性的包装设计、广告宣传和现场布置等，予以区别对待。适当选择中间商实施商品分销，或进专卖店采取直销，或采用网上分销的形式，方便客户购买。

5. Who——何人购买。家庭是一个共同收入和消费的单位，所以研究购买形态，还必须分析在家庭消费中，谁是倡导者，谁是决策者，谁是购买者，谁是使用者。在宣传广告的内容上要充分吸引倡导者，同时突出宣传该产品优于竞争对手产品的主要方面，以便决策者能够作出购买该产品的决策；对购买者必须热情接待；对使用者，要让他获得良好的购后远期感受，使他成为再度购买的倡导者。

6. How——如何购买。消费者如何购买，不仅会影响市场营销活动的状态，而且会影响产品设计、价格政策以及营销计划的制订和其他经营决策。要根据消费者的要求来组织营销活动，如应当考虑消费者是愿意一次性付款还是分期付款，是要求送货还是自己提货等。

第四步：分析消费模式

对消费模式的分析可以从消费支出模式、消费结构、储蓄和信贷这几方面入手。

1. 消费支出模式。消费者收入可分为名义收入和实际收入，现期收入和预期收入，个人收入、个人可支配收入和个人可任意支配收入。其中，实际收入和现期收入直接影响现实购买力；个人可支配收入可用于消费和储蓄，是影响消费品支出的决定性因素，而个人可任意支配收入是影响高档消费品、奢侈品支出变化的最活跃的因素。

德国统计学家恩斯特·恩格尔（Ernst Engel）1857 年根据他对美国、法国、比利时许多家庭的收支预算所作的调查研究，发现关于家庭收入变化与各方面支出变化之间比例关系的规律性，得出了恩格尔定律（Engel's Law）。恩格尔定律表明，在一定条件下，当家庭个人收入增加时，收入中用于食物开支部分的增长速度要小于用于教育、医疗、享受等方面的开支增长速度。恩格尔系数 = 食物支出变动百分比/收入变动百分比。食物开支占总消费数量的比重越大，恩格尔系数越高，生活水平越低；反之，食物开支所占比重越小，恩格尔系数越小，生活水平越高。整个社会经济水平越高，用于食品消费部分支出占总支出的比重越小。这种消费者支出模式不仅与消费者收入有关，而且还受到下面两个因素的影响。

（1）家庭生命周期的阶段影响。据调查，没有孩子的年轻人家庭，往往把更多的收入用于购买冰箱、家具、陈设品等耐用消费品上；而有孩子的家庭，随着孩子的长大，家庭预算会发生变化，孩子娱乐、教育等方面支出较多，故家庭用于购买消费品的支出会减少；孩子独立生活后，家庭收支预算又会发生变化，用于保健、旅游、储蓄部分就会增加。

（2）家庭所在地点。如住在农村的消费者和住在中心城市的消费者相比，前者用于交通方面支出较少，用于住宅建设方面支出较多，后者用于食物支出较多。

另外，一些经济学家指出，在分析恩格尔系数时，还应考虑以下三种因素：

（1）城市化因素。特别是当家庭由农村迁入城市时，食物支出往往快于家庭收入增长，甚至可能在收入不增加的情况下，食物支出也有明显增长。

（2）商品化因素。随着商品化程度的提高，人们（尤其是农村消费者）越来越多地从市场上购买食品，使得食物支出在总支出中所占比重有所上升。

（3）劳务社会化因素。从市场上买进的食品中，未加工的食品所占比重越来越小，加工过的食品比重越来越大，使得食品支出发生变化。

2. 消费结构。消费结构指消费过程中人们所消耗的各种消费资料（包括劳务）的构成，即各种消费支出与总支出的比例关系。优化的消费结构是优化的产业结构和产品结构的客观依据，也是企业开展市场营销的基本立足点。

近几年，世界各国恩格尔系数以及与此有关的消费支出和消费结构，表现出以下特点：

（1）西欧、北欧、南欧、北美、日本、澳大利亚和中东石油富国的恩格尔系数显著下降，许多国家降到25％以下，而发展中国家的恩格尔系数几乎都超过45％，其购买力仍集中于食物消费。

（2）发达国家消费者新建改建住房，逐步加强室内现代化，这方面开支比重增加，发展中国家的住房建设、衣着开支也有所增加。

（3）用于小汽车、奢侈品、旅游、娱乐等方面的支出，发达国家的增速高于发展中国家。

（4）居民消费支出占国民生产总值和国民收入的比重上升，许多国家的消费者甚至大量提取个人存款或举债购物。多层次的消费风潮在世界范围内流行。

3. 消费者储蓄。消费者收入通常分为两部分：一部分作为支付手段，用于当前开支；另一部分则暂不开支，作为储蓄。反映一个国家、地区或家庭的储蓄状况，通常有三个指标：储蓄额、储蓄率和储蓄增长率。储蓄额是消费者储蓄的绝对数量，反映一定时期的储蓄水平；储蓄率指储蓄额对消费者收入的比例；储蓄增长率则反映某一时期的储蓄增长速度。通过这三个指标，可以分析一定时期消费与储蓄、消费者收入与支出的变化趋势。开展国际市场营销，必须了解影响消费者储蓄的多种因素，以便分析、判断消费者需求、支出和消费水平的变化。

储蓄目的不同，往往影响国际市场消费者的消费模式、消费偏好、消费内容和消费发展方向。消费者的储蓄动机一般有以下几种：后备、储币待购、获利增收、崇尚节俭、安全保险、经济约束、便于理财、社会习惯等。

消费者储蓄一般有两种形式：（1）银行存款，增加现有银行存款额；（2）购买有价证券。

储蓄的增多会使消费者现实的需求量减少，购买力下降，但储蓄作为个人收入则增加潜在需求量，使企业产品在未来的实现容易一些。

4. 消费者信贷状况。适度的负债消费和超前消费的规模既取决于一国金融业的发展程度和个人信用制度的完善程度，也取决于社会的消费观念。

在现代西方国家，消费者不仅以货币收入购买他们需要的商品，而且可以通过借款来购买商品，所以消费者信贷（Consumer Credit）也是影响消费者购买力和支出的一个重要因素。所谓消费者信贷，就是消费者凭信用先取得商品使用权，然后按期归还贷款，以购买商品。第二次世界大战后，西方各国盛行消费者信贷，主要有以下三种类型。

（1）短期赊销。例如，消费者在某零售商店购买商品，这家商店规定无须立即付清货款，有一定的赊销期限，如果顾客在期限内付清货款，则不付利息；如果超过期限，要付利息。

（2）住房按揭以及分期付款，消费者在购买住宅时，必须先个人支付一部分房款，再以购买的住宅作为抵押，向银行借款支付剩余的房款，以后按照借款合同的规定在若干年内分期偿还银行贷款和利息。买主用这种方式购买的房屋，有装修改造及出售权，而且房屋的价值不受货币贬值的影响。

另外消费者在购买汽车、电冰箱、昂贵家具等耐用消费品时可以采取分期付款的方式。通常也是先签订一个分期付款合同，先支付一部分货款，其他货款按计划逐月加利息偿还，如果顾客连续几个月不按合同付款，商店有权将原售物收回。

（3）信用卡信贷。顾客可以凭卡到与发卡银行（公司）签订合同的任何商店、饭店、医院、航空公司等企业、单位去购买商品，钱由发卡银行（公司）先垫付给这些企业、单位，然后再向赊欠人收回。发卡银行（公司）在这些企业、单位与顾客中间起着担保人作用，所以这些企业会比那些只收现金的企业、单位能做更多的生意。发卡银行（公司）不仅向客户收取一定费用，而且还要向企业、单位收取一定佣金。

消费者信贷的施行与国家的经济发展水平有关，也与社会经济政策密切联系。消费者信贷是一种经济杠杆，可以调节积累与消费、供给与需求之间的矛盾。当生活资料供大于求时，可以发放消费信贷，刺激需求；当生活资料供不应求时，必须收缩消费信贷，适当抑制、减少需求。消费信贷把资金投向需要发展的产业，刺激这些产业的生产，带动相关行业和产品的发展。

四、知识链接

（一）消费者市场需求特点

1. 分析消费者对产品多样性的需求。由于消费者的收入水平、文化程度、职业、性别、年龄、民族和生活习惯的不同，自然会有不同的爱好和兴趣，对消费品的需求也是千差万别的。这种不拘一格的需求，就是消费需求的多样性。

2. 分析消费者对需求的发展性。随着生产力的发展和消费者个人收入的提高，人们对商品和服务的需要也在不断地发展。过去未曾消费过的高档商品进入了消费；过去消费少的高档耐用品现在大量消费；过去消费讲求价廉、实惠，现在追求美观、舒适等。

3. 消费需求的伸缩性。消费者购买商品，在数量、品级等方面均会随购买水平的变化而变化，随商品价格的高低而转移。其中，基本的日常消费品需求的伸缩性比较小，而高中档商品、耐用消费品、穿着用品和装饰品等选择性强，消费需求的伸缩性就比较大。

4. 消费需求的层次性。如前所述，人们的需求是有层次的，各个层次之间虽然难以截然划分，但是大体上还是有次序的。一般来说，总是先满足最基本的生活需要（生理需要），即满足生存资料的需要，然后再满足社会交往需要和精神生活需要，即满足享受资料和发展资料的需要。也就是说，消费需求是逐层上升的，首先是满足低层次的需要，然后再满足较高层次的需要。随着生产的发展和消费水平的提高以及社会活动的扩大，人们消费需求的层次必然逐渐向上移动，由低层向高层倾斜，购买的商品越来越多地为了满足社会性、精神性（享受资料、发展资料）要求。

5. 消费需求的时代性。消费需求常常受到时代精神、风尚、环境等的影响。时代不同，消费需求和爱好也会不同。例如，随着我国人民文化水平的提高，对文化用品的需要日益增多。这就是消费需求的时代性。

6. 消费需求的可诱导性。消费需求是可以引导和调节的。这就是说通过企业营销活动的努力，人们的消费需求可以发生变化和转移。潜在的欲望可以变为明显的行动，未来的需求可以变成现实的消费。

7. 消费需求的联系性和替代性。消费需求在有些商品上具有关联性，消费者往往顺便联系购买。例如，出售皮鞋时，可能附带售出鞋油、鞋带、鞋刷等。所以经营有联系的商品，不仅会给消费者带来方便，而且能扩大商品销售额。有些商品有替代性，即某种商品销售量增加，另一种商品销售量减少。如食品中的肉、蛋、鱼、鸡、鸭等，其中某一类销售多了，其他就可能会减少；洗衣粉销量上升，肥皂销量下降等。

（二）马斯洛需求层次理论

马斯洛需求层次理论（Maslow's Hierarchy of Needs）亦称基本需求层次理论，于1943 年由美国心理学家亚伯拉罕·马斯洛提出。该理论将需求分为五种，像阶梯一样从低到高，按层次逐级递升，分别为：生理需求，安全需求，情感和归属需求，尊重需求，自我实现需求。另外还有两种需求：求知需求和审美需求，这两种需求未被列入到他的需求层次排列中，他认为这二者应居于尊重需求与自我实现需求之间（见图6－1）。

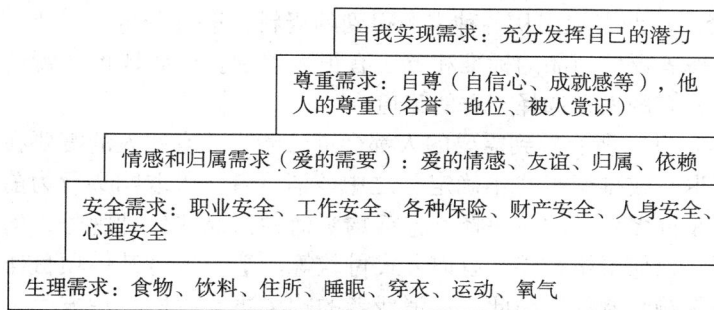

图6－1　马斯洛需求层次图

根据五个需求层次，可以划分出五个消费者市场：

1. 生理需求市场，满足最低需求层次的市场，消费者只要求产品具有一般功能即可。

2. 安全需求市场，满足对"安全"有要求的市场，消费者关注产品对身体的影响。

3. 情感和归属需求市场，满足对"交际"有要求的市场，消费者关注产品是否有助于提高自己的交际形象。

4. 尊重需求市场，满足对产品有与众不同要求的市场，消费者关注产品的象征意义。

5. 自我实现需求市场，满足对产品有自己判断标准的市场，消费者拥有自己固定的品牌，需求层次越高，消费者就越不容易被满足。

（三）消费者购买程序

分析消费者购买程序，一般可分为五个阶段（见图6-2）。

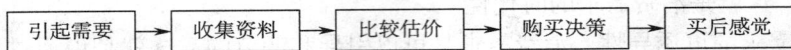

引起需要 → 收集资料 → 比较估价 → 购买决策 → 买后感觉

图6-2 消费者的购买程序

1. 引起需要。任何购买行为都是由动机支配的，而动机又是由需要激发的，所以需要是购买过程的起点。人们的需要可以由内在或外在的刺激引起，如饥、渴可以驱使人去寻找可供吃、喝的东西，而饮食店里色、香宜人的鲜美食品、饮料，也会刺激人的饥饿与渴饮感。市场营销也应十分注意唤起需要。企业应了解与其产品种类有关的实际的或潜在的需要，在不同时间这种需要的程度，以及这种需要会被哪些诱因所触发。这样，可以通过合理、巧妙、恰当的诱因，在适当的时间、地点，以适当的方式引起需要。

2. 收集资料。如果引起的需要很强烈，可满足需要的物品又易于得到，消费者就会希望马上满足自己的需要。在多数情况下，被引起的需要不是马上就能满足时，这种需要必然先进入人们的记忆中，作为满足未来需要的必要资料。由于需要会使人产生注意力，因此，可能促使其积极寻找或接受资料，也就是借助于对产品所积累的认识不断收集有关产品的情报资料，以便完成从直觉到坚信的心理程序，作出购买决策。

3. 比较估价。消费者利用从各种来源得到的资料，进行分析、对比，评价商品，作出选择。不同消费者评价商品的标准和方法有很大差别。例如评价牙膏这种商品，有牙病者希望能防蛀，有的人则选择芳香的味道。

4. 购买决策。并非所有感到需要的人都会进行购买。有些人的需要在购买前的活动过程中会逐渐衰退，或徘徊于"不确定"之中。消费者在采取购买行为前，须作出购买决策。购买决策是许多项目的总抉择，包括购买何种商品，何种牌号，何种款式，多少数量，何处购买，以何价格购买，以何方式付款等。消费者对某一项目作抉择时，又会受到许多因素的影响与制约。因此，在消费者的购买决策阶段，一方面，要向消费者提供更多详细的有关产品的情报，便于消费者比较优缺点；另一方面，则应通过各种销售服务，创造方便顾客的条件，加深其对企业及商品的良好印象，促使作出购买本企业商品的决策。

5. 买后感受。消费者购买商品后，往往会通过使用，通过与他人交换意见，对自己的购买选择进行检验，重新考虑购买这种商品是否明智，是否合算，是否理想等，这就形成购买后的感受。由于有的消费者过高地估计了商品的质量，购买后对这种看法又产生了疑虑，即产生了认识上的不和谐性。这种不和谐性的强度，随着使用中预期效果的实现程度和需要的满足程度而发生变化。买后感受是一种重要的反馈作用。因为行为会影响态度，态度又会影响以后的行为，所以，如果已购买的产品不能给消费者以预期的满足，使其产生失望或使用中遇到困难，消费者就会更正其对那个商品的态度，并在今后购买行为中予以否定，不仅自己不会重复购买，而且还影响他人购买。

（四）生产者市场需求特点

人们在物质资料生产过程中所使用的劳动资料和劳动对象统称为生产资料。生产者市场在购买的规模和集中程度方面都不同于消费者市场，从而生产者市场购买行为就具有明显的特点。通常消费者市场的购买是由个人或家庭成员来作出购买决策的，而生产者市场的购买则常常是有组织地制定购买决策。生产资料的购买活动，每次购进的数量大、价格高，购进商品的质量直接关系到企业产品的质量和劳动生产率的提高，关系到能源的节约、人员操作的安全，因此，生产者市场的购买动机常常为理智型的，购买行为是专家型的。

相对于消费者市场需求而言，生产者市场需求有如下特征。

1. 需求的派生性。相对于消费者市场需求是初始需求而言，生产者市场的需求则属于派生性需求。消费者对诸如面包之类的食品需求是消费者生理和心理的需要、食品的价格、替代品的供应情况和价格水平等各种情况的直接反映，而食品加工厂对面粉与食品加工机械等生产资料的需求，则是消费者对面包之类食品需求所引起（派生）的。如果消费者对食品的需求上升，那么对食品加工企业来说，就有了扩大市场、增加生产的前提和可能性，这就派生出要食品机械生产企业提供更多的食品机械的需要。掌握生产者市场派生性这一购买特点，为生产资料的生产者和经营者的市场营销活动，以及开拓新市场和开发新产品等工作，指明了前进的方向。

2. 需求的弹性较小。由于生产者市场需求具有派生性，这就制约着生产资料的购销双方，从而相对于消费资料的需求来说，生产资料的需求就显得缺乏弹性。一般来说，生产资料不会因价格变动而增减其需求。在一个充满竞争的生产资料市场上，如果某个企业想单独提高自己产品的价格，那么，结果必然导致对这个企业的产品需求减少。这就决定了从事生产资料产品生产的企业要想立足于市场，就必须在给自己的产品定价时，使自己的产品和市场上的同类产品保持同价或低价，或采取产品差异化策略去参与竞争。

3. 属于专家型购买。这是由生产资料购买的技术性强、数量大、价值高、责任重等特点所决定的，所以通常又称为理智型购买。这就是说，生产资料的购买或销售，是由具有相当专业知识的专业技术人员进行的，不少生产资料生产企业都由推销工程师担任市场营销工作。特别是机电设备等产品的销售，包括安装、调试在内，就要求推销人员具备相当的专业知识。

4. 购买的大量性。生产资料的购买次数要比消费资料少得多，这是因为主要设备一般若干年才买一次，原材料、零配件则根据供货合同定期供应，生产资料的购买常常要满足整个生产过程较长时间的需要，所以购买的数量要比消费资料大得多。

5. 购买活动耗时较多。由于生产资料要按特定的规格交易，购买的数量又较大，需要一定的准备时间，这就使进行交易的谈判时间较长，其购买活动耗时比消费品的购买长得多。

6. 购买决策的集体性。由于生产资料的购买直接影响企业生产的成果，因此，购买决策就比较慎重。大中型企业购买主要生产资料的决策往往需要集体讨论、共同商定，很少单独由一个人作出。即使是小型企业，厂长在作出购买决策前，通常也要听取技术人员和某些职工的意见。

【阅读链接】

案例1：美籍亚裔人的购买模式

美国有70%的亚洲人是移民，大多数年龄都在25岁以下。最近美国商务部统计局的统计数字表明，亚裔美国人是美国增长最快的种族亚文化群体。这一亚文化群体由中国人、日本人、菲律宾人、朝鲜人、亚洲印第安人、东南亚各国及太平洋岛国的人民组成。由于亚裔亚文化如此多种多样，要将这一群体的购买模式加以概括非常困难。有关亚裔美国消费者的研究提出，这一亚文化的个人和家庭可分为两个群体：（1）"同化的"亚裔美国人。他们精通英语，受过高等教育，担任专家和经理职位，表现出的购买模式与典型的美国人非常相似。（2）"未同化的"亚裔美国人。他们是新近的移民，仍保持自己原来的语言和风俗习惯。亚裔美国人这种多样化的语言、风格和口味的明显差别，要求营销者必须对亚洲各国有敏锐的认识。例如，美国安休斯—布希农场公司的农产品销售部所销售的8种不同品种的米，便各标以不同的亚洲标签，以覆盖一系列的民族和口味。该公司的广告还述及中国、日本、朝鲜对不同种类饭碗的各自偏好。

一些研究还表明，作为一个整体的美籍亚裔亚文化群体，具有一些共同的特征，如勤奋、家庭观念强烈、欣赏教育、中等家庭的收入超过白人家庭。而且这一亚文化也是美国最具创业心的群体，这可从亚洲人企业成员的表现得到明证。根据这些特质，美国大都会人寿保险公司将亚洲人作为一个主要的保险目标市场。

案例2：布莱克公司反击日本公司

在20世纪60年代，美国布莱克公司是世界机械和电力工具行业中无可争辩的盟主，然而，当日本的牧田电器公司进入这个行业后，一切就全变样了。

日本公司以专业电力工具市场为突破口，开始对布莱克公司构成威胁。由于这个市场并不是布莱克公司的主战场，日本人很快便以优异的质量和低廉的价格获得了该市场的主导权。尽管电力工具不是布莱克公司的主要产品，但由于该市场利润丰厚、前景远大，向来为布莱克公司所重视，骤然失去这棵摇钱树，对布莱克公司来说，也是一个极大的损失。

布莱克公司很快就展开了反击，它首先采用了侧翼/地位防御战略。布莱克公司进行了大量的市场调查和营销研究，仔细分析顾客的需求，通过对产品质量的改良，封锁了所有可能出现的弱点；随后又采取了正面攻击的策略。布莱克公司的研究人员将日本产品一件件拆卸开来，进行仔细研究，并加以复制，以找到日本人在成本和质量上获得优势的原因。它对产品价格进行了调整，以抵消日本人的价格优势；它还在生产线上引进了机器人，以提高生产效率。在几年中，布莱克公司投资2.5亿多美元进行针对日本的竞争活动，这些努力减缓了日本人前进的速度，而直到现在，布莱克公司依然还是机械工具行业中的盟主。

资料来源：本实例根据菲利普·科特勒的相关资料改写而成。参见［美］菲利普·科特勒：《超一流的行销战略战术——日本战胜美国》，蒋涛等编译，中文1版，265～266页，北京，中国经济出版社，1992。

五、能力实训

【实训背景】

戴尔采购工作最主要的任务是寻找合适的供应商，并保证产品的产量、品质及价格方面在满足订单时，有利于戴尔公司。采购经理的位置很重要。戴尔的采购部门有很多职位设计是做采购计划、预测采购需求，联络潜在的符合戴尔需要的供应商。因此，采购部门安排了较多的人。采购计划职位的作用是什么呢？就是尽量把问题在前端就解决。戴尔采购部门的主要工作是管理和整合零配件供应商，而不是把自己变成零配件的专家。戴尔有一些采购人员在做预测，确保需求与供应的平衡，在所有的问题从前端完成之后，戴尔在工厂这一阶段很少有供应问题，只是按照订单计划生产高质量的产品就可以了。所以，戴尔通过完整的结构设置，来实现高效率的采购，完成用低库存来满足供应的连续性。戴尔认为，低库存并不等于供应会有问题，但它确实意味着运作的效率必须提高。

精确预测是保持较低库存水平的关键，既要保证充分的供应，又不能使库存太多，这在戴尔内部被称为没有剩余的货底。在IT行业，技术日新月异，产品更新换代非常快，厂商最基本的要求是要保证精确的产品过渡，不能有剩余的货底留下来。戴尔要求采购部门做好精确预测，并把采购预测上升为购买层次进行考核，这是一个比较困难的事情，但必须精细化，必须落实。

"戴尔公司可以给你提供精确的订货信息、正确的订货信息及稳定的订单"，一位戴尔客户经理说，"条件是你必须改变观念，要按戴尔的需求送货；要按订货量决定你的库存量；要用批量小，但频率高的方式送货；要能够做到随要随送，这样你和戴尔才有合作的基础。"事实上，在部件供应方面，戴尔利用自己的强势地位，通过互联网与全球各地优秀供应商保持着紧密的联系。这种"虚拟整合"的关系使供应商们可以从网上获取戴尔对零部件的需求信息，戴尔也能实时了解合作伙伴的供货和报价信息，并对生产进行调整，从而最大限度地实现供需平衡。

给戴尔做配套，或者作为戴尔零部件的供应商，都要接受戴尔的严格考核。

戴尔的考核要点如下：

其一，供应商计分卡。在卡片明确定出标准，如瑕疵率、市场表现、生产线表现、运送表现以及做生意的容易度，戴尔要的是结果和表现，据此进行打分。瑕疵品容忍度：戴尔考核供应商的瑕疵率不是以每100件为样本，而是以每100万件为样本，早期是每100万件的瑕疵率低于1 000件，后来质量标准升级为6 – Sigma标准。

其二，综合评估。戴尔经常会评估供应商的成本、运输、科技含量、库存周转速度、对戴尔的全球支持度以及网络的利用状况等。

其三，适应性指标。戴尔要求供应商应支持自己所有的重要目标，主要是策略和战略方面的。戴尔通过确定量化指标，让供应商了解自己的期望；戴尔给供应商提供定期的进度报告，让供应商了解自己的表现。

其四，品质管理指标。戴尔对供应商有品质方面的综合考核，要求供应商应"屡创品质、效率、物流、优质的新高"。

其五，每3天出一个计划。戴尔的库存之所以比较少，主要在于其执行了强有力的规划措施，每3天出一个计划，这就保证了戴尔对市场反应的速度和准确度。供应链管理第一个动作是做什么呢？就是做计划。预测是龙头，企业的销售计划决定利润计划和库存计划，俗话说，龙头变龙尾跟着变。这也就是所谓的"长鞭效应"。

迈克尔说过，供应商迟一点，意味着太迟了。这说明了戴尔对供应商供货准确、准时的考核非常严格。为了达到戴尔的送货标准，大多数供应商每天要向戴尔工厂送几次货。漏送一次就会让这个工厂停工。因此，如果供应商感到疲倦和迷茫，半途而废，其后果是戴尔无法承受的，任何供应商打个嗝就可能使戴尔的供应链体系遭受重创。然而，戴尔的强势订单凝聚能力又使任何与之合作的供应商尽一切可能按规定的要求来送货，按需求变化的策略来调整自己的生产。

在物料库存方面，戴尔比较理想的情况是维持4天的库存水平，这是业界最低的库存记录。戴尔是如何实现库存管理运作效率的呢？

第一，拥有直接模式的信用优势，合作的供应商相信戴尔的实力；

第二，具有强大的订单凝聚能力，大订单可以驱使供应商按照戴尔的要求去主动保障供应；

第三，供应商在戴尔工厂附近租赁或者自建仓库，能够确保及时送货。

戴尔可以形成相当于对手9个星期的库存领先优势，并使之转化为成本领先优势。在IT行业，技术日新月异，原材料的成本和价值在每个星期都是下降的。根据过去5年的历史平均值计算，每个星期原材料成本下降的幅度在0.3% ~ 0.9%。如果取得一个中间值的0.6%，然后乘上9个星期的库存优势，戴尔就可以得到一个特殊的结构，可以得到5.5%的优势，这就是戴尔运作效率的来源。

戴尔很重视与供应商建立密切的关系。"必须与供应商无私地分享公司的策略和目标"，迈克尔说。通过结盟打造与供应商的合作关系，也是戴尔公司非常重视的基本方面。在每个季度，戴尔总要对供应商进行一次标准的评估。事实上，戴尔让供应商降低库存，他们彼此之间的忠诚度很高。从 2001 年到 2004 年，戴尔遍及全球的 400 多家供应商名单里，最大的供应商只变动了两三家。

戴尔也存在供应商管理问题，并已练就良好的供应链管理沟通技巧，在有问题出现时，可以迅速化解。当客户需求增长时，戴尔会向长期合作的供应商确认对方是否可能增加下一次发货数量。如果问题涉及硬盘之类的通用部件，而签约供应商难以解决，就转而与后备供应商商量，一切都会在几个小时内完成。一旦穷尽了所有供应渠道也依然无法解决问题，那么就要与销售和营销人员进行磋商，立即回复客户，这样的需求无法满足。

"我们不愿意用其他人的方式来作业，因为他们的方法在我们的公司行不通"，迈克尔说。戴尔通过自行创造需求的方法，并取得供应商的认同，已经取得了很好的成绩。戴尔要求供应商不光要提供配件，还要负责后面的即时配送。对一般的供应商来看，这个要求是"太高了"，或者是"太过分了"，但是，戴尔一年 200 亿美元的采购订单，足以使所有的供应商心动。一些供应商尽管起初不是很愿意，但最后还是满足了戴尔的及时配送要求。戴尔的业务做得越大，对供应商的影响就越大，供应商在与戴尔合作中能够提出的要求会更少。戴尔公司需要的大量硬件、软件与周边设备，都是采取随时需要、随时由供应商提供送货服务。

供应商要按戴尔的订单要求，把自己的原材料转移到第三方仓库，但这个原材料的物权还属于供应商。戴尔根据自己的订单确定生产计划，并将数据传递给本地供应商，让其根据戴尔的生产要求把零配件提出来放在戴尔工厂附近的仓库，做好送货的前期准备。戴尔根据具体的订单需要，让第三方物流仓库通知本地的供应商，让他把原材料送到戴尔的工厂，戴尔工厂在 8 小时之内把产品生产出来，然后送到客户手中。整个物料流动的速度是非常快的。

【实训要求】

1. 戴尔的采购从哪些方面反映了产业购买者的共同行为特征？
2. 作为产业购买者，戴尔的购买行为有哪些时代特点？
3. 假设你所在的公司是一家生产液晶显示器的大型企业，现在打算将戴尔由潜在客户变为现实客户，请你为自己的公司提出一套能够实现这一目标的方案。

六、思考与练习

1. 购买行为类型有哪些？分别有什么特点？
2. 找一种产品，如香烟、化妆品，分析消费者在购买这种产品时可能有的动机。
3. 房产商要如何满足与马斯洛五个需求层次对应的五个消费者市场的诉求？
4. 分析美国消费者的消费支出模式和消费结构。

第三篇

策略组合篇

CELüE ZUHE PIAN

学习情境七　设计国际市场产品策略

一、学习目标

【能力目标】能设计产品组合及产品线策略；能分析产品适用的标准化/本土化策略，并进行选择；能运用产品包装策略进行包装设计；能针对特定产品规划品牌策略。

【知识目标】了解新产品开发程序；掌握整体产品的三个层次和产品的生命周期。

二、工作项目

万皎公司国际项目组在进行了一系列的调研和分析后形成了一份海外市场发展战略计划书，董事会经过讨论终于作出决定，到美国太平洋沿岸地区投资设立分公司。公司委任刘熙负责美国分公司的营销工作。刘熙立刻调动人马，投入了营销战略的制定。

企业最常用的营销战略组合包括 4P，即产品（Product）策略、价格（Price）策略、渠道（Place）策略和促销（Promotion）策略。

产品策略需要研究所有产品线和产品品种的组合方式，即产品线或产品的结构。由于市场需求和竞争形势的变化，产品组合中的每个产品必然会在变化的市场环境下发生分化，一部分产品获得较快的成长，一部分产品继续取得较高的利润，也有一部分产品趋于衰退。为此，企业需要经常分析产品组合中各个产品品种销售成长的现状及发展趋势，以作出开发新产品、改进名产品和淘汰衰退产品的决策，适时调整产品组合，力求达到一种动态的最佳产品组合。制定产品策略的任务包括：

任务1：设计产品组合及产品线策略；

任务2：选择标准化/本土化策略；

任务3：设计包装策略；

任务4：设计品牌策略。

三、操作示范

第一步：设计产品组合及产品线策略

（一）分析产品组合要素

1. 分析产品组合的广度。产品组合的广度指企业内有多少条不同的产品线。如果万皎公司拥有牙膏、肥皂、洗涤剂、润肤露这4条产品线，则其产品组合的广度就是4条产品线。

2. 分析产品组合的长度。产品组合的长度指产品线上拥有的产品品种（品牌）总数。如果万皎公司产品组合中一共拥有20个产品品种，那么产品组合的总长度就是20。产品线的平均长度是总长度除以产品线数：20÷4＝5，即万皎公司产品线的平均长度为5。

3. 分析产品组合的深度。产品组合的深度是指产品线中每一产品有多少品种。如果万皎公司皎皎牌牙膏有2种配方（口味），每个配方各3种规格，皎皎牌牙膏的深度就是6。

4. 分析产品组合的关联性。产品组合的关联性是指各条产品线在最终用途、生产条件、分销渠道等方面相互关联的程度。像上面的4条产品线分销渠道相同，因而产品组合的关联性较大；如果某公司同时生产工业原料和日常消费品，则这两条产品线的关联性就很小。

（二）分析产品组合

对产品组合进行分析，首先要对产品组合中现有的产品线的状况进行分析，然后要对每一条产品线中产品品种的销售、盈利情况及定位状况作出分析评价。

1. 产品线组合的分析方法。分析产品线组合比较简便和常用的方法是由波士顿咨询公司（BCG）首创的波士顿矩阵法和通用电气公司（GE）首创的GE矩阵法。

（1）波士顿矩阵法（见图7-1）：以市场占有率为横坐标，市场增长率为纵坐标，每一坐标从低到高分成两部分，把不同的产品线归类，然后加以评价。

图7-1 波士顿矩阵图

问题类产品线具有高的市场增长率和低的市场占有率，需要投入大量资金，以提高其市场占有率，但有较大风险，需慎重选择。

明星类产品线市场占有率和市场增长率都很高，具有一定的竞争优势。但是由于市场增长率很高，竞争激烈，为了保持优势地位需要许多资金，因而并不能为企业带来丰厚的利润。但当市场增长率放慢后，它就转变为金牛类，可大量为企业创造利润。

金牛类产品线有低的市场增长率和高的市场占有率，收入多，利润大，是企业利润的源泉。企业常要用金牛类产品线的收入来支付账款和支持明星类、问题类和狗类产品线。

狗类产品线的市场增长率和市场占有率都很低，在竞争中处于劣势，是没有发展前途的，应逐步淘汰。

那些很有发展前途的问题类产品线应予以发展，努力提高其市场占有率，增强其竞争能力，使其尽快成为明星类；金牛类产品线要尽量维持其市场份额，以继续提供大量的资金收入；处境不佳、竞争力小的金牛类产品线和一些问题类、狗类产品线应实行收缩，尽量减小投资，争取短期较多的收益；没有发展前途又不能盈利的那些狗类和问题类产品线应放弃，进行清理、淘汰，以便把资金转移到更有利的产品线上。

（2）GE 矩阵法（见图 7-2）：对每一产品线从行业吸引力和产品线实力两方面予以衡量。行业吸引力主要根据该行业的市场规模、市场增长率、历史毛利率、竞争强度、技术要求、通货膨胀、能源要求、环境影响以及社会、政治、法律因素等加权评分得出，分为高、中、低三档。产品线实力主要根据企业该产品线的市场份额、市场增长率、产品质量、品牌信誉、分销网、促销效率、生产能力与效率、单位成本、物资供应、研究与开发实绩及管理人员等加权评分得出，分为强、中、弱三档。于是，在 GE 矩阵中有九个区域。

产品线实力

行业吸引力		强	中	弱
	高	(1)	(2)	(3)
	中	(4)	(5)	(6)
	低	(7)	(8)	(9)

图 7-2　GE 矩阵图

GE 矩阵可以分为三大部分：左上角部分，包括（1）、（2）、（4）三个区域，表示最强的产品线，行业吸引力和产品线实力都较好，企业应采取增加投资、积极扩展的策略；左下角到右上角的对角线部分，包括（3）、（5）、（7）三个区域，表示产品线的总体吸引力处于中等状态，企业一般应维持投资保持盈利；右下角部分，包括（6）、（8）、（9）三个区域，表示总体吸引力很低的产品线，企业一般应采取收缩和放弃策略。

2. 产品线组合的评估。要实现产品组合的动态优化，应当对各条产品线进行分析评价并予以调整，同时对每一条产品线中的每一个产品品种的销售、盈利情况逐一分析评价，并与竞争者对比。可以利用产品品种贡献图，即利用柱状图显示产品线上的每一个产品品种的总销售额和利润比重，然后进行比较。一般来说，销售高度集中于少数几个品种之上，产品线往往具有较大的脆弱性；销售额和利润比重小的产品可以考虑停止生产，抽出资源加强其他品种或开发新产品。

（三）产品组合策略选择

产品组合的要素对促进销售、增加盈利有直接效果，万皎公司需要本着有利于促进销售和增加总利润的原则进行策略选择。一般来说，拓延产品线，即增加产品品种，使各产品线具有更多规格、花色的产品，可以适应更加广泛的消费者需要，吸引顾客，扩大总的销售量；提高产品组合的关联性，可以增强企业的市场地位，充分发挥企业的技术、生产和销售能力。具体来说可以选择的方案包括：

1. 产品线扩展策略。产品线扩展即扩展产品组合的广度，通过增加产品线、扩大业务范围、实行一体化或多角化经营，这样可以充分利用企业的各项资源，发挥企业优势，开拓新的市场，提高经济效益。

考虑该策略的情况主要有：企业生产能力过剩、企业希望以更为全面的产品线去满足顾客的需求、企业希望开拓新市场而谋求更高的销售量和利润以及竞争压力大等。

产品线扩展策略有三种形式。一是向上扩展，即原来生产低档产品的企业为了高额利润或扩充产品线进入高档产品市场；二是向下扩展，即原来生产高档产品的企业为了扩大产品销量或竞争等因素开始生产低档产品；三是双向扩展，即生产中档产品的企业在市场上可能会同时向产品线的上下两个方向扩展。

2. 产品线填充策略。产品线填充策略是在现有产品线的经营范围内增加新的产品品种，即延长产品组合的长度。

采取这一策略的动机主要有：增加盈利；充分利用过剩的生产能力；满足经销商增加产品品种以增加销售额的要求；阻止竞争者利用市场空隙进入；企图成为领先的完全产品线的企业。

产品线的填充要避免导致新旧产品的自相残杀和在消费者中造成混乱，为此，企业要使新增品种具有显著的差异，使顾客能够区分清楚。企业还应该考察新增品种是否适合市场需要，而不可仅仅为了满足企业自身填补空隙或形成完全产品线的需要。

3. 产品线现代化策略。有的企业，其产品线长度是适当的，但其产品多年以来一直是老面孔，所以必须使产品线现代化，以防被产品线较为新式的竞争对手所击败。

4. 产品线号召策略。企业可以在产品线中有目的地选择一个或少数几个产品品种进行特别号召，一般有以下三种情形：

（1）对产品线上低档产品品种进行特别号召，使之成为"开拓销路的廉价品"，以此吸引顾客。一旦顾客登门，推销员就会想方设法地影响并鼓动消费者购买高档产品。

（2）对优质高档产品品种进行号召，以提高产品线的等级和地位。

（3）当企业发现产品线上有一端销售形势良好，而另一端却有问题时，可以对动销较慢的那一端大力号召，以努力促进市场对动销较慢的产品的需求。

5. 产品线削减策略。产品线常常被延长，而增加新品种是会使设计费、工程费、仓储费、促销费等费用相应上升的，因此，企业可能会出现资金短缺和生产能力的不足。于是，管理当局就会对产品线的盈利能力进行研究分析，从中可能发现大量亏损的产品品种，为了提高产品线的盈利能力，会将这些产品品种从产品线上削减掉。在企业中，这种产品线先延长而后被削减的模式将会重复多次。

第二步：选择标准化/本土化策略

（一）产品本土化策略

本土化策略是跨国公司为了更好地适应目标市场的需求特点，把握潜在的商业机会而实施的策略，它要求企业不是把自己当成外来的市场入侵者，而是当做目标市场中固有的一员融入目标市场，强调以适应环境来获得更大的发展空间。本土化的实质是跨国公司将生产、营销、管理、人事等全方位融入东道国经济中的过程，一般通过全面的调查，了解本土的实际经济、文化、生活习俗等情况而进行的一系列融入性调整。

支持本土化营销策略的观点基于国家间购买行为特征、社会经济形势、营销基础建设和竞争环境的差异，认为这样一方面有利于外来跨国公司生产出来的产品能更好地满足本土消费者的需要，同时也节省了国外企业海外派遣人员和跨国经营的高昂费用，与当地社会文化融合、减少当地社会对外来资本的危机情绪，有利于东道国经济安全、增加就业机会、管理变革、加速与国际接轨。

本土化策略主要有以下几方面：

1. 产品研究、开发与制造的本土化。研究目标市场社会营销环境的变化，成立目标市场研究中心，专门针对当地市场进行研究开发工作，立足于"所在地的情况"，推出适应目标客户要求的产品。同时，原材料的采购、零配件的供应、配套厂家的选择及各项服务的获取等也都实现本土化。

2. 品牌本土化。在企业开展国际化营销的众多要素中，品牌具有深厚的文化内涵和情感内涵，是最需要本土化的内容。从品牌名称的设计到品牌形象代言人的挑选，从品牌宣传主题词的编撰到品牌的宣传推广等各方面，都应当与目标市场的文化、社会习俗以及消费者的价值观念等相适应。

（二）标准化策略

国际产品的标准化策略是指企业向全世界不同国家或地区的所有市场都提供相同的产品。实施产品标准化策略的前提是市场全球化。

跨越国界的产品标准化的好处是：实现规模经济，大幅度降低产品研究、开发、生产、销售等各个环节的成本而提高利润；在产品设计上达成一致性，产品特色、设计、品牌名称、包装建立产品全球一致的共同印象可以强化企业的声誉，有助于消费者对企业产品的识别，从而使企业产品在全球享有较高的知名度，帮助整体销售量的增加；产品标准化还可使企业对全球营销进行有效的控制；标准化是一个不断演进的动态过程，动态标准化过程体现了科技创新的演进，可以整合和引导社会资源，激活科技要素，推动自主创新与开放创新，加速技术积累、科技进步、成果推广、创新扩散、产业升级。

　　企业应根据以下几方面来决定是否选择产品的标准化策略：（1）产品的需求特点。消费者对产品的需求包括对产品无差别的共性需求和有差别的个性需求这两种成分，对无差别的共性需求占主导地位的产品，宜采取产品标准化策略。（2）产品的生产特点。在 R&D、采购、制造和分销等方面获得较大规模经济效益的产品适合标准化策略。（3）竞争条件。如果在国际目标市场上没有竞争对手出现，或市场竞争不激烈，企业可以采用标准化策略，或者市场竞争虽很激烈，但本公司拥有独特的生产技能，且是其他公司无法效仿的，则可采用标准化产品策略。

第三步：设计包装策略

　　包装常按包装在流通中的作用进行分类，即分为运输包装和销售包装。运输包装着眼于保护商品和便于运输，而销售包装随同商品卖给消费者，着重考虑美化商品、促进销售和便于使用。包装强大的行销功能的实现，有赖于良好的包装设计。广义的包装设计包含产品形象的建立。

　　包装设计是一种包含技术性和艺术性的营销，应满足以下要求：（1）包装要能显示商品的特色或风格，准确反映产品的各项属性，传递商品信息。（2）包装应与商品的价值或质量水平相配合。（3）包装的形状、结构、大小应为运输、销售、携带、保管和使用提供方便。运输包装要求大包装，销售包装要求小包装；容易开启的包装结构便于密闭式包装商品的使用，喷射式包装适应于液体、粉末、胶状商品；人们经常携带的商品，其包装应尽可能设计成带把手，诸如此类。（4）包装设计要勇于创新，避免模仿，适应消费者心理。应重点研究：①消费者的购买动机、每次的使用量、使用场合、使用次数、使用方式和消费者对各型包装的感受。②结合销售场所货架的高低、陈列方式、灯光，研究其陈列效果。（5）包装设计中应融入指示性文字，能指导客户消费。（6）包装设计色彩、图案要考虑不同年龄、不同地区、不同民族、不同宗教信仰的不同爱好及忌讳。（7）包装设计应经过工程技术性测试、视觉测试、经销商测试和消费者测试。

　　包装设计的具体策略包括：

　　1. 系列式包装策略，即企业生产经营的产品都用相同或相似的包装。这样可以使产品和自身形象更加明显。

　　2. 包装命名策略，指给包装设计赋予命名或主题，从而赋予产品意义，给产品活跃的生命力，并用关键语来对设计思想进行延伸，引发消费者联想。

　　3. 类似包装策略，指企业所生产经营的各种产品，在包装上采用相同的图案、色彩或其他共有特征，从而使整个包装外形相类似，使用户容易注意到这是同一家企业生产的产品。这样会使消费者受到反复的视觉冲击而形成深刻的印象。新产品上市时通过类似包装可以利用企业已有声誉，迅速在市场上占有一席之地。同时可以节省包装的设计、制作费用。但类似包装策略只适宜于质量相同的产品，对于品种差异大、质量水平悬殊的产品则不宜采用。

　　4. 等级包装策略，指企业所生产经营的产品针对不同层次的消费者的需求特点制定不同等级的包装策略，以此来争取不同层次的消费群体。注意使产品的价值与包装相一致。

5. 综合包装策略，或称多种包装、配套包装，指按消费者的消费习惯，把几种有关联的产品做成套装，便于消费者购买、使用和携带，同时还可扩大产品的销售，推广新产品。

6. 再利用包装策略，又叫多用途包装，指在用户将包装容器内的商品使用完毕后，这一包装容器还可继续利用。这种策略有利于减少环境污染，有助于引起用户的购买兴趣，而且包装上的企业标识还可以起到继续宣传的效果。

7. 附赠品包装策略，指企业在某商品的包装容器中附加一些附赠奖券或实物，或包装本身可以换取礼品，以吸引用户购买的兴趣。

8. 改变包装策略，指企业随着产品的更新和市场的变化、消费者偏好的不断变化更新包装。有些产品要改进质量比较困难，经常变一变包装，给人带来一种新鲜感，销量就有可能上去。

9. 绿色包装策略。随着消费者环保意识的增强，绿色环保成为社会发展的主题，伴随着绿色产业、绿色消费而出现的绿色概念营销方式成为企业经营的主流。因此在包装设计时，选择可重复利用或可再生、易回收处理、对环境无污染的包装材料，容易赢得消费者的好感与认同，也有利于环境保护和与国际包装技术标准接轨，从而为企业的发展带来良好的前景。

10. 开窗式包装策略。开窗式包装策略是指在包装物上留有"窗口"，让消费者通过"窗口"来直接认识和了解产品，其目的在于直接让消费者体会、认识产品的品质。

11. 联带式包装策略。联带式包装策略即将具有消费联带性的产品包装在一起，其目的在于给消费者以便利感和整体感。

第四步：设计品牌策略

为了使品牌在市场营销中更好地发挥作用，必须采取适当的品牌策略。

（一）品牌化决策

对于一种新产品，有关品牌的第一个决策就是决定企业是否是给产品建立品牌。企业为其产品设立品牌名称、品牌标志，并向有关机构注册登记取得商标专用权的业务活动，就称为品牌建立。

品牌具有多种良好的作用，但是并不意味着市场上的商品都应建立品牌。建立品牌成本高，需要花费设计费、制作费、注册费、广告费等，并且还承担品牌在市场上失败的风险。因此，对某些质量特点区别不大或选择性不大的产品来说，建立品牌对识别商品、促进销售的积极意义很小，可能得不偿失，这时就可以不使用品牌。

（二）品牌归属决策

一旦决定对产品使用品牌，制造商对品牌归属就面临三种选择。

1. 使用制造商品牌，或称生产者品牌、全国性品牌。因为产品的质量特性总是由制造商确定的，所以制造商品牌一直支配着市场，绝大多数制造商都使用自己的品牌。制造商所拥有的注册商标是一种工业产权，享有盛誉的著名商标可以租借给他人使用，但要收取一定的特许权使用费。

2. 使用经销商品牌，或称中间商品牌、私人品牌。目前大型零售商、批发商都在发展自己的品牌，这种做法当然要付出代价，如要增加投资用于大批量订货和储备存货，要为宣传私人品牌增加广告费用，还需承担私人品牌被顾客否定的风险等。但是，中间商有了自己的品牌，可加强对价格和制造商的控制，以增加获利。对于制造商来说，应根据品牌在市场上的声誉来决定采用制造商品牌还是中间商品牌。

3. 制造商品牌与经销商品牌混合使用。这可能有三种情形：（1）制造商品牌与经销商品牌同时使用，兼收两种品牌单独使用的优点；（2）制造商在部分产品上使用自己的品牌，另一部分则以批量卖给经销商，使用经销商品牌，以求既扩大销路又能建立品牌形象；（3）为进入新的市场，先采用经销商品牌，待产品在市场上受到欢迎后改用制造商品牌。

（三）品牌质量决策

品牌的质量就是使用该品牌的产品的质量，这是一个反映产品的可靠性、精确性、方便性、耐用性等属性的综合性指标，其中有些属性可以客观地予以测定，但是从营销角度来看，品牌的质量应该以消费者的感觉来测定。品牌质量决策深受产品本身制约，把握消费者对产品的感觉以及产品在市场上的地位也很重要，因此应着重抓好两方面工作：先要决定品牌的最初质量水平是低等、中等还是高等，还要随着时间的推移对品牌质量加以管理调整。

（四）家族品牌决策

制造商在决定给产品使用自己的品牌之后，面临着进一步的抉择，即对本企业产品是分别使用不同的品牌，还是使用统一的品牌或几个品牌？一般来说，可以有以下四种选择：

1. 对各种产品分别采用不同的品牌，即个别品牌。如上海牙膏厂有"美加净"、"黑白"、"玉叶"、"庆丰"等品牌。这种策略能严格区分高、中、低档产品，使用户易于识别并选购自己满意的产品，而且不会因个别产品声誉不佳影响到其他产品及整个企业的声誉；还能使企业为每个新产品寻求建立最适当的品牌名称以吸引顾客。缺点在于品牌较多会影响广告效果，易被遗忘。

2. 对所有产品采用一个统一品牌，即家族品牌。家族品牌是品牌扩展的结果。所谓品牌扩展，是指品牌可以在广泛且具有较大差异的产品领域中扩展，由此产生了家族品牌。美国通用电气公司是最好的例子。这个多年来一直位列世界500强前三甲的企业巨人从飞机引擎、广播、军事电子产品、电机、工厂自动化设备到照明设备、机车、家用设备以及财务服务等各个领域的产品及服务都使用"GE"这个品牌。

采用这一策略的好处在于能减少品牌的设计和广告费用，有利于新产品在市场上较快较稳地立足，并能壮大企业声势，提高其知名度。采用统一品牌的前提条件包括：初始品牌享有良好的知名度和声誉；新品牌的质量有保证；品牌内涵应该仍能适用；专业知识和专有技术在几个产品间可移植等。

3. 仅对同类产品使用相同品牌。当企业生产截然不同的产品类别时，不宜使用相同的家族品牌，要予以区分。

4. 将企业名称与个别品牌相结合。这是在企业各种产品的个别品牌名称之前冠以企业名称，可以使产品正统化，享受企业已有信誉，而个别品牌又可使产品各具特色。如通用汽车公司生产的各种小轿车分别使用"别克"、"卡迪莱克"、"雪佛莱"、"庞蒂克"等品牌，而每个品牌前都另加"GM"字样，以表明是通用汽车公司产品。

（五）品牌延伸决策

品牌延伸决策是指企业尽量利用已成功的品牌来推出改进型产品或新产品。这里需要注意的是，品牌延伸和品牌扩展严格来说是两个不同的概念。前者是指在相同或相关领域介绍新产品时使用原有品牌，而后者则进入了差异较大的新的产品领域。

品牌延伸的一种情况是，某企业先推出 A 品牌的产品，然后推出新的、经过改进的 A 品牌的产品，接着又推出进一步改进、具有附加利益的 A 品牌新产品。另一种情况是，利用已获成功的品牌名称推出全新产品。

品牌延伸策略的运用可以使制造商节约促销新品牌所需的大量费用，而且能使新产品被消费者很快接受。若企业拥有一个强势品牌，通过品牌延伸策略可以发展和保护它在市场上的地位。

（六）多品牌决策

多品牌决策是指对同一种类产品使用两个或两个以上的品牌。制造商之所以愿意同时经营多种互相竞争的品牌，是因为：（1）制造商可以获得更多的货架面积，而使竞争者产品的陈列空间相对减少。（2）提供几种品牌可以赢得品牌转换者而扩大销售，事实上大多数消费者都不会因忠诚于某品牌而对其他品牌毫不注意，他们都是不同程度的品牌转换者。（3）通过将品牌分别定位于不同的细分市场上，每一品牌都可能吸引许多消费者。（4）新品牌的建立会在企业内部形成激励，并促进效率的提高。不同的品牌经理们在竞争中共同进步，从而使企业产品销售业绩高涨。

然而，并不是品牌多多益善。如果每一品牌仅能占有很小的市场份额，而且没有利润率很高的品牌，那么采用多品牌对企业而言是一种资源浪费。

（七）品牌再定位决策

品牌再定位是指因某些市场因素的变化而对品牌进行重新定位。一般而言，当竞争者品牌定位靠近本企业的品牌并夺去部分市场，使本企业的市场份额减少之时；或者消费者的偏好发生变化，形成某种新偏好的消费群，而本企业的品牌不能满足顾客的偏好之时，企业有必要对品牌再次定位。

企业在进行品牌重新定位决策时，要认真考虑两个因素。

1. 将品牌转移到新的市场位置所需的费用，包括改变产品品质费、包装费、广告费等。重新定位离原位置距离越远，变化越大，则所需费用越高；企业改进品牌形象的必要性越大，费用也就越多。

2. 定位于新位置的品牌能获得多少收益。收益的大小取决于在这一细分市场上消费者的数量、平均购买率以及竞争者的数量和实力等因素。

四、知识链接

（一）产品的基本概念

1. 产品。对于产品的含义，人们有各种不太相同的看法，最为一般的是从狭义、广义两个角度来予以阐述。

狭义的产品是指生产者通过生产劳动而生产出来的、用于满足消费者需要的有形实体。这一概念强调产品是有形的物品，在生产观念盛行的时代极为流行。基于此狭义认识，生产者可能只关注于产品的物质特征及生产成本，而消费者则关心通过产品实体的消费来满足某种需要。在生产力高度发展、商品日益丰富、市场竞争十分激烈的现代市场环境下，狭义的，也是传统的产品概念已不能适应需要了。广义的产品不仅指基本的产品实体这一物质属性，还包括产品的价格、包装、服务、交货期、品牌、商标、企业信誉、广告宣传等一系列有形或无形的特质。广义的产品是从满足消费者需要出发的，是为顾客提供某种预期效益而设计的物质属性、服务和各种标记的组合，是适应现代市场经济发展的要求的。基于以上认识，我们将产品定义为：产品是能够提供给市场以引起人们注意，让人们获取、使用或消费，从而满足人们某种欲望或需要的一切东西。这里的产品具有两种形态：

（1）实体产品（有形产品），呈现在市场上具有一定的物质形态，如面包、衣服、汽车、房屋等；

（2）软体产品（无形产品），指各种劳务或销售服务，如运输、通信、保险等劳务以及产品的送货服务、维修服务等。

2. 产品的三个层次。从市场营销学的角度出发，产品的概念是一个整体概念。产品的整体概念是由三个层次的产品所构成的，它们之间的关系如图7-3所示。

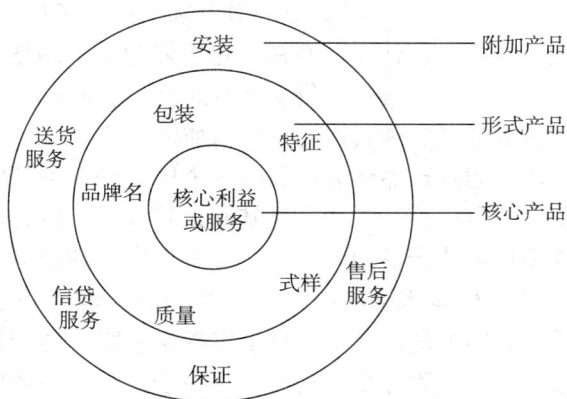

图7-3　整体产品的三个层次

（1）核心产品。也叫实质产品，是指产品能给购买者带来的基本利益和效用，即产品的使用价值，是构成产品最本质的核心部分。

消费者购买某种产品并不是为了获得产品的本身，为了占有该种产品，而是通过对产品的消费来满足某种需要。人们购买产品的目的都是为了实现自己的需求。某一种产品以自己的物质形态存在着，但在实质上是为了满足消费者欲望而提供的一种服务。营销人员的任务是从满足消费者的需求出发，揭示出消费者购买每一产品的真正目的。

（2）形式产品。指消费者需要的产品实体的具体外观，是核心产品的表现形式，是向市场提供的实体和劳务可以为顾客识别的面貌特征。

形式产品有五个基本特征：①质量水平。指产品实体满足消费者需要的可靠程度，是可以用技术参数表现的产品内在本质水平，如水泥的型号表示它能够达到的强度。②特征。满足某种需求的产品应该是多种多样、各具特色的，这样才能适合不同层次、不同爱好的顾客的需要。③式样。指物质产品的外观形状、款式，或无形产品如服务的不同表现形式。以出租汽车服务为例，可有日夜服务、事先预约、电话随时要车等多种形式。④品牌名称。即产品和劳务的名称和标志。⑤包装。是物质产品的盛装容器及装饰。

以上五个特征，物质产品都具备，而服务也具有相类似的特征，可能具备其中的部分或全部特点。

形式产品是呈现在市场上可以为顾客所识别的，因此它是消费者选购商品的直观依据。产品的基本效用必须通过形式产品有效地实现，才能更好地满足消费者的需要。

（3）附加产品。指消费者购买产品时所能得到的附加服务和附加利益的总和。比如，购买计算机产品，获得的不仅仅是计算机本身，即主机、终端、存贮设备、打印设备等硬件，而且得到使用说明书、软件系统、送货服务、安装调试、程序设计服务、维修服务以及保证等。因为消费者实施购买的目的是为了满足某种需要，因而他们希望得到与满足这一需要有关的一切。

只有向消费者提供具有更多实际利益、能更完美地满足其需要的附加产品，企业才能在日益激烈的竞争中赢得胜利。美国市场营销专家莱维特指出："现代竞争的关键，并不在于各家公司在其工厂中生产什么，而在于它们能为其产品增加些什么内容——诸如包装、服务、广告、用户咨询、融资信贷、及时送货、仓储以及人们所重视的其他价值。每一公司应寻求有效的途径，为其产品提供附加价值。"

核心产品、形式产品、附加产品作为产品的三个层次是不可分割和紧密相连的，它们构成了产品的整体概念。其中，核心产品是基础，是本质；核心产品必须转变为形式产品才能得到实现；在提供形式产品的同时还要提供更广泛的服务和附加利益，形成附加产品。由此可见，产品的整体概念以核心产品为中心，也就是以顾客的需求为出发点。企业在充分考虑消费者需要的前提下，作出实现这一需要的产品决策，将核心产品转变为形式产品，并在此基础上附加多种利益，进一步满足消费者的需要。一个产品的价值大小是由顾客决定的，而不是由企业决定的。

（二）产品生命周期及管理策略

产品生命周期（Product Life Cycle，PLC），是产品的市场寿命，即一种新产品从开始进入市场到被市场淘汰的整个过程。由美国哈佛大学教授雷蒙德·弗农（Raymond Vernon）于1966年首次提出。

第一阶段：引入期。

引入期是指产品从设计投产直到投入市场进入测试阶段。新产品投入市场，便进入了介绍期。此时产品品种少，顾客对产品还不了解，除少数追求新奇的顾客外，几乎无人实际购买该产品。生产者为了扩大销路，不得不投入大量的促销费用，对产品进行宣传推广。该阶段由于生产技术方面的限制，产品生产批量小，制造成本高，广告费用大，产品销售价格偏高，销售量极为有限，企业通常不能获利，反而可能亏损。

第二阶段：成长期。

当产品进入引入期，销售取得成功之后，便进入了成长期。成长期是指产品通过试销效果良好，购买者逐渐接受该产品，产品在市场上站住脚并且打开了销路。这是需求增长阶段，需求量和销售额迅速上升。生产成本大幅度下降，利润迅速增长。与此同时，竞争者看到有利可图，将纷纷进入市场参与竞争，使同类产品供给量增加，价格随之下降，企业利润增长速度逐步减慢，最后达到生命周期利润的最高点。

第三阶段：成熟期。

成熟期是指产品走入大批量生产并稳定地进入市场销售，经过成长期之后，随着购买产品的人数增多，市场需求趋于饱和。此时，产品普及并日趋标准化，成本低而产量大。销售增长速度缓慢直至转而下降，由于竞争的加剧，导致同类产品生产企业之间不得不的在产品质量、花色、规格、包装服务等方面的投入，在一定程度上增加了成本。

第四阶段：衰退期。

衰退期是指产品进入淘汰阶段。随着科技的发展以及消费习惯的改变等原因，产品的销售量和利润持续下降，产品在市场上已经老化，不能适应市场需求，市场上已经有其他性能更好、价格更低的新产品，足以满足消费者的需求。此时成本较高的企业就会由于无利可图而陆续停止生产，该类产品的生命周期也就陆续结束，乃至最后完全撤出市场。

产品生命周期理论对营销者提供了预测指导。一般来说，可以在早期阶段重点宣传产品信息，而在后期重点推广其品牌。在引入期，营销策略应强调以刺激需求为目的；进入成长期后应重点培养选择性需求；在成熟期，详尽的市场细分将有助于维持活力；在衰退期又应将重点放在增进基本需求上，努力延长产品生命周期。

（三）新产品开发程序

1. 产生构思。一切新产品的开发都必须从产生构思开始。一个成功的新产品，首先来自于一个有创见性的构思。新产品构思的来源有：消费者和用户、科研人员与科研机构、竞争者、经销商和代理商、企业管理人员和职工、大专院校、营销咨询公司、工业顾问、专利机构、国内外情报资料等。其中，调查和搜集消费者与用户对新产品的要求是新产品构思的主要来源。实践证明，在此基础上发展起来的新产品成功率最高。据有关调查数字显示，除军品以外，美国成功的技术革新和新产品有60% ~80%来自用户的建议，或用户使用中提出的改革意见。

真正好的构思来自于灵感、勤奋和技术。通常被用来帮助个人和企业产生好的构思的创造性技术主要有以下五种。

（1）产品属性一览表法。这种方法将某一产品的主要属性列成一览表，然后对每一属性进行分析研究，提出改进意见，从而在原有产品基础上发展新产品。

（2）关联法。这种方法将几种不同的物品排列出来，然后考虑每一物品与其他物品之间的关系，利用物品的关联性进行组合或延伸来产生一种新产品构思。

（3）结构分析法。这种方法就是将一个问题的结构进行分析，然后审查结构的各个方面之间的关系，再进行各种自由联想，找到某些新颖的组合。

（4）消费者提问分析法。这种方法要求消费者参与构思的产生过程。它要求消费者提出他们使用某一特定的产品或产品类型时所遇到的问题，每一问题都可能是一个新构思的来源。当然，并非所有的构思都值得开发；对消费者提出的问题必须就它们的重要意义、影响程度和改进成本加以评估，据之选定值得开发的构思。

（5）头脑风暴法。这种方法一般是由 6 到 10 人在一起就某一问题进行讨论，运用头脑风暴法会激发与会者极大的创造想象力，可以帮助人们产生许多构思。这种方法的有效运用要求与会者尽可能地想象构思，越多越广越好，而且不准批评，鼓励对构思合并和改进。

2. 筛选构思。在前一阶段提出了大量构思，在以后的各个阶段里要不断优化构思，首先要做的就是筛选构思。筛选的目的是尽可能早地发现和放弃错误的构想，以尽力减少高昂的开发成本。

对产品构思的筛选，首先根据企业目标和资源条件评价市场机会的大小，从而淘汰那些市场机会小的构思，然后对剩下的构思利用加权评分来予以分等计算，筛选后得到企业所接受的产品构思。某构思的分等计算如表 7 - 1 所示。

表 7 -1　　　　　　　　　　产品构思加权评分法

产品成功的必要因素	相对权数（A）	企业能力水平（B）											评分（A×B）
		0.0	0.1	0.2	0.3	0.4	0.5	0.6	0.7	0.8	0.9	1.0	
企业声誉	0.20							√					0.120
营销能力	0.20										√		0.180
研发能力	0.20								√				0.140
人力资源	0.15							√					0.090
财务能力	0.10										√		0.090
生产能力	0.05									√			0.040
地理位置和设备	0.05				√								0.015
采购和供应能力	0.05										√		0.045
总计	1.00												0.720
分等标准：0.00～0.40 为差；0.41～0.75 为尚佳；0.76～1.00 为佳 最低接受标准：0.70													

3. 概念发展与测试。产品构思只是企业希望提供给市场的一个可能产品的设想，在这一阶段要将产品构思发展成产品概念，也即要用有意义的消费者术语将构思予以精心阐述表达，然后通过测试来了解消费者对这些产品概念的态度。

消费者不会去购买产品构思，而要买的是产品概念。任何一个产品构思都能转化为几种产品概念，比如说某企业获得一种营养液产品的构思，由此可形成多个产品概念，诸如延年益寿适于老年人饮用的补品、有助儿童增强记忆强健身体的滋补品、病人易于吸收加快康复的营养品、老少皆宜味道好的营养型饮料等。对于每一个产品概念都需要进行定位，以便了解有关的竞争状况，例如按照营养液的价格、营养成分两种属性可分别对营养液市场进行定位，以判定该营养液在整个市场上的位置和竞争者的多少、远近、实力大小等。

然后应将一个个精心制作的产品概念说明书放在消费者面前，要求消费者回答每个概念所带来的问题，包含对概念的理解、偏好性、购买意愿、改进意见、目标用户及价格认定等。通过和合适的目标消费者小组一起测试产品概念，消费者的回答将帮助企业确定吸引力最强烈的产品概念。这个将产品构思发展成若干可供选择的概念并充分测试的阶段是不可缺少的，有些企业对此的忽视导致了产品后来在市场上遇到各种各样的问题。

4. 制订营销计划。对经过测试入选的产品概念，企业要制订一个初步的营销计划，这个营销计划将在以后阶段中被不断完善发展。

营销计划一般包括以下三部分内容：

（1）描述目标市场的规模、结构和行为，该产品的定位、销售量和市场占有率，开始几年的利润目标。

（2）描述该产品最初的价格策略、分销策略和第一年的营销预算。

（3）描述预期的长期销售量和利润目标以及在不同时期的营销组合策略。

5. 商业分析。在管理层对某一产品概念制订了营销计划之后，就可以进一步分析评价该产品概念的商业吸引力。

管理层先要估计销售量的大小能否使企业获得满意的利润；要审查类似产品的销售历史，调查市场意见，还应通过对最低和最高销售量的预计来了解风险的幅度。在销售预测之后，研究开发部门、生产部门、营销部门和财务部门等进一步估算该项产品的预期成本和盈利状况。如果销量、成本和利润预计能满足企业目标，那么产品概念就能进入产品开发阶段。

6. 产品开发。产品开发的任务是把通过商业分析的产品概念交由企业的研究开发部或工艺设计部等部门研制开发成实际的产品实体。这一阶段要力争把产品构思转化为在技术上和商业上可行的产品，需要大量的投资。

（1）开发部门将开发关于该产品概念的一种或几种实体形式，而后从中选择能满足消费者要求、功能要求、预算要求的一种产品原型。

（2）将对准备好的原型进行一系列严格的功能测试和消费者测试。功能测试是在实验室和现场条件下进行的，以确保产品运行、使用的安全和有效；消费者测试则可以采用多种方式，以了解消费者对产品的意见、建议和偏好等。

7. 市场试销。开发成功、测试满意的产品进入市场试销阶段，在此阶段将要准备确定品牌名称、包装设计和制定准备性的营销方案，并在更可信的消费者环境中对产品进行试销，以达到了解消费者和经销商对使用、购买及重购该产品的反应和市场规模、特点等目的。

市场试销的数量一般受到投资成本和风险、时间、研究成本的制约。高投资（风险）产品更值得认真进行市场试销。试销成本本身也对试销的数量和方式产生影响。

消费品与工业品的市场试销方法有所不同。消费品市场试销，企业希望从中了解到消费者对试用、首次购买、再购买、采用和购买频率等决定销售状况的主要因素的态度、水平，并了解愿经营该产品的经销商的数量、规模、承诺和要求。主要的试销方法有以下四种。

（1）销售波试销法。企业向最初免费试用产品的消费者以优惠价重复提供该产品或竞争者产品 3 ~ 5 次（销售波），并注意有多少消费者再次选择本企业的产品及他们表露的满意程度，从而估计消费者在企业产品与竞争产品并存时自己花钱的重复购买率。企业还能用此法测定不同的广告概念对产生重复购买的影响程度。

（2）模拟商店测试法。企业邀请 30 ~ 40 名顾客观看简短的商业广告，内含该企业要推出的新产品广告，但并不加任何特殊说明；然后提供少量资金供他们到商店中去购物，可以购买或不买任何物品，企业注意观察有多少消费者购买了新产品和竞争产品；接着把他们召集起来了解购买或不买的理由；几周后，用电话再次询问他们对产品的态度、使用情况、满意程度和重购意向。该方法能衡量产品试用率、广告效果，收效迅速，并能把握竞争状况。

（3）微型市场试销法。企业在一两家合适的商店里经销新产品，测试货架安排、橱窗陈列、购货点的促销活动和定价等因素对消费者的影响以及小型广告的效果，并通过抽样调查征求了解消费者对产品的印象。

（4）代表城市试销法。企业选定少数有代表性的测试城市，将产品在商业部门经销并努力取得良好的货架陈列机会，同时展开全面的广告和促销活动。这种方法能获得对未来销售较可信赖的预测，能对不同的营销计划进行测试，发现产品的缺点，得到有价值的线索，但费用昂贵。

工业品市场试销主要希望了解新的工业品在实际运作时的性能、影响购买的关键、对不同价格和销售方法的购买反应、市场潜力以及最佳的细分市场。普遍运用的工业品市场试销方法有产品使用测试法、贸易展览会测试法、中间商陈列室测试法三种，有些企业也运用微型市场试销法来研究市场对新品的兴趣。

8. 商品化。依据市场试销提供的信息，企业基本上能作出是否推出新产品的决策。在推出新产品时，企业必须对推出新产品的时机、地域、目标市场和进入战略作出决策：

（1）企业要判断何时是推出新产品的正确时机，要注意新旧产品的接替、产品需求的季节性等因素。

（2）企业要决定新产品是推向某一地区、多个地区、全国市场还是国际市场，一般是实行有计划的市场扩展，这当中要对不同市场的吸引力作出评价并关注竞争者的现状及动向。

（3）企业要将它的分销和促销目标对准最理想的购买群体，以尽快获得高销售额来鼓励销售队伍和吸引其他新的预期购买者。

（4）企业必须制订一个把新产品引入不断扩展的市场的实施计划，在营销组合中分配营销预算并安排营销活动的合理次序。

总结以上阶段，新产品开发程序概要见图 7 - 4。

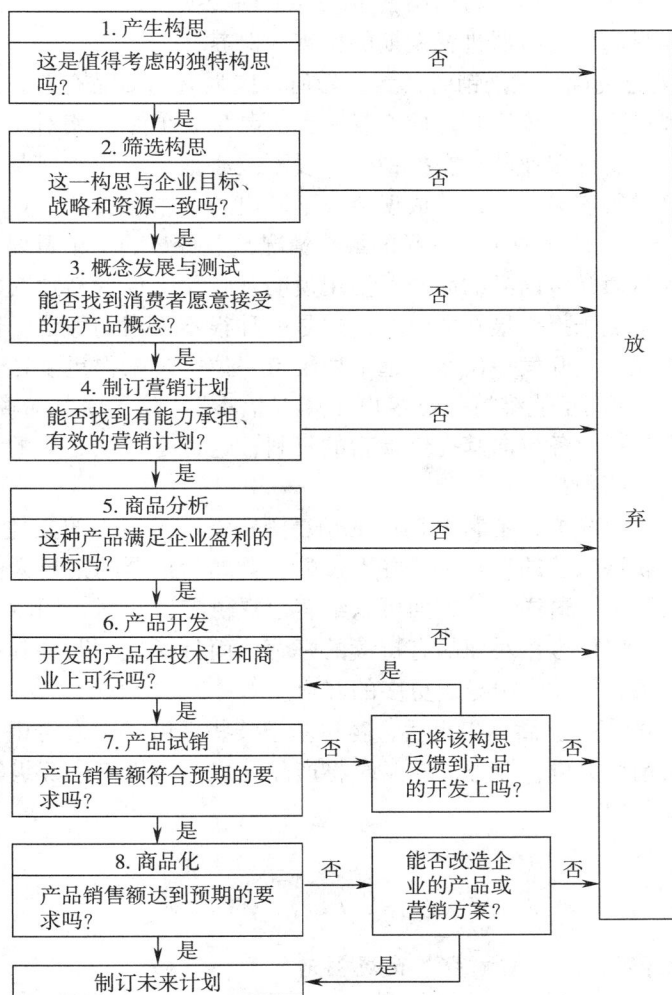

图 7 - 4　新产品开发程序

（四）售后服务

产品成功售出并不等于销售工作已经完成。重视售后服务是赢得客户并最终赢得市场的重要法宝，售后服务是销售活动的一个重要组成部分，通过开展售后服务可以满足客户的另外一些需求；同时，通过售后服务，还可以起到联络感情、搜集情报的作用。

凡是与产品有连带关系且有益于购买者的服务，均属于商品售后服务的范畴。概括而言，这些服务包括维护商品信誉和提供商品资料两个方面。

1. 维护商品信誉。售后服务的主要目的是为了维护商品的信誉。

（1）商品品质的保证。商品出售之后，为了使客户充分获得购买的利益、价值，销售人员必须经常提供一些售后服务。这不仅仅是为客户尽道义上的责任，也是维护本身商誉的必要行动。比如，电信器材商出售了一部电话交换机，为了使这部交换机发挥应有的功能，电信器材商应对机器进行定期的检查、保养。

（2）服务承诺的履行。在推销时，无论如何，应强调与商品有关，甚至没有直接关系的服务，因为提供服务的承诺对达成交易有巨大帮助。但是，相对于承诺而言，履行承诺更为重要。往往有许多业务员在推销时，漫不经心地向客户承诺某种服务，后来却没有履行承诺，这样很容易给客户造成误会或不愉快。

2. 提供产品资料。使客户了解商品的最新情况是业务员的一项重要工作。在说服客户购买之前，业务员通常将商品的简介、使用说明及相关文件资料递交客户参考，而在客户购买以后，却常疏于提供最新的资料，这是一种很不妥当的做法。销售人员应有一个基本的认识，那就是，开发一位客户远不如维持一位客户来得重要，开发客户在功能上是属于"治标"，而真正能维持一位客户才算"治本"。除了使其对商品产生信任外，维护客户的方法还包括业务员向其提供最新的资料，这也是一项有力的售后服务。产品的资料一般包括以下两种：

（1）商品商情报道资料。有许多商品的销售资料常以报道性的文件记载，业务员用它作为赠送客户、联络感情的工具是最好不过的。譬如卖钢琴的销售人员每月给客户邮寄一份音乐及乐器简讯，这样，一方面可以给客户提供参考资料，同时也可以借此报道商情，这样的做法可以使客户对商品有持续的好感。而且通过不断为其提供资料，也能起到间接的宣传效果，往往会引导出更多的客户。

（2）商品本身的资料。商品售出后，客户基于某些理由，常常希望了解商品本身的动态资料。以药品销售为例，业务员应及时将产品在成分、规格、等级等方面的变动的资料提供给药房或药店。

【阅读链接】

案例1：不断开发新品　"耐克"市场领先

20世纪60年代末和70年代初，美国人越来越热衷于健身运动，其中尤以慢跑为热门。到70年代末，参加慢跑活动的人已达3 000万人左右。

耐克公司正是在这时候加入了制鞋业。针对参加健身跑步的人主要属于中产阶级这一特点，耐克公司很快研制出价格较高，但性能较好的跑鞋。由于它设计独特，品质优良，深受人们的欢迎。随后，耐克公司又迅速把高性能的运动鞋扩展到球鞋以及其他运动鞋类，效果极为理想。

1975 年，耐克公司对耐克鞋作了进一步的改进，使鞋底比当时市场上的运动鞋更富有弹性，上市后立即受到欢迎。从此以后，耐克公司在研究与开发上始终处于领先地位，不断推出新产品。至 70 年代末，公司仅从事研究与开发的人员就有近百人，推出 140 多种运动鞋。不仅如此，耐克公司还根据脚的形状、人的体重、跑步速度、性别、技术要求等，生产出适合各种人需要的鞋子。其中包括各类球鞋、田径鞋、跳高鞋、登山鞋、滑雪鞋、摔跤鞋、自行车鞋，以及青年鞋、儿童鞋、业余运动员鞋等。由于耐克鞋适应了各类人员的需要，市场需求量大增，以至于销售耐克鞋的 8 000 家百货商店、体育用品商店、鞋店代理商中，有 60% 要预先订货，而且常常要等 6 个月才能取货。

1978 年，在美国的跑鞋销售市场中，耐克公司已占 33%，居第一位，而"阿迪达斯"屈居第二，只占 20%。2 年后，耐克公司的市场占有率更跃升到 50%。

案例 2：可口可乐新配方饮料的失败

（一）决策的背景

20 世纪 70 年代中期以前，可口可乐公司是美国饮料市场上的"Number1"，可口可乐占据了全美 80% 的市场份额，年销量增长速度高达 10%。

然而好景不长，70 年代中后期，百事可乐的迅速崛起令可口可乐公司不得不着手应付这个饮料业"后起之秀"的挑战。

1975 年全美饮料业市场份额中，可口可乐领先百事可乐 7 个百分点；1984 年，市场份额中可口可乐领先百事可乐 3 个百分点，市场地位的逐渐势均力敌让可口可乐胆战心惊起来。百事可乐公司的战略意图十分明显，通过大量动感而时尚的广告冲击可口可乐市场。

首先，百事可乐公司推出以饮料市场最大的消费群体——年轻人为目标消费者群的"百事新一代"广告系列。由于该广告系列适宜青少年口味，以心理的冒险、青春、理想、激情、紧张等为题材，于是赢得了青少年的钟爱；同时，百事可乐也使自身拥有了"年轻人的饮料"的品牌形象。

随后，百事可乐又推出一款非常大胆而富创意的"口味测试"广告。在被测试者毫不知情的情形下，请他们对两种不带任何标志的可乐口味进行品尝。由于百事可乐口感稍甜、柔和，因此百事可乐公司此番现场直播的广告中的结果令百事可乐公司非常满意；80% 以上的人回答是百事可乐的口感优于可口可乐。这个名为"百事挑战"的直播广告令可口可乐一下子无力应付。市场上百事可乐的销量再一次激增。

（二）市场营销调研

为了着手应战并且找出为什么可口可乐发展不如百事可乐的原因，可口可乐公司推出了一项代号为"堪萨斯工程"的市场调研活动。

1982 年，可口可乐广泛地深入到 10 个主要城市中，进行了大约 2 000 次的访问，通过调查，看口味因素是否是可口可乐市场份额下降的重要原因，同时征询顾客对新口味可乐的意见。在问卷设计中，询问了例如"你想试一试新饮料吗？""可口可乐味变得更柔和一些，您是否满意？"等问题。

调研最后结果表明，顾客愿意尝新口味的可乐。这一结果更加坚定了可口可乐公司决策者们的想法——秘不宣人，长达99年的可口可乐配方已不再适合今天消费者的需要了。于是，满怀信心的可口可乐开始着手开发新口味可乐。

可口可乐公司向世人展示了比老可乐口感更柔和、口味更甜、泡沫更少的新可口可乐样品。在新可乐推向市场之初，可口可乐公司又不惜血本进行了又一轮的口味测试。可口可乐公司倾资400万美元，在13个城市中，约19.1万人被邀请参加了对无标签的新、老可乐进行口味测试的活动。结果60%的消费者认为新可乐比原来的好，52%的人认为新可乐比百事好。新可乐的受欢迎程度一下打消了可口可乐领导者原有的顾虑，于是，新可乐推向市场只是个时间问题。

在推向生产线时，因为新的生产线必然要依不同瓶装的变化而进行调整，于是，可口可乐各地的瓶装商因为加大成本而拒绝新可乐。然而可口可乐公司为了争取市场，不惜又一次投入巨资帮助瓶装商们重新改装生产线。

在新可口可乐上市之初，可口可乐又大造了一番广告声势。1985年4月23日，在纽约城的林肯中心举办了盛大的记者招待会，共有200多家报纸、杂志和电视台记者出席，依靠传媒的巨大力量，可口可乐公司的这一举措引起了轰动效应。

（三）灾难性后果

起初，新可乐销路不错，有1.5亿人试用了新可乐。然而，新可口可乐配方并不是每个人都能接受的，而不接受的原因往往并非因为口味原因，而是这种"变化"受到了原可口可乐消费者的排挤。

开始，可口可乐公司已为可能的抵制活动做好了应对准备，但不料顾客的愤怒情绪犹如火山爆发般难以驾驭。顾客之所以愤怒是认为99年秘不示人的可口可乐配方代表了一种传统的美国精神，而热爱传统配方的可口可乐就是美国精神的体现，放弃传统配方的可口可乐意味着一种背叛。在西雅图，一群忠诚于传统可乐的人组成"美国老可乐饮者"组织，准备发起全国范围内的"抵制新可乐运动"。在洛杉矶，有的顾客威胁说："如果推出新可乐，将再也不买可口可乐。"即使是新可乐推广策划经理的父亲，也开始批评起这项活动。

而当时，老口味的传统可口可乐则由于人们的预期会减少而居为奇货，价格竟在不断上涨。每天可乐公司都会收到来自愤怒的消费者的成袋信件和1 500多个电话。

为数众多的批评使可口可乐迫于压力不得不开通83部热线电话，雇请大批公关人员温言安抚愤怒的顾客。

面临如此巨大的批评压力，公司决策者们不得不稍作动摇。在嗣后又一次推出的顾客意向调查中，30%的人说喜欢新口味可口可乐，而60%的人却明确拒绝新口味可口可乐。可口可乐公司又一次恢复了传统配方的可口可乐的生产，同时也保留了新可口可乐的生产线和生产能力。

在不到3个月的时间内，即1985年4—7月，尽管公司曾花费了400万美元，进行了长达2年的调查，但最终还是彻底失算了！

案例3：中国的品牌延伸策略

一项针对美国超市快速流通的商品研究显示，过去十年来成功的品牌，有2/3是品牌延伸，而不是新上市的品牌，品牌延伸已成为西方企业发展战略的核心。

来自国内营销实践第一线的信息也表明，海尔、乐百氏、步步高等知名品牌通过品牌延伸迅猛发展，成为同业翘楚。

乐百氏营销总经理杨杰强认为，"乐百氏的品牌延伸利远大于弊，品牌延伸前乐百氏的销售额只有4亿多元，延伸后不到三年就达到近20亿元。品牌延伸使乐百氏的发展有了一个加速度。如果当初乐百氏发展新产品时导入新品牌，首先不一定成功，其次即使成功也有可能拖累对乐百氏品牌的投资与培育。对目前大多数的国内企业而言，品牌延伸是合适的选择。因为推广新品牌的投资很大，要把一个新品牌培育成乐百氏、步步高、爱多这样的全国性名牌，一年没有2亿元的营销与广告预算是不可能的。当然乐百氏对品牌发展的规划是十分谨慎与理性的，乐百氏不会无限延伸"。

步步高老总段永平说："品牌的高知名度与威望，可以使品牌有很强的扩张力。步步高从无绳电话与VCD延伸到语言复读机，没做一分钱广告，但供不应求以致加班加点也来不及生产。"

可见，品牌延伸在整个中国市场上有着顽强的生命力，理性地运用品牌延伸策略将给企业带来极大的利益。绝不应看到几个品牌延伸失败的例子，读懂几条批判品牌延伸的理论就否定一切品牌延伸的做法，白白断送了企业盈利的大好机会。

案例4：百威啤酒的产品包装创新

消费者在选购啤酒时，除了质量和口感外，包装也是一个重要的考虑因素，因为包装能从一方面体现出品牌的整体形象。世界畅销啤酒品牌——百威对于这一点谙熟于心。为了保证每一箱、每一瓶、每一罐百威啤酒都拥有从内到外的卓越品质，"啤酒之王"百威始终通过不断改良的优质包装来进一步提升其品牌形象。

百威啤酒长期以来注重产品包装的创新，并以其在包装上所体现出来的丰富创意闻名于世。百威（武汉）国际啤酒有限公司秉承了这一传统，不断在包装上推陈出新，为中国消费者提供更多选择：1997年的压花玻璃小瓶装百威，1999年的大口盖拉环罐装百威，2000年的4罐便携装百威，后来面世的700毫升装百威和最新推出的500毫升装，百威在包装上的每一个创新都为中国消费者带来惊喜。其中700毫升装和500毫升装更是针对中国的啤酒市场特别推出，充分显示了百威对中国消费者的高度重视。

除整体包装外，百威对包装的各个细节也不断进行着完善和创新。1998年百威推出可显示啤酒最佳饮用温度的温度感应锡箔标签；2000年初百威对标签重新设计，全新的标签在金色叶片的衬托下更显高贵；2000年12月，百威又对瓶身标签的文字进行了修改，以方便消费者阅读。所有这些对包装细节的精益求精无不体现出百威对产品质量的不懈追求。

在酒瓶的选择上，自1997年中国啤酒瓶国家标准要求使用"B"瓶（啤酒专用瓶）

包装以来，百威就一直严格遵照执行。此外，百威不使用回收瓶，并为百威专用酒瓶制定了非常严格的检测标准。全新的玻璃瓶无异物、无油污、无杂质，干净卫生，充分保证了百威啤酒的纯正口味和新鲜程度。在每次使用前，百威还要对所有啤酒瓶进行抗内压力检测，以最大限度地减少瓶爆现象。百威的瓶盖垫全部从美国和德国进口，并经过特别密封和风味测试，确保无任何异味后方投入使用。

百威的与众不同还体现在其对高强度耐压纸箱的使用。同一般啤酒商使用塑料箱外包装不同，百威从1998年起就开始使用高强度耐压纸箱外包装。这种保护力强、高质量的多重包装保证了百威啤酒瓶不会裸露在外，避免啤酒口味因阳光的直射而被破坏，从而确保了百威啤酒的新鲜程度。这样，消费者品尝到的百威啤酒就和它出厂时的口感一样清澈、清醇、清爽。

此外，对所有为其生产易拉罐和啤酒瓶的供应商，百威都一律实行严格的资格审核，包括厂房及生产工艺技术、抽样检测产品，甚至于对每种原材料进行审核等。即使是在对方获准成为百威的供应商后，百威仍保持对它们实行严格的管理措施。

优质的包装与卓越的品质紧密相连，体现了百威不懈进取、精益求精的企业精神。正是这种对每一个细节追求完美的工作态度，成就了百威在中国啤酒市场上的领先外资品牌地位。百威还将继续努力，在包装上不断改良和创新，将更高品质的百威啤酒奉献给广大的中国消费者。

五、能力实训

【实训背景】

海尔：以高质量赢市场

海尔集团是中国家电领域系列最全、产销量最大的企业之一。如今，海尔正在为早日成为世界500强之一而进行跨行业、多元化的技术储备。

海尔的成长历史是中国民族工业发展的典型。创立之初，海尔是一家濒临倒闭的集体企业。1985年，海尔与联邦德国利渤海尔公司合作，引进了电冰箱生产技术，生产出中国第一代四星级冰箱"琴岛—利渤海尔"。以后，海尔集团始终坚持"靠质量与技术求生存、图发展"的原则。在十几年的奋斗中，海尔紧盯市场、不断地进行技术改造与新产品的研制开发，根据消费领域、意识和层次的不同而改进产品，增加功能，提供适应性产品。在打开彩电市场的过程中，充分显示了海尔人的才智与胆识。

海尔首次推出了适合中国国情的具有中国丽音功能的大屏幕彩电。在此基础上，又与西湖彩电合作，实现了技术与经济的结合。海尔从电冰箱起家，发展成为拥有中国家电第一品牌的集团公司，在人才、科技技术创新、品牌信誉、经济实力等方面都具有强大的优势，而西湖电子集团在彩电的生产技术、开发能力上也颇具优势。正是在这样的条件下，海尔以资产重组的方式进入了家电整机生产领域，与西湖电子共同组建了杭州海尔电器有限公司。

在知识经济时代，衡量企业科技水平的能力主要体现在其推向市场的产品上。海尔冰箱和海尔冷柜多项技术标准都高于国际标准。海尔聘请国内一流设计专家开发出的双层门冷柜等 50 多种款式令世界同行和消费者刮目相看。

海尔始终认为，是高新科技造就了海尔集团今日的成功。在国际市场竞争中拥有了与世界水平同步的高科技含量的产品后，海尔开始向海外拓展，并为此拿下了国际最具权威的英、德、加、澳等 8 个国家和地区的质量认证。

今天，海尔的市场回旋空间恐怕是国内任何家电企业都难以比拟的。据称，海尔在家电领域的目标是以生产大屏幕数字化产品为主，并以此为起点，向数字化家电探索。与此同时，海尔集团推出的家电系列还有 VCD 机、电话、电脑等高技术产品。

【实训要求】

1. 海尔是怎样进行技术改进和产品开发的？

2. 海尔当年是最后一个引进冰箱生产线的厂家，如今产品大量出口欧美国家，给我们带来怎样的启示？

3. 海尔已成立计算机事业部，并开了以经营电脑、电信、电子产品为主的 3C 连锁店。请问海尔应不应该开发海尔品牌的电脑？为什么？

4. 面对知识经济的挑战，海尔如何保持市场优势，并进军世界 500 强？

六、思考与练习

1. 分析旅馆服务作为整体产品的三个层次，并说明营销者应如何满足消费者不同层次的需求。

2. 描述生命周期的四个阶段并为每个阶段找出一例。

3. 营销者可以用什么方式延长产品生命周期？举例说明。

4. 访问一家公司网站，至少确定公司的一条产品线，并制订一个延长产品线的计划，说明可能涉及的新产品。

学习情境八　设计国际市场定价策略

一、学习目标

【能力目标】能分析影响产品定价的因素；能运用成本导向定价方法、需求导向定价法和竞争者导向定价法；能针对不同产品制定相应的价格策略。

【知识目标】了解产品调价策略；熟悉企业常见的定价目标；掌握倾销的概念和反倾销的流程。

二、工作项目

万皎公司在制定价格策略时要综合考虑企业目标、成本基础、需求弹性、竞争状况等因素，在动态组合中，寻求平衡点。产品定价是在企业、市场和竞争的互动中寻求平衡点。制定一个恰当的价格，需要胆略、见识和创造性。

刘熙深知价格对企业的作用，价格策略既要促进销售，又要取得利润；既要抑制或应付竞争，又要力争增加市场份额；既要保持价格稳定，又要收回投资。运用得好，可以创造需求，否则就会失去市场。

在制定价格策略时，营销部门的工作任务包括：

任务 1：确定定价目标；

任务 2：分析影响产品定价的因素；

任务 3：选择定价方法；

任务 4：合理利用价格策略确定价格。

三、操作示范

第一步：确定定价目标

定价目标是在对目标市场和影响定价因素综合分析的基础上确定的。定价目标是合理定价的关键。企业定价目标一般与国际营销企业的战略目标、市场定位和产品特性相关。企业在定价以前，先要考虑一个与企业总目标、市场营销目标相一致的定价目标，作为确定价格策略和定价方法的依据。不同企业、不同的经营环境和不同经营时期，其定价目标是不同的。在某个时期，对企业生存与发展影响最大的因素，通常会被作为定价目标。企业价格的制定应主要从市场整体来考虑，它取决于需求方的需求强弱程度和价值，取决于接受程度以及来自替代性产品的竞争压力的大小。

一般来讲，企业可供选择的定价目标有以下五大类。

1. 生存导向目标。当企业经营管理不善，或由于市场竞争激烈、顾客的需求偏好突然发生变化等原因，而造成产品销路不畅、大量积压、资金周转不灵，甚至濒临破产时，为了保持工厂继续开工和使存货减少，企业只能为其积压了的产品定低价，以求迅速出清存货，收回资金。但这种目标只能是企业面临困难时的短期目标，长期目标还是要获得发展，否则企业终将破产。

2. 利润导向的定价目标。许多企业都把利润作为重要的定价目标，这样的目标主要有三种。

（1）利润最大化目标。以最大利润为定价目标，指的是企业期望获取最大限度的销售利润。追求最大利润并不是追求最高价格，很多企业就是在面临严峻的价格竞争时，也还在力争最大利润。可以通过估计需求和成本后选择一种价格，这个价格将能产生最大的当期利润、现金流量或投资回报率。

（2）较高目标利润。以预期的利润作为定价目标，定价是在成本的基础上加上目标利润。企业具有较强的实力，发布新产品、独家产品以及低价高质量的标准化产品时可以以目标利润作为定价目标。

（3）适当利润目标。也有些企业为了保全自己，减少市场风险，或者限于实力不足，以满足于适当利润作为定价目标，这种情况多见于处于市场追随者地位的企业。

3. 销量导向目标。这种定价目标是指企业希望获得某种水平的销售量或市场占有率而确定的目标。

（1）保持或扩大市场占有率。市场占有率一般比最大利润容易测定，也更能体现企业努力的方向。一个企业在一定时期的盈利水平高，可能是由于过去拥有较高的市场占有率的结果，如果市场占有率下降，盈利水平也会随之下降。因此，以低价渗透的方式来建立一定的市场占有率时常成为企业的定价目标。

（2）增加销售量。指以增加或扩大现有销售量为定价目标，这种方法一般适用于企业产品的价格需求弹性较大，企业开工不足，生产能力过剩，只要降低价格，就能扩大销售，使单位固定成本降低，企业总利润增加的情况。

4. 以竞争为导向的定价目标。在市场中，为应付或避免竞争，可以选择的定价的方法有：（1）与竞争者同价；（2）高于竞争者的价格；（3）低于竞争者的价格。

企业在遇到同行业的价格竞争时，常常会被迫采取相应对策，如竞相削价、压倒对方；及时调价、价位对等；提高价格、树立威望；开展非价格竞争等。

5. 产品质量导向目标。指企业要在市场上树立产品质量领先地位的目标，而在价格上作出的反应。即通过追求在目标市场上的质量领先地位，来达到最终获得较大收益的目标。通过高利润率来弥补质量领先所伴随的高额生产成本和研发费用。

第二步：分析影响产品定价的因素

产品定价既重要又困难，涉及企业、竞争者、购买者三者之间的利益，因而在定价前需分析以下几方面的因素。

1. 分析产品特征。主要分析产品所处的生命周期阶段、产品对购买者的吸引力、产品成本水平和需求的价格弹性等。

其中，需求的价格弹性是表示需求量对价格变动反应程度的指标。弹性系数（需求的价格弹性系数 $= E_d$）等于需求量变动百分比除以价格变动的百分比。

需求的价格弹性 $=-$ 需求量变动的百分比/价格变动的百分比

需求的价格弹性用 E_d 表示，则公式如下：

$$E_d = \frac{-(Q_2 - Q_1)/(Q_1 + Q_2)}{(P_2 - P_1)/(P_1 + P_2)}$$

由于价格高，买的人少，而价格低，买的人多，所以价格与需求量呈反方向变动，按上述公式计算出来的价格，需求弹性系数 E_d 为负值。为应用方便，在上述公式中引入一个负号，使 E_d 成为正值。

当 $E_d = 0$ 时：完全无弹性（Perfect Inelasticity）；

当 $0 < E_d < 1$ 时：缺乏弹性、不富弹性，或无弹性（Inelastic）；

当 $E_d = 1$ 时：单位弹性、单一弹性，或恒一弹性（Unit Elasticity）；

当 $1 < E_d < +\infty$ 时：富有弹性（Elastic）；

当 $E_d \to +\infty$ 时：完全弹性或完全有弹性（Perfect Elasticity）。

2. 分析货币价值。价格是价值的货币表现，商品价格不仅取决于商品价值量的大小，而且还取决于货币价值量的大小。商品价格与货币价值量成反比例关系。在分析货币价值量对定价的影响时，主要分析通货膨胀的情况，一般是根据社会通货膨胀率的大小对价格进行调整，通货膨胀率高，商品价格也应随之调高。

3. 了解政府的政策和法规。一定的经济政策和法规对企业定价有约束作用，因此，企业在定价前一定要了解政府对商品定价方面的有关政策和法规。

第三步：选择定价方法

定价方法是在特定的定价目标指导下，根据对成本、供求等一系列基本因素的研究，运用价格决策理论，对产品价格进行计算的具体方法。定价方法一般有三种，即以成本为中心的定价方法，以需求为中心的定价方法和以竞争为中心的定价方法。一般来说，产品的价格下限取决于该产品的成本费用，价格上限取决于产品的市场需求状况，而在这两者之间到底应该定什么价，则取决于竞争者提供的同种产品的价格水平。

（一）成本导向定价法

成本导向定价法是以成本为中心，先考虑收回企业在生产经营中投入的全部成本，然后再考虑获得一定的利润后计算出价格。产品的成本包括生产、分销和推销该产品所发生的一切费用。但是这种定价方法没有考虑市场需求和竞争因素的影响，不一定能被顾客所接受，价格也不具有竞争力，因此在实际选用时应当根据市场需求、竞争情况等因素的变化作必要的调整。

以成本为中心的定价方法具体包括以下三种。

1. 成本加成定价法。这是一种最简单的定价方法，就是在单位产品成本的基础上，加上一定比例的预期利润作为产品的售价。所以这种方法称为成本加成定价法。这种方法在西方国家采用较多。其计算公式为

$$单位产品价格 = 单位产品成本 \times （1 + 加成率）$$

其中，加成率即为预期利润占产品成本的百分比。

2. 目标收益定价法。这种方法又称目标利润定价法，或投资收益率定价法。它是在成本的基础上，按照目标收益率的高低计算价格的方法。其计算步骤如下：

（1）确定目标收益率。目标收益率可以表现为投资利润率、成本利润率、销售利润率和资金利润率等几种形式。

（2）确定目标利润。根据目标收益率表现形式的不同，目标利润的计算也不同。计算公式分别为

$$目标利润 = 总投资额 \times 目标投资利润率$$
$$目标利润 = 总成本 \times 目标成本利润率$$
$$目标利润 = 销售收入 \times 目标销售利润率$$
$$目标利润 = 资金平均占用额 \times 目标资金利润率$$

（3）计算单价。

$$单价 = \frac{总成本 + 目标利润}{预计销售量}$$

或
$$单价 = 单位变动成本 + 单位贡献毛益$$

由于价格会影响销售，所以按这种方法，先确定销量再计算出产品的价格可能存在误差，特别是对需求弹性大的产品。因此本方法一般适用于需求的价格弹性较小，而且在市场中有一定影响力，市场占有率较高，具有垄断性质的企业或大型的公用事业

单位。

3. 售价加成定价法。这是一种以产品的最后销售价为基数，按销售价的一定百分率来计算加成率，最后得出产品的售价。其计算公式为

$$单位产品价格 = \frac{单位产品总成本}{1 - 加成率}$$

这种定价方法零售部门采用较多，因为此法容易计算商品销售的毛利率。而对于消费者来说，在售价相同的情况下，用这种方法计算出来的加成率较低，更容易接受。

（二）需求导向定价法

这是一种以需求为中心，以顾客对商品价值的认识为依据的定价方法。在正常的情况下，需求和价格是反向关系，即价格越高，需求越低；价格越低，需求越高。各国的文化背景、自然环境、经济条件等因素不同，决定了各国消费者对相同产品的消费偏好不尽相同，对商品价值的评价标准也会不同。

1. 认知价值定价法。认知价值定价法指将价格建立在顾客对产品的认知价值的基础上。其理论出发点是：定价的关键不是卖方的成本，而是买方对产品价值的认知。因此，在定价时先要估计营销组合中的非价格变量，如性能、用途、质量、外观等在顾客心目中建立起来的认知价值，然后据此制定出商品的价格。认知价值定价法与现代产品定位思想很好地结合起来，成为当代一种全新的定价思想和方法，被越来越多的企业所接受。认知价值定价法的关键是准确地确定消费者对所提供商品价值的认知程度，因此进行市场调研是必不可少的。正确判断顾客对商品价值的认知程度，目前采用的办法主要有以下三种。

（1）直接评议法。即邀请有关人员，如顾客、中间商及有关人士等，对商品的价值进行直接评议，得出商品的认知价值。

（2）相对评分法，又称直接认知价值评比法。即请顾客等有关人员用某种评分方法对多种同类产品进行评分，然后再按分值的相对比例和现行平均市场价格推算评定产品的认知价值。

（3）诊断评议法。即用评分法对产品的功能、质量、外观信誉、服务水平等多项指标进行评分，找出各因素指标的相对认知价值，再用加权平均方法计算出产品总的认知价值。

2. 差别定价法。这种方法又称区分需求定价法，是指在给产品定价时可根据不同需求强度、不同购买力、不同购买地点和不同购买时间等因素，采取不同的价格。

（1）以顾客为基础的差别定价。指对不同的消费者，可以采用不同的价格。例如，对老客户和新客户，采用不同价格，对老客户给一定的优惠；同一产品卖给批发商、零售商或消费者，采用不同的价格等。

（2）以产品式样为基础的差别定价。指产品式样略有改变，针对的目标客户不同，通过价格的差别来区分不同档次。例如，型号不同的两种产品成本差为 10 元，但定价上价格差可能达到 100 元。

（3）以地点为基础的差别定价。指同一种产品，当其置于不同位置、不同场合或不

同地点时，制定不同的价格，如剧院处于不同位置，票价不同。

（4）以时间为基础的差别定价。不同季节、不同日期，甚至在不同时点的商品或劳务可以制定不同的价格。例如，旅游宾馆、饭店在旅游旺季和淡季的收费标准不同；电价白天和夜晚的收费标准不同等。

（三）竞争者导向定价

这种方法是指企业为了应付市场竞争的需要而采取的特殊的定价方法。通过分析同类市场中主要的竞争者是谁，其产品特征与价格水平如何，各类竞争者的竞争实力等来对自己的产品进行定价。

1. 随行就市定价法。即根据同行业企业的现行价格水平定价，这是一种比较常见的定价方法。一般是基于产品的成本测算比较困难、竞争对手不确定，以及企业希望得到一种公平的报酬和不愿打乱市场现有正常秩序的情况下，采用的一种行之有效的方法。

采用这种方法既可以追随市场领先者定价，也可以采用市场的一般价格水平定价。这要根据企业产品特征及其产品的市场差异性而定。

2. 垄断定价法。这是指垄断企业为了控制某项产品的生产和销售，在价格上作出的一种反应。垄断定价法分为垄断高价定价法和垄断低价定价法。垄断高价定价法是指几家大的垄断企业，通过垄断协议或默契方式，使商品的价格大大高于商品的实际价值，获得高额垄断利润。垄断低价定价法，是指垄断企业在向非垄断企业及其他小企业购买原料或配件时，把产品的价格定得很低。

3. 变动成本定价法，又称边际贡献定价法。这是一种以变动成本为基础的定价方法。其计算公式为

$$单位产品价格 = 单位变动成本 + 单位边际贡献$$

单位产品价格 > 单位变动成本。

单位产品价格大于单位变动成本出现的余额，称为单位边际贡献。而边际贡献 = 固定成本 + 利润。当利润为零时，边际贡献 = 固定成本。因此，只要单位产品价格大于单位变动成本就可以补偿一部分固定成本。

企业在市场竞争激烈，产品供过于求、订货不足时，为了增强企业竞争和生存能力，采用变动成本定价法是非常灵活和有效的。

4. 密封投标定价法。这也是一种依据竞争情况来定价的方法，是招标人通过引导卖方竞争的方法来寻找最佳合作者的一种有效途径。它主要用于建筑包工、产品设计和政府采购等方面。其基本原理是招标者（买方）首先发出招标信息，说明招标内容和具体要求；参加投标的企业（卖方）在规定期间内密封报价和其他有关内容，参与竞争。其中，密封价格就是投标者愿意承担的价格。这个价格主要考虑竞争者的报价研究决定，而不能只看本企业的成本。在投标中，报价的目的是中标，所以报价要力求低于竞争者。

5. 拍卖定价法。这是指卖方委托拍卖行，以公开叫卖方式引导买方报价，利用买方竞争求购的心理从中选择高价格成交的一种定价方法。这种方法历史悠久，常见于出售古董、珍品、高级艺术品或大宗商品的交易中。

第四步：合理利用价格策略确定价格

确定价格不但要以定价目标为指导，选择合理的定价方法，也要考虑消费者心理、产品新老程度等因素，适当利用定价策略，经过分析来确定合理的价格。定价策略主要包括：

（一）新产品定价策略

1. 撇脂定价策略。指在新产品上市初期采用高价，以便在较短的时间内获得最大利润。撇脂定价策略的优点是：利用顾客求新心理，在新产品上市初期竞争者较少时，以较高价格刺激消费，开拓早期市场，在短期内取得较大利润。当后期竞争者大量进入市场时，可主动降价，增强竞争能力。缺点是：高价的新产品不利于打开市场，假如高价产品市场销路旺盛，又很容易引来竞争者，加剧竞争，导致价格下跌。因此，要注意这种方法的适用条件。撇脂定价法一般适用于以下几种情况：（1）拥有专利或技术诀窍。研制这种新产品难度较大，用高价也不怕竞争者迅速进入市场。（2）高价仍有较大的需求，而且具有需求价格弹性不同的顾客。先满足部分价格弹性较小的顾客，然后再把产品推向价格弹性较大的顾客。（3）生产能力有限或无意扩大产量。尽管低产量会造成高成本，高价格又会减少一些需求，但由于采用高价，比之低价增产，仍然有较多收益。（4）对新产品未来的需求或成本无法估计。定价低则风险大，因此，先以高价投石问路。（5）高价可以使新产品一投入市场就树立高级、质优的形象。

2. 渗透定价策略。指在新产品投入市场时，价格定得较低，以便消费者容易接受，很快打开和占领市场。这种方法的优点是：一方面可以利用低价迅速打开产品销路，占领市场，从多销中增加利润；另一方面又可以阻止竞争者进入，有利于控制市场。这种方法的缺点是：投资的回收期较长，见效慢、风险大，一旦渗透失利，企业就会一败涂地。渗透定价一般适用于以下几种情况：（1）制造新产品的技术已经公开，或者易于仿制，竞争者容易进入该市场。企业利用低价排斥竞争者，占领市场。（2）企业新开发的产品在市场上已有同类产品或替代品，但是企业拥有较大的生产能力，并且该产品的规模效益显著，大量生产定会降低成本，收益有上升趋势。（3）供求相对平衡，市场需求对价格比较敏感。低价可以吸引较多的顾客，可以扩大市场份额。由于竞争或心理方面各有利弊，采用哪一种策略更为合适，应根据市场需求、竞争情况、市场潜力、生产能力和成本等因素综合考虑。各种因素的特性及影响作用见表8－1。

表8－1　　　　　　　　　　新产品定价策略适用条件比较

比较内容	撇脂定价策略适用情况	渗透定价策略适用情况
市场需求水平	高	低
与竞争产品的差异性	较大	不大
价格需求弹性	小	大
生产能力扩大的可能性	小	大
消费者购买力水平	高	低
市场潜力	不大	大
仿制的难易程度	难	易
投资回收期长度	较短	较长

3. 满意定价策略。这是一种介于撇脂定价策略和渗透定价策略之间的价格策略。所定的价格比撇脂价格低，而比渗透价格要高，是一种中间价格。这种定价策略由于能使生产者和顾客都比较满意而得名。

由于这种价格介于高价和低价之间，因而比前两种策略的风险小，成功的可能性大。但有时也要根据具体情况进行具体分析。以上三种新产品定价策略的价格与销量的关系见图 8 - 1。

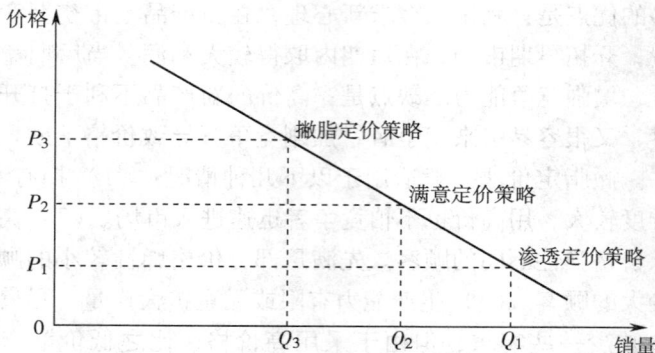

图 8 - 1 新产品定价策略的价格与销量的关系

（二）心理定价策略

心理定价策略主要是运用心理学的原理，依据不同类型的消费者在购买商品时的不同心理要求来制定价格，以诱导消费者增加购买，具体策略主要有：

1. 整数定价策略。在定价时，把商品的价格定成整数，不带尾数，使消费者产生"一分钱一分货"的感觉，以满足消费者的某种心理，提高商品的形象。这种策略主要适用于高档消费者或消费者不太了解的某些商品。

2. 尾数定价策略。这是指在商品定价时，取尾数，而不取整数的定价方法，使消费者购买时在心理上产生价格便宜的感觉。

3. 分级定价策略。这是指在定价时，把同类商品分为几个等级，不同等级的商品，其价格有所不同。这种定价策略能使消费者产生货真价实、按质论价的感觉，因而容易被消费者接受。采用这种定价策略，等级的划分要适当，级差不能太大或太小。否则，起不到应有的分级效果。

4. 声望定价策略。有些商店、企业在长期的市场经营中树立了威望，消费者认为其产品质量好，服务态度好，不经营伪劣商品、不坑害顾客等。在定价时，根据消费者对这些企业产品的信任心理，制定较高价格的策略。

5. 招徕定价策略。这是指在多品种经营的企业中，对某些商品定价很低，以吸引顾客，目的是招徕顾客购买低价商品时，也购买其他商品，从而带动其他商品的销售，整体获得更大的盈利。

6. 习惯定价策略。有些商品在顾客心目中已经形成了一个习惯价格。这些商品的价格稍有变动，就会引起顾客不满。提价时，顾客容易产生抵触心理，降价会被认为降低了质量。因此，对于这类商品，企业宁可在商品的内容、包装、容量等方面进行调整，也不采用调价的办法。

（三）产品组合定价策略

产品组合是指一个企业所生产经营的全部产品大类和产品项目的组合。对于多品种生产经营的企业来说，应从企业总体利益出发，利用产品组合定价发挥每一种产品的作用。主要方法包括：

1. 产品大类定价策略。产品大类是一组相互关联的产品，产品大类中每个产品都有不同的特色。确定这类商品的价格差额，一般要分析各种产品成本之间的差额、顾客对商品的评价、竞争者的价格等。如果产品大类中前后两个相联产品的价格差额较小，顾客就会更多地购买性能较先进的产品。此时，若这两个产品的成本差异小于价格差额，企业的利润就会增加。

2. 任选品定价策略。任选品是指那些与主要产品密切关联的可任意选择的产品。企业为任选品定价有两种策略可供选择，一种是为任选品定高价，靠它来盈利；另一种策略是定低价，把它作为招徕顾客的项目之一。

3. 连带产品定价策略。连带产品指必须与主要产品一同使用的产品。大多数企业采用这种策略时，主要产品定价较低，而连带产品定价较高。以高价的连带产品获取高利，补偿主要产品因低价造成的损失。

4. 副产品定价策略。在生产加工肉类、石油产品和其他化学产品时，常常有副产品。如果副产品没有价值而且事实上在处理它们时花费也很大，这将会影响主要产品的定价。制造厂商为这些副产品寻找市场，并接受比储存和利用这些副产品的费用更多些的任何价格。

（四）价格折扣策略

价格折扣是厂商用来鼓励顾客调整其购买行为方式，说服顾客买其产品，以使厂商获利的一种策略。厂商把折扣当做一种激励手段，掌握既有的消费群，开辟新的市场，同时也可作为抵制竞争者的活动。

提供折扣的目的是改变顾客的行为方式，因此在制定折扣策略时首先应该考虑顾客的反应。如果营销人员不能正确地让顾客理解折扣方案，很可能导致失败。通常的折扣种类包括：

1. 现金折扣，主要提供给分期付款时期内提前付清货款的顾客。为了改善企业现金流状况，降低因为催收拖欠款而相应增加的成本和减少呆坏账的发生，企业常常根据不同购买或者付款方式和付款时间按原价格给予一定的折扣。

2. 数量折扣，这是给大批量购买者的一种折扣，以鼓励顾客购买更多的货物。其中有两种类型：一种是可累计的折扣，主要是给长期采购且采购量大而稳定的购买者；一种是不可累计折扣，主要是给那些非例行采购的购买者，根据当时的购买量来确定给予的折扣。

3. 功能折扣，又叫贸易折扣，主要是提供给某些国外批发商或零售商的一种额外折扣，促使他们愿意执行某种企业在国外市场上不便于执行的市场营销功能。

4. 季节折扣，提供淡季商品给顾客的一种折扣，使企业的生产和销售在一年四季保持相对稳定。

5. 换新折扣，这是企业为促进消费者对原来购买的产品升级换代的一种促销折扣。

6. 地理折扣，即把产品的运费包含在价格中，这种定价方式包括：（1）FOB定价，即生产企业负责将这种产品运到某种运输工具上之后，交货即告完成，此后从产地到目的地的一切风险和费用都由顾客承担；（2）统一交货定价，指企业对于卖给不同地区顾客的产品，都按照相同的厂价加相同的运费定价，保证企业全球市场上的顾客以相同价格买到同一产品；（3）区域定价，指企业把销售市场划分为若干个区域，对于不同区域的顾客，分别制定不同的地区价格，产品在同一地区价格相同，在不同地区价格有差异；（4）基点定价，指企业选定某些地点作为基点，然后按同样的价格向其他地点供货，顾客购买价格的差异只包含离基点远近运费的不同；（5）运费免收定价，指企业为了尽快开拓某个国家的市场，由企业负担全部或部分实际运费，通过产品销量的增加降低平均成本，以弥补运费开支。

四、知识链接

（一）产品调价策略

当企业预计国际市场短期内将面临成本上涨、通货膨胀或供不应求等情况时，需要采取一些提价相关的策略，主要包括：（1）采取推迟报价的策略；（2）签订短期合同，或在长期合同中附加调价条款，即企业在合同上规定在一定的时期内可按某种价格指数来调整价格；（3）把产品供应和定价作为两个文件分别处理，在通货膨胀、物价上涨的时候，企业不改变原有产品的报价，但将原来免费提供的某些劳务另外计价。

相应地，假如国际市场出现供过于求、竞争加剧或企业失去成本优势等情况，就应当考虑使用销售折扣等降价策略。

（二）倾销

1. 概念及要件。倾销指出口商以低于正常价值的价格向进口国销售产品，并因此给进口国产业造成损害的行为。

倾销的构成要件包括：第一，产品以低于正常价值或公平价值的价格销售，这个价格就是倾销价格。第二，这种低价销售的行为给进口国产业造成了损害。第三，损害与低价之间存在因果关系。

2. 反倾销程序。

（1）申诉。①申请人申请立案。申诉应以书面形式提出，并应符合一定的要求，包括足够的证据。50%以上产量的生产商有资格提起反倾销申诉，也有资格反对。如果提起反倾销申诉的生产商的集体产量低于总产量的25%，反倾销申诉不可立案。②主管机关自行立案。主管机构的基本类型：从各国反倾销法的规定和实践来看，管辖反倾销调查的主管机构可分为垂直型和平行型两类。垂直型是指进行反倾销调查并作出初步裁定与最终裁定的机构均为同一主管机构，或者虽为两个不同的机构，但这两个机构却存在上下级的隶属关系。平行型是指进行反倾销调查并作出初步裁定与最终裁定者由两个主管机构组成，两个机构彼此是平行和独立的，不存在上下级之间的隶属关系。

（2）立案公告，发出问题单。进口国主管当局应当将立案调查或者不立案调查的决定予以公告，并通知与案件有利害关系的出口商、进口商、申诉方等。调查开始后，主管当局应向出口商、进口商等发出问题单，即调查问卷。

（3）初裁。反倾销的裁定分初裁和终裁两个阶段。初裁是反倾销调查机关在一定期限内，我国规定应在立案公告之日起60天后的一段合理时间内作出，欧盟则规定在180天内作出，而美国要求在45天内作出。对申请人提出的反倾销指控进行调查核实后作出的倾销价格与损害是否存在的初步结论。

（4）终裁。调查核实后作出的是否存在倾销的最后结论。根据《1994年反倾销守则》的日落条款，在一般情况下征收反倾销税的期限自征税之日起不得超过5年。复审应在5年期满以前进行，并在其后的12个月内结束。

（5）行政复审。反倾销调查主管机关对已经产生法律效力的反倾销措施依法进行重新审查的一种程序性活动。主要有两种：期中复审，指在反倾销调查结束后1年的一个合理时间内，有关当事人向有关行政机关提出的复审，利害关系双方都可以提出，复审结束可能加重或减轻也可能继续不变原有的征税税额。期满复审，指有关当事人在5年期满前向有关行政机关提出的复审，一般是申诉方提出的。复审的重点是倾销进口商品所造成的损失是否已经完全被抵消，或终止反倾销措施是否可能导致低价倾销与损害的继续存在或重新发生。复审的结果是，或者终止反倾销措施，或者继续维持。

（6）司法审查。司法审查的重点在于法律适用的公平性。司法审查只能由利害关系人提出，行政当局只能作为被告。

美国的司法审查机构是美国的国际贸易法院和联邦上诉法庭，后者有权推翻前者的裁定。欧盟的司法审查机构是欧洲法院。我国是人民法院。

（7）提交世界贸易组织的争端解决机构（DSB）解决。DSB是世界贸易组织为处理与其各协议有关的纠纷而设立的一个机构，在反倾销的争端中，其职能主要是受理当事人进一步解决争端的请求，应申诉方的要求成立专家组，并通过专家组和上诉机构的报告，监督裁决和建议的执行。

世界贸易组织解决贸易争端的程序：

（1）磋商：根据《争端解决规则和程序谅解》规定，争端当事方应当首先采取磋商方式解决贸易纠纷，磋商要通知争端解决机构，磋商秘密进行。

（2）成立专家小组：如果有关成员在10天内对磋商置之不理或在60天后未获解决，受损害的一方可要求争端解决机构成立专家小组。专家小组一般由3人组成，依当事人的请求，对争端案件进行审查，听取双方陈述，调查分析事实，提出调查结果，帮助争端解决机构作出建议或裁决。专家组成立后一般应在6个月内向争端各方提交终期报告，在紧急情况下，终期报告的时间将缩短为3个月。

（3）通过专家组报告：争端解决机构在接到专家组报告后20～60天内研究通过，除非当事方决定上诉，或经协商一致反对通过这一报告。

（4）上诉机构审议：专家小组的终期报告公布后，争端各方均有上诉的机会。上诉由争端解决机构设立的常设上诉机构受理。上诉机构可以维持、修正、撤销专家小组的裁决结论，并向争端解决机构提交审议报告。

（5）争端解决机构裁决：争端解决机构应在上诉机构的报告向世界贸易组织成员散发后的30天内通过，一经采纳，则争端各方必须无条件接受。

（6）执行和监督：争端解决机构监督裁决和建议的执行情况。如果违背义务的一方未能履行建议并拒绝提供补偿，受侵害的一方可以要求争端解决机构授权采取报复措施，中止协议项下的减让或其他义务。

【阅读链接】

案例1：自动降价，顾客盈门

在美国波士顿城市的中心区，有一法林自动降价商店，它以独特的定价方法和经营方式而闻名遐迩。

这个自动降价商店里的商品摆设与其他商店并无区别。架子上挂着一排排各种花色、式样的时装，货柜上分门别类地摆放着各类商品，五花八门，应有尽有。商店的商品并非低劣货、处理品，但也没有什么非常高档的商品。

这家商店的商品不仅全都标有价格，而且标着首次陈列的日期，价格随着陈列日期的延续而自动降价。在商品开始陈列的头12天，按标价出售，若这种商品未能卖出，则从第13天起自动降价25%。再过6天仍未卖出，即从第19天开始自动降价50%。若又过6天还未卖出，即从第25天开始自动降价75%，价格100元的商品，只花25元就可以买走。再经过6天，如果仍无人问津，这种商品就送到慈善机关处理。

该店利用这种方法取得了极大的成功，受到美国人及外国旅游者的欢迎。从各地到波士顿的人都慕名而来，演员、运动员，特别是妇女，格外喜欢这家商店，波士顿的市民更是这家商店的常客。商店每天接待的顾客比波士顿其他任何商店都多，熙熙攘攘，门庭若市。现在，自动降价商店在美国已有20多家分店。

法林自动降价商店之所以能取得成功，主要原因有以下几个方面：

1. 降价具有艺术性。法林自动降价商店虽然与其他商店一样，都是在一定幅度内降价，但它更具艺术性，更具吸引力。从心理学角度来分析，消费者最关心的是降价幅度。一般商店都在30%以内降价，但这样降价未免太落俗套，未必能引起消费者的注意。法林自动降价商店独具匠心，以时间长短来降价，在一个月内降价三次直至免费送到慈善机关为止；三次降价幅度相同，成等差数列，足以证明其诚意和一贯性、整体性，降价时间前长后短也符合时令商品经营规律。

2. 增强顾客购买信心。诚如本例中所言，自动降价商店用处理价格销售商品，但它并非处理品商店，它也出售名牌产品，价格也比其他店低一些。这样做给顾客的感觉是此店商品质量可靠，增强了信心。如果全是出卖处理品，那么不仅名人不会光顾，就是一般的顾客也觉得进店购货掉价，脸上无光。

3. 变压力为动力。法林自动降价商店这样做等于给它自身施加压力，使该店所进商品能适销对路。因为，如果进货不合理，那么必然购者寥寥，或不积极购买，若按该店的降价方法，做法大大增加了职工压力，迫使进好货，销好货，服务周到，变压力为动力，促使商品快销，加速资金周转，尽快尽多地获取利润。

案例2：大受欢迎的昂贵礼物

1945年的圣诞节即将来临时，为了欢度第二次世界大战后的第一个圣诞节，美国居民急切希望能买到新颖别致的商品作为圣诞礼物。美国的雷诺公司看准这个时机，不惜资金和人力从阿根廷引进了当时美国人根本没见过的原子笔（圆珠笔），并且在短时间内把它生产出来，在给新产品定价时，公司的专家们着实费了一番心思。当时公司研制和生产出来的原子笔成本每支0.50美元。但专家们认为这种产品在美国市场是第一次出现，奇货可居，尚无竞争者，最好是采用新产品的价格策略，把产品价格定得大大高于产品的成本，利用战后市场物资缺乏的状况和消费者的求新求好心理以及要求礼物商品新奇高贵的特点，用高价来刺激顾客购买。而且能把推出这种新产品的市场销售利润尽可能多地捞到手，同时，由于原子笔的生产技术并不复杂，如果竞争者蜂拥而上，公司再降价也主动。于是，雷诺公司以每支原子笔10美元的价格卖给零售商，零售商又以每支20美元的价格卖给消费者。尽管价格如此昂贵，原子笔却由于其新颖、奇特和高贵而风靡全国，在市场上十分畅销。后来其他厂家见利眼红，蜂拥而上，产品成本下降到0.10美元1支，市场零售价也仅卖到0.70美元，但此时雷诺公司已大捞一把了。

案例3：嘉陵与太姆的成功秘诀

曾实现工业产值3.67亿元、销售收入8.1亿元，利税突破亿元的国营重庆嘉陵机器厂，在开发产品、调整产品结构中，为人们提供了不少有益的借鉴。嘉陵厂通过大量的市场调查和对全国城市职工家庭收入情况分析，得知全国摩托车生产前景广阔。同时他们根据国情和城市职工家庭收入的现状，制定出"中小排量为主，技术进步上档，年年推陈出新，形成系列型普"的产品开发方针，并选择上海、北京南北两大城市作为市场主攻方向，利用大城市信息辐射广、传播快的特点扩大企业和产品的影响。他们向国庆30周年献礼的嘉陵摩托车在首都一露面，就使该车成为全国同行业中第一个开展国际技术合作的企业。

嘉陵厂参考本田公司20世纪70年代开发的新车型，仅用一年多的时间，首先推出嘉陵CJ150型轻便摩托车。当时成本高达1 300多元，在参考国内外5种同类型车的价格后，厂方果断地决定将销售价格定位在600元，这是"卖一辆，赔一辆"的生意，但价格的优势吸引了广大消费者，大量生产、廉价促销的市场渗透作用扩大了产品销路，提高了企业声誉。实践表明：这一营销策略迎合了当时消费水平，使企业迅速占领了市场，保持领先地位，并有利于企业扩大生产规模、降低成本。

为促进产品的销售，嘉陵厂打破按批发商的级别确定批发价格的传统做法，实行以销售量的多少制定不同的优惠价格，这就发挥了价格的杠杆作用，调动了商业部门进货的积极性。他们还采取预付款、现款交易、优惠价格、优先供货等方式，避免了"三角债"拖欠，及时回笼了资金，为企业生产上规模、加快资金周转奠定了基础。这家工厂针对变幻莫测的市场环境，及时组建起嘉陵联合体，内联外引，在全国建立营销网络，厂商之间形成"利益共享，风险共担"的经营机制，为产品促销创造了有利的市场环境。

美国太姆公司原来是一家生产军用信管计时器的小公司。第二次世界大战以后，单靠做军火生意的日子越来越难过，1950年太姆公司开始涉足手表制造业。但是在当时手表市场上强手如林，竞争十分激烈，像太姆公司这样一个素不为人知的小公司要在这样激烈的市场上杀出来一条生路，开辟和扩大自己的产品市场，确实不是一件容易的事情。太姆公司的对策是不断以低价向市场推出自己的新产品，他们认为，手表这种产品需求弹性较大，市场潜力也比较大，面临的市场竞争也比较激烈，因此，本公司的产品如果能采取较低的价格姿态，就比较容易进入市场，扩大销路。而且，较低的价格和利润率也容易使后来的竞争者望而却步，或挤掉已有的竞争者，因而能够使自己的产品较长时期占有市场。基于这样的考虑，太姆公司在长达几十年的经营活动中，一直坚持对新产品运用渗透定价策略。20世纪50年代，太姆公司最初投入市场的男式手表每只定价7美元左右，比当时一般低档次手表价格要低得多。1963年它首次生产出电动手表并推入市场，售价30美元，仅为当时市场上同类产品价格的一半。70年代初，世界上一些主要手表制造商首次生产豪华型石英手表，定价在1 000美元以上，1972年初，日本、瑞士和美国其他一些手表厂商生产的石英手表也以400美元或者更高的价格向市场推出，而同年4月，太姆公司的石英手表首次登场，售价才175美元。正确的定价策略带来了经营上的巨大成功，50年代，在手表制造业中，知道太姆公司的人还寥寥无几，到了60年代，太姆公司的产品不仅在国内站稳了脚跟，而且一个接一个地打到了国外市场，到了70年代，它已成为世界闻名的手表制造公司，工厂遍布世界各地，年销售额达2亿美元，美国市场上每出售两块手表，就有一块是太姆（现改名太麦克斯）手表。

五、能力实训

【实训背景】

上海通用汽车先后推出了经济型轿车赛欧（8.98万~12.98万元）和中高档轿车别克君威（22.38万~36.9万元）。赛欧针对的是事业上刚刚起步、生活上刚刚独立的年轻白领；而别克君威则针对的是已经取得成功的领导者。中级轿车市场是中国轿车市场的主流，这一汽车板块为中国汽车业带来了巨大的利益，同时也是竞争最激烈的市场。中级轿车市场多以公务商务使用为主，兼顾私用，目前中级轿车月销售量在2.4万台左右，而且仍在迅速增长。上海通用汽车由此推出"别克凯越"，从而正式进军极具潜力的中级车市场。别克凯越的市场主要竞争对手包括：爱丽舍、日产阳光、宝来、威驰、福美来、捷达、桑塔纳2000等。

在2003年8月上市的别克凯越LE-MT豪华版（1.6升、手动挡）售价为14.98万元，别克凯越 LS－AT 顶级版（1.8 升、自动挡）售价为 17.98 万元。

目前，中国国内中档车的市场竞争相当激烈，多种因素影响了别克凯越的上市价格。别克凯越要面对的是一个逐渐成熟的市场，爱丽舍、日产阳光、宝来、威驰、福美来、捷达、桑塔纳 2000 等车型已经占据相当大的市场份额，同时，这些车型又具有很高的性价比。

中档车市场面对的是中国社会中最具经济实力的一个阶层，一般来讲，这样的家庭都具有以下特征：男性，已婚，30 ~ 45 岁，家庭月收入超过 1 万元，大专以上文化教育程度，在国企或私企担任中级经理或是中小型私营企业主，他们购买凯越的用途是以公务商务为主，兼顾私用。因此，别克凯越是专为中层经理人、小型私企业主打造的中档公务商务兼私用座驾，它以现代动感外观、高效人性化空间、卓越先进科技配备满足了潜在车主实用、可靠、时尚、符合身份档次的用车需求，成为其事业和生活的可靠伴侣。

另外，在市场已经被占领的情况下，别克凯越只有用更好的性价比才可以在市场中占有一席之地。在性能上，别克凯越配置了许多高档车的设备，而在价格上，别克凯越在同档次的车型中价格居中上。

在分析以上影响因素之后，我们可以看到，别克凯越的市场定价不高，采用了满意定价的方法，制定不高不低的价格，可以同时兼顾厂商、中间商及消费者利益，使各方面满意。相对于同一类的车而言，例如，宝来 1.6 手动基本型的售价是 15.5 万元，而宝来 1.8 舒适型的售价是 18.5 万元，在性能相近的情况下，别克凯越的售价比同档次的宝来低了近 30 000 元。因此，对中级车主力宝来构成了巨大的冲击。

上海通用是世界最大的汽车制造厂商，别克是世界名牌。但是，别克凯越采用了一种跟随的定价方式，在同类车中，价格低于宝来和配置更好的威驰，并没有定高价。可见，上海通用汽车进入中级车市场的决心。

同时，我们可以看到它采用了尾数定价的技巧。这无疑又为别克凯越占领市场建立了一个好的口碑。别克凯越 1.6 的定价虽然离 15 万元只是差了 200 元，但是消费者在心理上没有突破 15 万元的心理防线，给顾客价廉的感觉。而同一档次、性能相近的宝来的售价是 15.5 万元人民币，使消费者感到价格昂贵。同时别克凯越采取了以数字 8 为结尾，很符合中国人的习惯，这与大多数轿车生产厂商的定价方法是相同的。

目前，我们还没有看到别克凯越降价的迹象，我们看到的都是在加价购车，虽然加价，但比起同性能的车型，价格还是相对便宜，因此，我们可以看到在近期内面对同类中级车的不断降价声，别克凯越很难降价。然而，加价买车的现象会随着产量的增加而消失。面对众多竞争者相继降价，或者提高性能变相降价，别克凯越无疑将面对更大的压力。直接降价无疑会对品牌的声誉产生很大的影响，一个顾客很难接受一个汽车品牌不断降价，这不仅损害了顾客的利益，而且还损害了厂商自身的利益。因此，面对宝来、威驰等主力中级车型的降价，以上海通用一贯的价格策略，别克凯越将会采用提高性能或者实行优惠的政策来变相降价。

别克凯越进入市场 3 个月内，销量突破 2 万辆大关，创造了中国轿车业的奇迹，这和上海通用稳定的价格策略是分不开的。上海通用一般采取一种具有刚性的价格，很少采用降价销售的竞争手段，虽然赛欧一度降价，但总体保持了一定的稳定性，避免了品牌知名度的下降。对于别克凯越，上海通用同时又采用一种满意定价的方式，其价格低于同类车中性能相近的车型，因此，消费者可以获得十足的满意。

【实训要求】

1. 影响别克凯越定价的主要因素有哪些？

2. 作为一个消费者，当你面对 14.8 万元和 15.0 万元的价格时，你首先会有什么样的印象？这分别属于什么类型的定价？

3. 为什么别克凯越会采取变相降价的策略？

六、思考与练习

1. 定价目标有哪些？请各举一例。

2. 以下商品或服务适合用什么定价方法来定价？（1）博物馆门票；（2）大学学费；（3）高尔夫球场门票；（4）小区内的干洗店。

3. 解释价格弹性的概念，指出影响弹性的因素，并各举一例说明每一影响因素是如何影响某一产品或服务的弹性大小的。

4. 什么是撇脂定价策略？什么是渗透定价策略？分别在什么情况下使用？

5. 沃尔玛的年销售额全球第一，其定价理念为"天天低价"。访问沃尔玛公司网站（www.walmart.com/cservice/aw_index.gsp），了解更多关于公司定价理念方面的资料并进行分析和总结。

学习情境九　设计国际市场分销策略

一、学习目标

【能力目标】 能分析渠道开发环境；能制定渠道运作目标；能分析渠道的布局和层次结构；能制订与分销相关的物流计划、资金计划及信息流计划。

【知识目标】 了解渠道设计与开发的原则和现代物流技术；熟悉选择中间商的步骤；掌握分销体系的评估、整合及激励方法。

二、工作项目

分销渠道是指产品或服务从生产者向消费者转移过程中，所经过的、由各中间环节连接而成的路径。这些中间环节包括生产者自设的销售机构、批发商、零售商、代理商、中介机构等。

万皎公司调研后发现，美国由于经济发展阶段较高，其分销体系与中国相比有以下一些特点：分销途径更复杂；进口代理商的地位较高；制造商、批发商与零售商的职能较单一，不是由某一分销路线的成员单独承担；批发商的其他职能增加，只有财务职能下降；小型商店的数目少，商店的平均规模较大；零售商的加成更高；大零售商对分销路线的控制权较大。在这样的背景下，营销部门制定分销策略需要完成以下一系列工作任务：
　　任务 1：分析渠道开发环境；
　　任务 2：细化运作目标；
　　任务 3：确定渠道的布局和层次结构；
　　任务 4：选择中间商；
　　任务 5：制订具体渠道流程计划；
　　任务 6：建设销售队伍。

三、操作示范

第一步：分析渠道开发环境

（一）竞争者分析

渠道设计往往以竞争者的渠道模式为参照系，汲取其优点，改造其缺点。竞争者分析主要分析以下几项内容：竞争者的渠道战略（直销、总经销、独家经销、密集经销、独家代理、特许经营或其他）；竞争者的渠道战略意图（增加销量、提高市场占有率、独占市场、制造声势或其他）；竞争者的渠道优势与劣势（是否存在自己学习的优点，是否存在可供进攻的漏洞，例如伙伴关系是否密切等）；竞争对手的渠道结构及产品辐射分布地区；对方反击的可能性及力度。

（二）厂家渠道控制能力分析

渠道设计是为了更多地为厂家创造利润。好渠道的标准之一就是可控性强。企业控制渠道的能力强弱主要与渠道设计的战略意图、预期投入的销售资源、管理层渠道设计能力、营销人员素质、自身实力（如品牌、知名度、商誉、财务状况、管理水平、经验）等密切相关。

（三）产品特性分析

产品的单位价值与渠道选择：单位价值越小，路径越长、网络越密，要求布点越多，以便民为原则，中间商的作用越重要；单位价值越大，要求路径越短，宜采取"门对门"、专卖或总代理方式，要体现"物有所值"。

产品的体积和重量与渠道选择：从节省物流成本及保存角度考虑，体积和重量越大，越应采取短渠道策略。

产品的大众化程度与渠道选择：大众化产品购买频率高，应密集布点，走便民路线；贵重大件商品，应选择知名度较高的卖场或专卖。

按产品的专用程度与渠道选择：专用产品、技术和售后服务要求高，如采取先订货后生产方式，"门对门"最佳；如不是，也应选择短路径。至于通用性产品，借助于中间商的力量，效果更好。

产品组合与渠道选择：渠道布局与产品的种类、花色、规格、关联度等产品组合密切相关，尤其是关联度比较大的产品，通过相同或类似渠道经销，成本可大大降低。

（四）市场特征分析

市场容量大小与渠道选择：市场容量大的区域，广泛布点，大面积覆盖，分销方式多样化。

市场密集度与渠道选择：市场密度大的区域，应集中营销，网络要细密，以争取市场份额为主要出发点；分散性市场，则借助于中间商处较多。

市场成熟度与渠道选择：投入期求快，加之自身营销力量单薄，主要依赖中间商打开市场；进入成长期后，应培植自己的营销网络；进入成熟期后，主要依靠自己的网络，广泛布点；衰退期时，应四处撤网，以尽快逃脱为要。

地理位置与渠道选择：发达地区与不发达地区、城镇与乡村、中心区与郊区、文化区与商业区，对渠道的要求都不同。

顾客性质与渠道选择：一般性顾客，渠道较为复杂；专业用户，短路径为宜，主要在技术支持和售后服务上。

购买习惯与渠道选择：渠道的设计要体现"顾客想怎么买，我们就怎么卖"的指导思想。

第二步：细化运作目标

渠道目标往往寄托着渠道设计者对渠道功能的预期，并体现着渠道设计者的战略意图。渠道设计往往有以下九项目标：

1. 顺畅：最基本的功能，直销或短渠道较为合适。
2. 增大流量：追求铺货率，广为布局，多路并进。
3. 便利：最大程度地贴近消费者，广泛布点，灵活经营。
4. 开拓市场：一般在进入市场初期较多地依赖经销商、代理商，待站稳脚跟之后，再组建自己的网络。
5. 提高市场占有率：渠道保养至关重要。
6. 扩大品牌知名度：实际上就是争取和维系客户对品牌的信任度与忠诚度。
7. 经济性：要考虑渠道的建设成本、微细成本、替代成本及收益。
8. 市场覆盖面积和密度：多家分销和密集分销。
9. 控制渠道：企业应扎扎实实地培植自身能力，以管理、资金、经验、品牌或所有权来掌握渠道的主动权。

第三步：确定渠道的布局和层次结构

（一）网络化布局步骤

1. 布置网点。不管厂家采取何种渠道战略，都要植根于网点建设。网点是指商品销售、消费的终端，是网络最基本的节点，厂家就是在各个网点上与消费者完成了商品与货币的让渡。网点布局是厂家渠道设计与开发最基础性的工作，网点建设如何，最能考验渠道设计的水平，因为网点所扮演的往往是"刺刀见红"的角色。网点布局主要考虑网点设置的广度、密度和具体位置，基本要求是：广泛布点，最大限度地接近消费者。

2. 疏通网线。网线是指网点与网点、网点与厂家、网点与消费者、网点与中间商之间的连线，反映了营销参与者活动的轨迹。

网线类似于连接城乡的干道，其作用是使物流、资金流、信息流、谈判流、促销流等流程在各个网络成员之间传播和沟通；同一产品可能经过不同线路分销，不同产品也可能经过同一线路分销；各个线路功能与绩效是不同的，采取何种方式，应根据具体情势而定；网线的基本目标是如何使网流在低成本下畅通无阻，疏通线路是一项经常性的工作。

3. 扩大网面。网面也称市场覆盖面，指网点、网线所覆盖的市场广度。营销网点市场覆盖面大，有利于厂家最大限度地接近消费者，提高市场占有率，扩大销量和提高知名度。

（二）选择网络布局策略

1. 四处撒网型。即厂家将营销资源投放到一个相当大的市场区域内，广泛布点，设立根据地。

优点：市场覆盖面大，线路多，可在同一时间供货，能够较好地贯彻厂家的销售意图，也有利于宣传品牌。

缺点：平均分配力量，销售力度不够；市场覆盖面虽广，但较脆弱，极易为入侵者抓住破绽，乘虚而入，导致全线溃败。实力不强的厂家应谨慎采用这种方法。追求市场的覆盖面，路线必然很长，中间任何一个环节出问题，都有可能导致流程的中断。所以，环环相扣是关键。

2. 重点突破型。将营销资源投放到一个或几个较小的区域市场或对企业营销有重大意义的市场区域内，重点突破。正如毛泽东所说："就全国而言，我们是劣势，但我们在局部战争中可以采用运动站的方法，集中优势打歼灭战。"

优点：适用于营销资源有限的企业；市场开拓性强，如能辅以多种营销手段，短期内拿下应当不是太大的问题。

缺点：目标市场狭小，容量有限，如果消费弹药过多，会影响市场的覆盖率。

3. 蚕食型。将营销资源有计划、有步骤地投放到目标市场，采取稳扎稳打、逐步蚕食的策略，逐块占领市场，之后连接成片，形成网络。正所谓"星星之火，可以燎原"。

优点：比较稳健，打下一块，巩固一块；可以合理安排营销力量。

缺点：市场覆盖速度较慢，对时效性或时尚性产品不适合。

（三）确定渠道的层次结构

1. 渠道长度。根据包含渠道层级的多少，可以将一条营销渠道分为零级、一级、二级和三级渠道等。

零级渠道，又称为直接渠道（Direct Channel），是指没有渠道中间商参与的一种渠道结构。零级渠道也可以理解为是一种分销渠道结构的特殊情况。在零级渠道中，产品或服务直接由生产者销售给消费者。零级渠道是大型或贵重产品以及技术复杂、需要提供专门服务的产品销售采取的主要渠道。

一级渠道包括一个渠道中间商。在工业品市场上，这个渠道中间商通常是一个代理商、佣金商或经销商；而在消费品市场上，这个渠道中间商则通常是零售商。但是厂家要承担大部分或者全部渠道功能，必须具备足够的资源方可，且市场覆盖面较窄。

二级渠道包括两个渠道中间商。在工业品市场上，这两个渠道中间商通常是代理商及批发商；而在消费品市场上，这两个渠道中间商则通常是批发商和零售商。

三级渠道包括三个渠道中间商。可以将中间商的优势转化为厂商自己的优势；一般消费品销售较为适宜；减轻厂家费用压力。但是厂家对渠道的控制程度较低；增加了服务水平的差异性；加大了对中间商进行协调的工作量。

2. 渠道宽度。通常以渠道同一层级的中间商数量、竞争程度及市场覆盖密度来划分。

宽渠道：渠道中同一层级的中间商数量较多，竞争程度较强，市场覆盖密度高。

窄渠道：渠道中同一层级的中间商数量较少，竞争程度较弱，市场覆盖密度低。

根据渠道宽度，可以将销售形式划分为独家性分销、密集性分销和选择性分销。

独家性分销即在既定市场区域内每一渠道层次只有一个中间商运作。这种形式的渠道市场竞争程度低；厂家与经销商关系较为密切；适宜专用产品分销。但因缺乏竞争，顾客的满意度可能会受到影响；经销商对厂家的反控力较强。

密集性分销指凡符合厂家最低要求的中间商均可参与分销。这可使市场覆盖率高；比较适宜于日用消费品分销。但容易造成市场竞争激烈，导致市场混乱，破坏厂家的营销意图；渠道管理成本过高。

选择性分销指从入围者中选择一部分作为经销商。通常介于独家性分销和密集性分销之间。

3. 渠道广度，渠道的广度结构实际上是渠道的一种多元化选择。也就是说许多公司实际上使用了多种渠道的组合，即采用了混合渠道模式来进行销售。比如，有的公司针对大的行业客户，公司内部成立大客户部直接销售；针对数量众多的中小企业用户，采用广泛的分销渠道；针对一些偏远地区的消费者，则可能采用邮购等方式来覆盖。

概括地说，渠道结构可以笼统地分为直销和分销两个大类。其中直销又可以细分为几种，比如制造商直接设立的大客户部、行业客户部或制造商直接成立的销售公司及其分支机构等。此外，还包括直接邮购、电话销售、公司网上销售等。分销则可以进一步细分为代理和经销两类。代理和经销均可能选择密集性、选择性和独家性等方式。

第四步：选择中间商

中间商的选择是渠道设计与开发的关键环节，中间商的选择是否得当，直接关系到企业整体营销目标的实现。

1. 获取经销商信息。获取信息的途径大体上有：业内人士推荐、大众传媒、商业展览会、顾客口碑、亲朋好友、市场调研等。在大范围搜索并获取相关信息之后，可以通过信函询问或通过发布广告来选择。

2. 评价和选择中间商。应仔细研究应招者所提供的资料，看是否符合厂家开出的条件；调查资料是否属实；实地调研，观察其分销能力；根据重要性排序；坚决剔除不合格者。

3. 确定合作关系。签订经销合同或代理合同之后，渠道关系就基本成形了。合同作为明确经销双方或代理双方权利义务关系的契约，是渠道正常运作的有力保障。因此，合同的签订必须稳妥，合作条件必须经过反复斟酌后方能作为合同条款载入合同之中。

第五步：制订具体渠道流程计划

（一）制订物流计划

渠道流程管理中的物流管理主要解决如何将产品适时、适地、适量地交付到消费者手中的问题。完整的物流过程包括：生产厂家进行物料购置、生产规划，将产品生产出来，通过装配线、包装、厂内仓储、装运处理、运输、厂外仓储、加工、配送等环节，将产品送至终端用户及最终消费者。

物流计划考核指标包括：（1）商品购买的便利性；（2）订货及送货速度；（3）订单处理的快捷与准确性；（4）送货频率、可靠性、准确性；（5）运输工具、方式及路线的选择；（6）仓储管理绩效与成本比率；（7）补货速度；（8）维修、保养；（9）物流管理成本核算；（10）物流管理各部门的配合是否具有系统性。

在物流计划中，重点应关注存货计划和仓储计划。

1. 制订存货计划。

第一，确定厂家适当的存货量。

无论是厂家，还是经销商，都希望保持适当的存货量，以备不时之需。然而，存货量到什么程度才是适当的，确定起来却并非易事。

要有充足的存货量，以满足客户的订货需求；要考虑订货成本和存货成本，从成本角度看，厂家保持100%的存货水平并不符合经济原则，要考虑渠道成员各自的存货政策。

第二，确定订购点。

为防止断货，厂家必须确定当库存下降到什么程度时必须发出新的订单，保证适当存货，这要求厂家应首先确定订购点。

订购点是厂家为避免断货而必须保持的最低存货水平。订购点并不是随便确定的，进货决策不当，多则积压，增加库存成本；少则无法救急，使厂家丧失市场。订购点的确定要考虑：（1）订购前置时间：自订单发出到接收货物所需的平均时间，时间越长，表明订购越应提早。（2）使用率：在某一时间段，客户平均购买商品的数量，客户买得越多，订购点就越高。（3）服务水平：厂家希望从存货中直接满足客户订单要求的比例，比例越高，订购点就越高。（4）竞争策略等因素影响：厂家为促销或配合其他市场行为，有时要打破陈规。

为避免断货的发生，必须确定安全订购点，可通过计算"订购前置时间×使用率"确定。不过实际操作中，由于市场行情、消费者购买动机及竞争策略等因素的变化，厂家往往在库存水平高于安全订购点时就发出订单。

第三，确定订购数量。

确定发出订单的时间后，还要对订购数量进行决策。一般来讲，订多少货，要考虑：（1）订购成本，即指每次从发出订单到收货、验收所支出的费用，如差旅费、电话费等；（2）库存成本，即占用空间费用、因占用资金而丧失的机会成本、税金及保险费用、折旧与报废损失等；（3）渠道成员的存货策略。

第四，厂家对客户的支持。

掌握客户的订货规律，加深与客户的信息沟通，协助解决存货管理中的一些实际问题，对于厂家扩大市场份额、控制渠道具有重要意义。掌握客户的订货规律和库存水平，建立客户存货数据库，更好地为客户服务。建立客户存货数据库可以大大提高厂家对渠道的控制力。

2. 制订仓储计划。

仓储计划主要包括：（1）确定最佳数量的仓储点以保证效益与仓库成本之间的平衡；（2）依据运输费用、当地物价等确定仓储点的最佳位置；（3）根据当地的吞吐量、重要性及管理成本确定仓储点的货物存量；（4）确定仓库类型，自建仓库或租用公共仓库；（5）对装卸、保管、包装、分类、粗加工、装箱、调配、发送等仓储内部事宜进行管理。

仓促计划尤其要强调运输管理，如果运输工具及运输路线选择不当，可能会造成产品损耗过多、定价过高，甚至于交货的延误，导致产品的质量、外形严重受损，直接影响产品的竞争力。运输绩效的高低直接关系到是否能够抢占市场先机。运输管理应注重：（1）运输工具选择，要充分考虑速度、频率、安全系数、运载能力、成本、特殊要求等因素。（2）运输方式选择，主动送货，自行提货，还是共同承担。（3）运输路线选择，尽量避免走弯路、放空车，保证安全，降低成本，目前已有很先进的电脑管理技术应用于此。（4）运输合同确认，明确发货人、收货人及承运人之间的权利、义务关系，规避法律风险。（5）运输调度安排，合理安排运力。（6）运输人员管理，包括人员的聘用、考核、奖惩、培训等；发货、接货管理。（7）突发事宜管理。

（二）制订资金流计划

资金是渠道运作的血液，资金流管理不善，渠道运作必然陷入困顿。在资金流管理中，主要是经销商推广费的管理、信用额度的管理和应收账款的管理。

1. 在推广费的管理上应控制将产品销售的推广费当做销售折扣给经销商，由经销商独自运作。

2. 在信用额度的管理上应严格按设定的经销商信用额度执行，同时监控经销商的产品流向、库存量、销售报表、客户登记表，确保经销商履行合同。

3. 应收账款的管理上，应密切关注与回款相关的各个环节，避免陷入追讨债款的困境。具体的来说应当注意以下几点：（1）培养客户正常付款的习惯。应当设计一个合适的工作流程，有步骤地进行沟通，培养客户到期正常付款行为；对销售人员和追款人员进行培训、奖惩；对合作的客户，可以提供特别的优惠条件。（2）及时调整客户信用额度。如果在付款期限后若干工作日内仍然没有收到客户付款，企业应当对该客户信用额度进行调整，甚至暂停客户信用，并通知客户企业相关政策变动原因。（3）完善收账政策。客户拖欠应收账款时，企业应当首先分析现行信用标准和审批制度是否存在漏洞，不断完善收账政策。

（三）制订信息流计划

信息流是双向的，一方面是厂家要及时将渠道相关政策传输给客户，以指导和支援客户的市场运作；另一方面是促使客户主动与厂家进行沟通，反映需求，提出合理化建议，化解隔阂。

需要沟通的信息包括：（1）相关信息，政府的经济管制、优惠政策、法律措施，经济周期性变化，消费特点及趋势，科技，行业现状、发展趋势、市场结构；（2）竞争对手信息，竞争对手的渠道战略、市场开发能力、市场份额、资金、人员、优势、劣势、目标市场定位；（3）客户信息，客户的销售能力、忠诚度、信用度、对渠道的贡献、合作诚意、需求；（4）公司信息，公司的渠道现状、营销政策、市场份额、配送网络、市场机会、市场威胁等。

信息沟通的方式或途径主要包括：内部报告制度、客户数据库、销售代表的例行巡视和拜访、渠道成员会议、互联网络及公司简报等。

1. 内部报告制度。一般来说，公司产品开发部门负责提供的运作信息有：产品设计和式样方面的信息；财务部门负责提供的运作信息有：销售状况、成本、客户信用、销售费用计划、应收账款、应付账款方面的信息；生产管理部门负责提供的运作信息有：生产能力、生产进度、产品存量、品种、规格、交货方面的信息；人事部门负责提供的运作信息有：销售人员计划、薪金、人员管理方面的信息；仓管部门等都有责任提供本部门运作的信息，负责提供的运作信息有：原材料采购、订货、库存水平、供料、发货、退货方面的信息。

2. 建立客户数据库。客户数据库内容包括：（1）客户最基本的原始资料，如客户的名称、地址、电话、所有者、经营管理者、法人代表及他们个人的性格、爱好、家庭、学历、年龄、创业时间、与本公司的起始交易时间、企业组织形式、业种、资产等。（2）客户特征，如服务区域、销售能力、发展潜力、营销经验、行业声誉、库存能力、运输能力、销货能力、合作诚意、经营观念、经营方向、经营政策、企业规模等。（3）业务状况，如销售实绩、经营管理者和销售人员的素质、与其他竞争对手之间的关系、与本公司的业务关系及合作态度等。（4）交易现状，如客户的销售活动现状、存在的问题、保持的优势、未来的对策、企业形象、声誉、信用状况、交易条件以及出现的信用问题等方面。

同时，可对客户进行分类管理。根据客户对公司的忠诚度，可以划分为忠诚型客户、品牌转移型客户和投机型客户；根据客户的购买数量，将之分为重点客户、一般客户、散户；根据客户的信用程度，将之划分为不同的信用等级。

一般来说，业务员第一次拜访客户后即应开始整理并填写"客户资料卡"，并且要在后面的接触过程中对其进行完善和修订。主管应协助和监督"客户资料卡"的建档工作，并应善用"客户资料卡"增加业绩，如分析客户交易信息，作为调整销售路线的参考；参考"客户资料卡"的实际业绩来拟订"年度销售计划"等。

表 9 – 1　　　　　　　　　　　　**客户资料卡**

区域（办事处）：　　　　　　　　　　　　　　　　　　　　　　　　　　编号：

客户名称				地址						
电话			邮编				传真			
性质	A. 个体　B. 集体　C. 合伙　D. 国营　E. 股份公司　F. 其他									
类别	A. 代理商　B. 一级批发商　C. 二级批发商　D. 重要零售商　E. 其他									
等级	A 级　B 级　C 级									
人员	姓名	性别	出生年月	民族	职务	婚否	电话		住址	素质
负责人										
影响人										
采购人										
售货人										
工商登记号			税号（国税）							
往来银行及账号										
资本额			流动资金				开业日期			
营业面积			仓库面积				雇员人数			
店面	□ 自有　□ 租用		车辆							
运输方式	□ 铁路　□ 水运　□ 汽运　□ 自提　□ 其他									
付款方式			经营额							
经营品种及比重										
辐射范围										
开发日期及开发人										

填表人：　　　　　　　　　　　　　　　　　　　　　填表时间：

3. 销售代表例行巡视、拜访。销售代表的例行巡视、拜访除了履行监控职责以外，更重要的是倾听客户对公司的意见，帮助客户解决一些实际问题，商量开发市场事宜。与客户保持经常性的接触，一是防止客户"跳槽"，二是提高对客户的销售能力。

4. 渠道成员会议。是公司与客户正式会晤的方式，会议内容包括：渠道政策草案征询、焦点问题研讨、经验介绍、实战培训、协调冲突、合作市场开发事宜、产品销售信息反馈。

关于渠道成员会议，要想取得成功，应做到：有明确的主题，畅所欲言，合理安排会议进程，做好会议记录，形成决议，落实会议决议，反馈、完善。

5. 互联网。厂家内部网络的建立可以促进渠道成员之间的快捷沟通，使厂家的渠道政策有效地传输给渠道成员，提高渠道整体运作的效率；批发商、零售商、各网点的销售情报、竞争情报、需求、建议等也可上溯到厂家，便于决策。

6. 公司简报。公司简报的目的应是向公司的合作伙伴、客户传递公司的整体运作态势，增强渠道凝聚力，培养客户的忠诚度，以及灌输上下一致、同仇敌忾的厂家精神。公司简报内容包括：公司整体运作情况；公司的渠道战略、渠道战术、渠道政策；合作伙伴的业绩、经验；渠道成员英雄人物访谈；竞争对手、客户对渠道建设质量的反应；

渠道运作的相关新闻报道。

及时将公司简报送给所涉及的经销商、客户，可以拉近互相之间的关系。

第六步：建设销售队伍

通常，销售队伍的建设包括销售队伍的设计、管理两个方面，详细内容如图 9 - 1 所示。

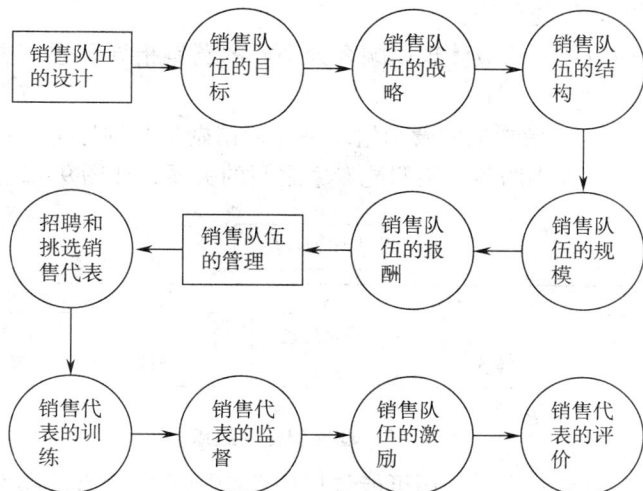

图 9 - 1　设计和管理销售队伍的步骤

第一，确定销售队伍目标。

销售代表所承担的是工作任务组合，销售员除了销售之外（完成或超额完成销售定额），还将执行下述一个或几个特定的任务：（1）寻找客户，销售代表负责寻找新客户或主要客户。（2）传播信息，销售代表应能熟练地将公司产品和服务的信息传递出去。（3）推销产品，与客户接洽、向客户报价、回答客户的疑问并达成交易。（4）提供服务，对顾客的问题提出咨询意见，给予技术帮助、安排资金融通、加速交货。（5）收集信息，销售代表要进行市场调查和情报工作，并认真填写访问报告。（6）分配产品，销售代表要对顾客的信誉作出评价，并在产品短缺时将稀缺产品分配给顾客。

公司对其销售队伍的目标规定应当具体明确，比如要将80%的时间花在现有顾客的身上，20%的时间花在潜在客户身上；85%的时间用于推销既有产品，15%的时间用于推销新产品。规定这样的比例，可推动销售代表对新产品的推广和新客户的开发。

此外，销售人员应该了解如何分析销售数据、测定市场潜力、收集市场情报、制定营销战略和计划。

第二，确定销售队伍战略。

策略性地运用其销售队伍，在适当的时间与客户接洽，可用以下几种方式：

1. 销售代表与顾客，一名销售代表亲自或通过电话与潜在顾客或现有顾客交谈。
2. 销售代表对一群购买者，一名销售代表向客户采购组介绍产品。

3. 销售小组对一群购买者，一个销售小组（如公司职员、销售代表和销售工程师）向一个客户采购组展示并介绍产品。

4. 推销会议，销售代表和公司参谋人员同一个或几个顾客讨论存在的问题和相互的机会。

5. 推销研讨会，公司一组人员向买主单位的技术人员讲述有关产品技术的发展状况。

第三，规划销售队伍的结构。

市场营销部门的组织形式应体现以顾客为中心的营销指导思想，主要有以下四种基本类型。

1. 职能型组织结构。最常见的营销组织是在营销副总裁领导下由各种营销职能专家构成的。营销副总裁负责协调各营销职能专家之间的关系，如图9－2所示。

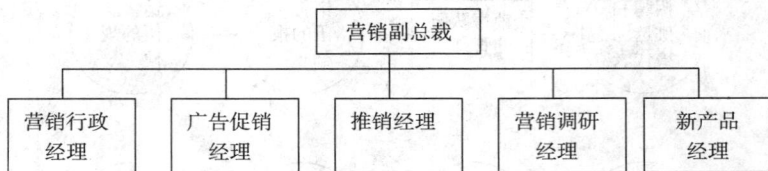

图 9－2　职能型营销组织

除了这五种营销职能专家外，还可能包括的营销职能专家有：顾客服务经理、营销计划经理和产品储运经理等。该组织的主要优点是行政管理简单，但市场扩大后由于没有一个人对一项产品或一个市场负全部责任，有些产品或市场就很容易被忽略。

2. 地区型组织结构。在全国范围内行销的企业往往按地理区域组织其推销人员，如图9－3所示。推销部门由一位目标国内市场总经理负责，下设大区推销经理、区域推销经理、地区推销经理和推销员四个级层，具体人员数量比例可以考虑按1：5：40：400设置。

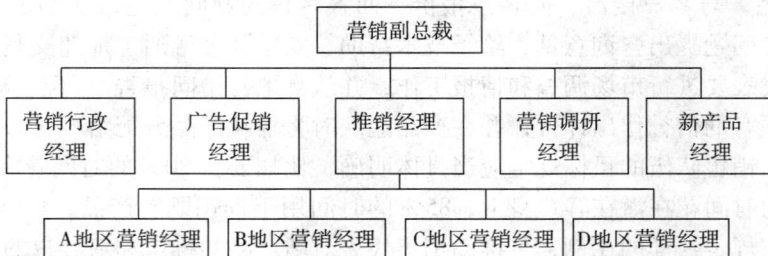

图 9－3　地区型营销组织

3. 产品管理型组织结构。生产多种产品或拥有多种不同品牌的企业，往往按产品或品牌建立管理组织，即在一名总产品经理领导下，按每类产品分设一名经理，再按每个具体品种设一名经理，分层管理如图9－4所示。

产品经理的作用是制定产品计划和竞争策略，监督产品计划的执行，检查执行结果，并采取必要的调整措施。这一组织形式能兼顾所有产品，能及时反映该产品在市场上出现的问题，调整营销组合策略，但部门间较难协调，且组织管理费用高。

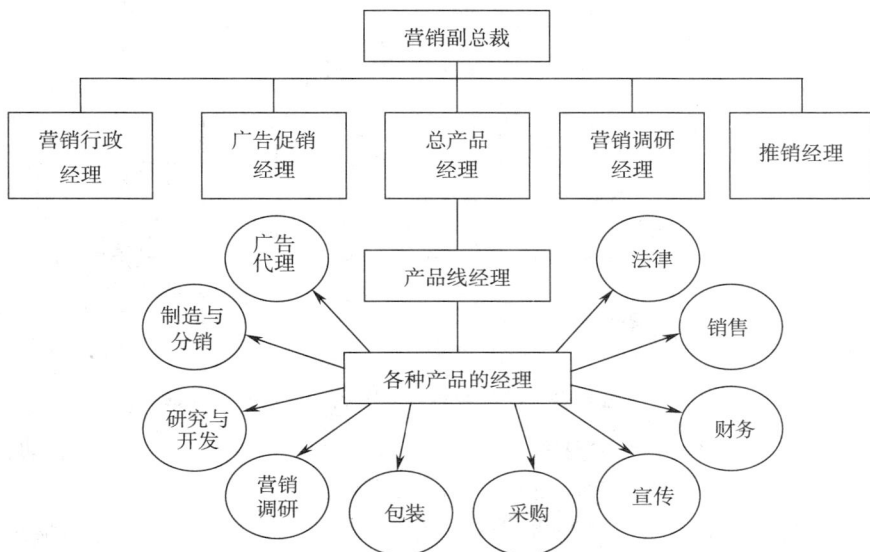

图 9 – 4　产品经理的相互关系及作用

4. 市场管理型组织结构。市场管理型组织由一个总市场经理管辖若干细分市场经理，各市场经理负责自己所辖市场的年度销售利润计划和长期销售利润计划。企业可围绕特定客户的购买习惯和产品偏好开展一体化的营销活动，而不是把重点放在彼此割裂开的产品或地区上，以实现"以顾客为中心"的营销观念。

5. 产品市场管理型组织结构。产品市场管理型组织结构是一种既有产品经理，又有市场经理的二维矩阵组织，但是这样的组织结构管理费用太高，而且极易产生内部冲突。以杜邦公司纺织纤维部为例，产品市场管理型组织结构如图 9 – 5 所示。

第四，设计销售队伍规模。

确定了销售队伍的战略和结构，便可以着手考虑队伍规模。销售代表是公司极具生产力和最昂贵的资产之一，因为销售代表人数增加就会使销售量和成本同时增加。一旦确定利用销售队伍进入的顾客的数目后，可以用"工作量法"来确定销售队伍的规模。

"工作量法"确定销售队伍规模的步骤：（1）按照年销售量将客户分成大小类型；（2）确定每类客户所需的访问次数（对每个顾客每年的推销访问次数），这反映了与竞争对手公司相比要达到的访问密度是多大；（3）每一类客户数乘上各自所需的访问数便是整个地区的访问工作量，即每年的销售访问次数；（4）确定一个销售代表每年可进行的平均访问次数。

将总的年访问次数除以每个销售代表的平均年访问数即得所需的销售代表数。

第五，设计销售队伍报酬。

常用的几种报酬体系有：

图 9-5　杜邦公司纺织纤维部的产品—市场管理矩阵

1. 纯薪金制：能够给销售代表稳定的收入，使他们更愿意完成非销售活动，而不是用刺激来增加对客户的销售，使管理简化并降低了队伍的流动性。

2. 纯佣金制：吸引了更好的销售代表，提供了更多的激励，减少了督导和控制了销售成本。

3. 薪金佣金混合制：融合了前两种制度的优点，并减少了前两种制度的缺点。

第六，招聘和选拔销售代表。

1. 确定选择标准：如能承受风险、具有强烈的使命意识、有解决问题的癖好、认真对待顾客、仔细做好每次访问等。为了达到公司的销售目标，必须考虑特定销售工作的特点。如该工作是否需要经常外出？销售代表是否会经常遭到客户的拒绝？等等。

2. 通过恰当的途径进行招聘。 通常的途径有销售代表引荐、职业介绍所、人才市场、刊登广告（报纸、电视、电台、互联网等）等招聘途径。

第七，销售代表的训练。

通过训练达到以下几个目标：

1. 了解本公司并明白本公司各方面的情况。如公司的历史和经营目标、组织机构设置和权限情况、主要的负责人员、公司财务状况和措施以及主要的产品与销量等。

2. 通晓本公司的产品情况。包括产品制造过程及各种用途。

3. 让销售代表深入了解本公司各类顾客和竞争对手的特点。他们要了解各种类型的顾客和他们的购买动机、购买习惯；了解本公司和竞争对手的战略和政策。

4. 销售代表要知道如何进行有效的推销展示。让销售代表了解推销术的基本原理，此外，公司还应为每种产品概括出推销要点，提供推销说明。

5. 让销售代表懂得实地推销的工作程序和责任。销售代表要懂得怎样在现有客户和潜在客户之间分配时间，合理支配费用，如何撰写报告，拟定有效推销路线等。

第八，销售代表的激励。

由于工作性质、人的本性、个人问题等方面的因素作用，销售代表需要一定的鼓励和特殊的刺激，从而使其作出更大的努力。研究表明，最有价值的奖励是工资，随后是提升、个人的发展和作为某群体成员的成就感；价值最低的奖励是好感与尊敬、安全感和表扬；销售定额也是一种有效的激励因素；其他一些因素，如销售会议、销售竞赛等也是一些辅助性的激励因素。

第九，销售代表的评价。

获得销售代表工作成绩的信息的途径有销售报告、顾客的信件及抱怨、消费者调查、同其他销售代表的交谈以及个人观察所得。对销售代表工作成绩的评价通常包括以下几个方面：现在与过去销售额的比较、顾客满意评价、销售代表的品质评价。

四、知识链接

（一）渠道设计与开发的原则

1. 接近终端。抓住终端，实际上就是抓住消费者的心，知道顾客的信任度与忠诚度。所以，与其做些假大空的表面文章，不如深入下去，研究一下怎么做终端。如麦当劳确定店址的原则是"顾客在哪里工作、生活、购物、娱乐，我们就到哪里去开餐馆。"

2. 扩大覆盖。商品只有放在想看就能看到、想买就能买到的地方，才能被想拥有它的顾客所购买。"大面积撒网、广泛布点"是实现这一目标所必需的。所以，如果中间商所拥有的分销渠道密如蛛网，那么他在谈判的时候，绝对是有发言权的，因为那正是厂家求之若渴的。

3. 精耕细作。市场覆盖只有与精耕细作相结合其价值才能体现出来，否则就像一张破网，看着挺大，真要去打鱼，一条鱼也上不来。所以，要抛弃"粗放经营"的观念，对分销渠道的各个环节进行精耕细作。准确地划分目标市场区域，对渠道中所有销售网点定人、定域、定点、定线、定时、定任务，实行细致化、个性化服务，全面监控市场，力争做到"法网恢恢，疏而不漏"。

4. 先下手为强。这一原则之所以成立，有三个基本前提：一是绝大多数消费者都对"第一视线产品"感兴趣；二是几乎所有的厂家都懂得"第一时间"的重要性，除非笨得不可救药；三是垄断市场的市场准入条件很苛刻。

5. 利益均沾。厂家瞄准中间商，是看中了中间商所拥有的自身所无法企及的优势，而中间商也看中了企业的一些优势。好事共享、风险共担，才是处理渠道关系明智的做法。日本松下公司总部会议室的墙壁上悬挂着一个条幅，上面写着"经销商是松下的衣食父母"，值得我们借鉴。

6. 合理设计。企业应充分估计投资渠道的经济效益。是自建网络，还是利用中间商的网络"借船出海"？是代理制，还是经销制？都应根据实际情况，妥善选择。

（二）现代物流技术

物流管理现代化涵盖物流的各个环节，需要先进的技术支持，例如：子订货系统（EOS）可以准确地传递订货信息，有效地控制进货、缺货、补货、检验等环节。条形码技术（BC）是一种自动识别技术，可以提高货架利用率、库存情况检验率和验货准确度。电子交换技术（EDI）指从订单的下达、合同的签订到货物出运及保管等几乎所有的贸易过程都通过电子方式在工商厂家、银行、运输公司及海关的专用互联网络上进行，被誉为"无纸贸易"。EDI 的应用，获益最大的是零售业、制造业和配送业。它的广泛应用，可以完善物资配送体系，以优化产、存、运、销一体化的供应链管理。销售点管理系统（POS）应用于销售点销售信息事务管理，如收款、盘点、结账、销售分析等作业。管理信息系统（MIS）是整个物流自动化工程的中枢神经。地理信息系统（GIS）以地理空间数据为基础，适时提供多种空间的和动态的地理信息。厂家可以利用 GIS 强大的地理数据功能来完善物流分析技术。包含车辆路线模型、网络物流模型、分配集合模型、设施定位模型。

（三）渠道评估和调整

渠道运作环境、消费者需求会不断发生变化，渠道长期运作中可能积淀惰性，因此对渠道进行定期或不定期的评估和调整是很有必要的。

1. 评估。评估的内容包括：渠道运作环境评估、渠道战略与战术评估、渠道运作绩效评估、中间商及销售人员评估。其中，对中间商的绩效评估主要包括以下几个考核内容（如表 9 - 2 所示）。

表 9 - 2　　　　　　　　中间商绩效评估指标

考核内容	主要指标
对销售额的贡献	一年中分销商新增销售量； 分销商市场渗透率和所建立的竞争地位； 其他竞争性分销商在同领域获取的收益比较
对利润的贡献	分销商服务的成本花费合理性； 分销商的持续要求是否导致厂家的利润下降； 厂家为支持分销商投入的时间、精力、人力成本与利润的比例
分销商的能力	分销商经营业务的能力； 分销商对厂家的产品和服务特色的理解力； 分销商对竞争者的产品和服务的了解程度
分销商的配合程度	分销商在参与厂家各项计划及活动方面是否经常遇到困难； 分销商是否总是服从厂家的各种安排； 分销商是否频繁地违反与厂家达成的协议中的条款
分销商的适应能力	分销商对其市场范围内发展趋势的把握程度； 分销商调整其经营活动的灵活度； 分销商创新能力； 参与其范围内的各种竞争活动的积极性
对增长的贡献	分销商收益占总收益的比例； 分销商未来收益预期； 利润增长率； 近几年分销商的业务发展趋势
顾客满意度	顾客对该分销商的投诉量； 是否针对客户需求不断改进； 分销商能否代表厂家向顾客提供良好的产品和服务支持

对渠道销售人员的评估指标主要是：（1）定额完成情况；（2）一定时期新客户增加与老客户失去数目；（3）访问客户次数及平均时间；（4）访问效果；（5）销售成本；（6）助销次数及效果；（7）客户投诉率；（8）遵守渠道政策情况；（9）资金回笼情况；（10）市场信息反馈情况。

2. 调整。评估之后，若发现现有渠道模式与市场环境要求存在差距，应对渠道作适当调整，以适应市场新的变化。

渠道调整程序为：找出问题的原因—确定渠道调整目标—明确调整幅度—选择调整方式。

调整方式包括：（1）调整渠道结构，如将原来的直接渠道调整为间接渠道；（2）调整分销方式，如原来采用独家代理的方式，为制约独家代理商的扩张，可适当增加代理商数目，调整为多家代理方式；（3）调整渠道政策，如价格政策、铺货政策、市场推广政策、信用额度政策、奖惩政策等；（4）调整渠道成员关系，如对于业绩有较大增幅的渠道成员，可提高其在渠道中的地位，反之则降低；（5）调整局部市场区域的渠道，如增加该地区市场的渠道数量或撤出该区域市场；（6）更新整个分销网络。

（四）渠道激励

1. 对总代理、总经销进行促销激励。

（1）设立年销售目标奖励。厂家事先设定一个销售目标，如果客户在规定的时间内达到了这个目标，则按事先的约定给予奖励。为兼顾不同客户的经销能力，可分设不同等级的销售目标，其奖励额度也逐渐递增，使中间商向更高销售目标冲刺。

此外，为批发商们提供实用工具的奖励，如货车、电脑、管理软件、人员培训等，则是帮助其提高竞争力的更具价值的支持。

（2）阶段性促销奖励。为了提高某一段时间内的销量或特定目标，厂家也会开展阶段性的促销奖励。如在销售淡季期间为刺激批发商进货，给予一定的优惠奖励；或在销售旺季来临之前采取这种促销，以得到最大的市场份额。

2. 对二级批发商进行促销激励。有实力的厂家除了对一级批发商设计促销奖励外，还对二级批发商进行短期的阶段性促销，以加速产品的流通和分销能力。如和二级批发商签订奖励合约，凡在规定时间内达到销量目标并拥有一定数量固定的零售客户，即可获得相应价值的奖品，促使其产品得以以较快的速度铺到终端售点。

为避免阶段性促销可能带来的混乱，应尽量将奖励考核依据立足于"实际销货量"，在活动开始前对各批发商的库存量进行盘点，再加上活动期间的进货量，最终减去活动结束时留存的库存量，以此计算出该客户活动期间的实际销量。

3. 对终端售点进行促销激励。除了要鼓励批发商的经销积极性，还应该激励零售商，增加它们进货、销货的积极性，如提供一定数额的产品进场费、货架费、堆箱陈列费、POP张贴费、人员促销费、店庆赞助、年终返利、商店DM的赞助等。

为了吸引消费者的注意，还应借助于售点服务人员、营业员的主动推荐和推销，达成购买并扩大消费者的购买数量。但是，类似的奖励活动，其最大的弊端是促销一停，销售即降。

4. 激励渠道成员配合开展对消费者的促销活动。如果不做针对消费者的促销，厂家对渠道投入力度再大恐怕也难有成效，渠道成员会要求厂家多做广告，甚至以广告的投放量作为标准来衡量是否经销厂家的产品。这实际上给新品牌的市场导入带来了很大的困难。

不少大型零售商场对缺乏知名度的品牌并不欢迎，即使肯付进场费也未必同意进货。工商之间交易谈判耗时冗长，甚至会打乱厂家原定的上市计划，使其处于极为被动的局面。

【阅读链接】

案例1：德玛公司直销的十大秘诀

①通过邮递直销拉不到的客户比通过邮递直销能拉来的客户更重要。要精简主攻的客户名单与资料。

②切记：那些没对你的直销广告材料作出答复的人们对你的产品或服务仍有印象。

③创造性营销的同时考虑到直销费用与广告公司、广告主、公众的承受能力。

④花大量时间与精力设计订单表格。

⑤对于有把握给公司回音的顾客不必邮寄第二份征购的直销广告。

⑥力图得到顾客购买或不购买的明确答复。

⑦重视直销各环节中的每一因素（例如，若信封地址写错了，最有创造性的营销方法也发挥不了作用）。

⑧忽视大众的反应率——注意每次订购时花费的广告成本。

⑨把直接反应技术的原则作为其他情况下沟通客户关系的重要技术。

⑩不要以为花费大量金钱后，直销就会成功。直销需要做大量艰苦的工作。

案例2："本田"的独特销售网

在当今世界摩托车销售中，4辆中就有1辆是"本田"的产品，这足以说明"本田"的销售网之大。它如此庞大的销售网却是从日本的自行车零售商店开始起步的。

1945年，第二次世界大战结束，本田宗一郎把日本军队用来带动野外电台的小引擎，改装到500辆自行车上出售，很受人们的欢迎，没几天就销售一空。本田从这件事上看到了摩托车的潜在市场，随后，成立了本田技研工业株式会社，决定开创摩托车事业。

一批批可以装在自行车上的"光伯"牌引擎生产出来了。为了拓宽市场，建立全国性的销售网络，本田找到了藤泽武夫作为新的合伙人。藤泽建议，暂时放弃全日本的200家摩托车经销商店，把重点放在55 000家自行车零售商店。因为对他们来说，经销"光伯"，既扩大了业务范围，增加了获利渠道，又有利于刺激自行车的销售，加上适当让利，就一定能取得成功。本田觉得是条妙计，就请藤泽立即去办。

于是一封封信函雪片似地飞向日本的自行车零售商店。信中除了详细介绍"光伯"的性能和功能外，还告诉零售商店每只引擎零售价是25英镑，回扣7英镑给他们。

两个星期之后，13 000家商店作出了积极的反应，藤泽就这样巧妙地为"本田技研"建起了独特的销售网，本田产品从此开始进军全日本。

案例3：丰田公司的销售网

1950年，丰田公司债台高筑，濒临破产，公司接受了日本中央银行建议，将汽车生产公司与销售公司分开。石田退三主管生产公司，神谷正太郎一心一意抓销售公司。由于公司分开，各行其职，销售公司可以自行决定推销方式，表现出了高度的灵活性和强大的活力。

销售公司为了促进销售，在1977年建立了"推销责任区域制度"。这种制度就是在全丰田系统成立特约经销点，并根据汽车的类型，把经销店分为丰田店、小丰田店、奥特牌店、花冠牌店。共有经销店252个，下属营业所2 850个，共有推销员28 000多名，形成了庞大的销售网络和推销员队伍。在此基础上，明确划分出每一个经销店所属营业所的现有区域和每个推销员所负责的经销地段，使公司的流通网点星罗棋布。

为了牢牢控制住现有区域，公司制定了《责任区访问法》。该访问法的主要内容是：挨区访问，挨户访问，争取不漏一家一户，按行业一个一个地访问，收集各行业购买汽车的情报资料；针对购买汽车的大主顾，进行重点访问；此外，还有根据季节、汽车种类而进行的访问。

为了保证责任区最大限度地销售汽车，销售公司给推销员制定了一定的销售定额。公司根据每个推销员的具体情况以及他们所在地段，按月下达销售数额。经销店要求每一个推销员必须完成自己的销售数额。这种科学的分工、严格的管理、合理的网点布局，为丰田公司数以百万计的汽车能源源不断地出售创造了条件。

五、能力实训

【实训背景】

1982年，位于田纳西州金斯堡的依斯曼化学公司开始实施一项顾客驱动型的质量管理计划，该计划名为"消费者和我们"。11年后，该公司因此荣获了1993年度马尔科姆·鲍特里奇国家优质产品奖的殊荣。总结起来，人们可以看到，依斯曼公司的方法其实极为简单——它尽可能地改善公司与消费者之间的关系。

不容置疑，该公司的500名销售人员在公司的顾客驱动型质量计划中以及为赢得鲍特里奇大奖发挥了重要作用。该公司深知它的销售人员必须熟练掌握最基本的销售技巧——发现合适的消费者，推荐公司产品，最后得到订单。作为销售部门的主管，必须善于发现人才，训练他们能够有效地销售产品，鼓励他们迈向新的台阶。每年，销售队伍为公司取得50多亿美元销售额，产品从包装的塑料袋到化工产品应有尽有。然而，在依斯曼公司，推销人员所要做的远远不只是在自己的领地转一转，他们还要到处推销产品。依斯曼公司的销售队伍与众不同的原因在于它对长远目标的建立和维持的偏好以及和全球 7 000 名顾客之间的互利关系。

同消费者建立牢固的关系是鲍特里奇大奖的重要标准。其他方面，评委们还要看公司如何运用有效联系去处理同顾客的关系；如何训练推销人员去认识产品，聆听顾客的话语，处理顾客的疑惑和抱怨；如何从顾客那儿得到信息和如何满足顾客的期望。依斯曼公司的销售人员经过精心挑选，受过全面培训，在使顾客满意方面表现突出。

销售队伍在公司和顾客之间建立了重要的联系。为了让消费者满意，公司竭尽全力。公司售后服务队伍的简称就是 MEPS，它的意思是：让依斯曼成为受喜爱的卖家。MEPS 的客观性就在于去发展联系依斯曼和消费者之间的纽带，当特殊的顾客有问题时，MEPS 就组织去解决。MEPS 计划形式多样，但它是销售队伍努力的方向，也是消费者关注的重点。

举例来说，一名依斯曼的销售代表在消费者遇到一个棘手的问题——一件化工产品有黑斑时，他也就开始着手工作。这名推销人员组织一个跨职能部门的小组去解决这个问题，包括公司的供应方、分配部门、生产部门和产品服务团体。这个 MEPS 小组建议在顾客的设备上安装新的器件，解决了这个问题，包括公司的供求态度、分配部门、生产部门和服务团体。当顾客抱怨说他们觉得印在订单背面的公司标准"销售条件"有点令人不快时，又一个 MEPS 小组便成立了。这些条件听起来不大顺耳，就好像公司在说："我们知道你在寻找我们，我们将解决你的问题。" MEPS 小组精简了销售条件，并使之更为友善。

要解决顾客的问题，必须先知道问题是什么。公司鼓励推销人员去发现问题，为此，公司提供了一个 24 小时服务的免费投诉电话，推销部门负责处理顾客态度调查。这些反馈的信息被印刷成九种语言分发给遍布全球的消费者。在调查中，消费者要向依斯曼公司排列出 25 种因素，其中包括产品质量、实验价格、准时支付、分享市场信息。推销员对调查很认真，他们深信第二位重要的事情就是从消费者处得到调查结果，"第一位当然就是得到订单"。顾客调查提供了重要的反馈信息，也成为推销部门最强有力的销售工具。同消费者商讨调查结果是推销员的责任，同时也让消费者知道公司正在致力于解决他们的问题。因而，根据一位公司销售主管所说的："调查结果给你提供了一个和顾客反复商讨的事情。更重要的是，顾客比较欣赏这种做法。"这表明公司关注他们的言行，致力于为他们服务。正如一名顾客所评论的："虽然调查只不过是一张纸……我赞赏的是这种职业道德，是这种依斯曼追求的精神……"

是的，依斯曼的销售人员懂得，得到订单的最好方法就是和顾客建立长期的合作关系。正是因为公司致力于产品质量和消费者沟通才使得公司充满勃勃生机，有了新的追求。"曾一度，我称他们为笨人"，一位买主说，"现在，他们蒸蒸日上，你不必催着他们交货"。他每年跟依斯曼公司签订 300 万美元的合同订单。

【实训要求】

1. 分析依斯曼分销渠道的结构。

2. 依斯曼分销的运作目标是什么？

3. 总结依斯曼在销售过程中采用的策略，并说明对其他公司有何借鉴。

六、思考与练习

1. 分析渠道开发环境应重点从哪几方面入手。

2. 如何对分销体系进行评估？

3. 概述主要的营销渠道类型，并各举一例。

4. 分析生产商、批发商和零售商分别对渠道有什么样的影响力？

5. 戴尔电脑是全球最大的个人电脑制造商，由迈克尔·戴尔于 1984 年创办，公司采用直接向消费者和企业购买者分销的渠道。访问公司网站，分析戴尔公司渠道特点及其与其他公司所采用的渠道的区别。

学习情境十　设计国际市场促销策略

一、学习目标

【能力目标】能分析促销组合影响因素；能根据不同情况制定基本的促销组合策略；学会编制总促销预算的方法和步骤。

【知识目标】了解促销的双面性；熟悉制订促销目标的要求和方法，营销活动的评估方法；掌握沟通信息的含义及传播渠道，掌握 FABE 法和对销售人员的激励原理。

二、工作项目

万皎公司作为刚进入美国市场的公司，面临着激烈的竞争，当地实力相当的品牌有不少，因此万皎公司准备以高昂的广告宣传费换取市场占有率。第一阶段目标是在目标消费者中树立品牌知名度，使其达到70%；品牌提示回忆度达60%；将准确的产品定位传递给目标消费者。选择覆盖目标市场较为集中的报纸和电台；在媒体暴露频率上选择较为温和的渗透方式。

事实上，促销有广义的促销与狭义的促销之分。广义的促销即促销组合，是指为达到特定的目的而弹性运用若干促销工具、促销方法，包括人员推销、广告、公关宣传及促销。狭义的促销是指在广告、人员推销、公关宣传之外所做的一切能刺激顾客购买或经销商交易的行销活动。万皎公司制订的促销方案指广义上的促销。通过举办促销活动可为企业带来许多好处，如提升知名度、吸引人潮集中、增加销量、诱使竞争对手的客户购买本企业的产品、强化并巩固老客户、吸引客户试用、确保产品铺货成功等。为保证促销获得良好的效果，刘熙十分注意把握时机和分寸，因为促销有其两面性。在制订一系列促销方案的过程中，万皎公司营销部门的任务包括：

任务1：确定促销目标；

任务2：设计信息及传播渠道；

任务3：编制总促销预算；

任务4：分析促销组合影响因素；

任务5：制定促销组合策略。

三、操作示范

第一步：确定促销目标

（一）分析促销对象

首先应对促销对象的特征进行分析，可以结合前面学习情境六中分析国际市场购买行为的相关内容，对促销对象的市场容量、促销对象的地理位置及地域特征、促销对象的社会心理特征、促销对象的购买理由，以及谁是现场购买者、谁影响其购买、何时购买、如何购买等问题进行分析。

（二）明确促销目标

促销目标是营销目标的细分目标，既要符合产品的整个营销目标也要适应目标市场类型的变化。广告、公共关系、人员推销及销售促进这四项主要促销工具都必须有具体的目标。明确促销目标以后，再将目标层层细化，直到业务员的个别目标。

目标的设定应注意三点：

1. 必须是可以量化的指标，如销量、市场份额、渗透率（在目标市场上至少购买一次该产品的百分比）、重复购买率（首次试用者再次或多次重复购买该产品的百分比）、促销广告的到达率、参加率（或兑换率）等。这些数据可以帮助界定促销活动的成败。

2. 应结合目标对象的特征。如果活动的目标是针对顾客的，应考虑的是鼓励现有的顾客增加产品使用量，还是扩大消费群吸引新顾客使用，或者争取竞争品牌的使用者。

如果活动的目标是针对零售商的，应考虑是吸引其经营新的商品项目，或维持较高水平的存货，还是购买促销展示权，鼓励他们配合产品的推广等。

3. 可以结合购买者购买准备的 6 个阶段和企业现在所处阶段来设定目标。（1）知晓：如果大多数目标受众不知目标物，信息传播的任务就是要促使人们知晓，多半就是认知名称。可以用重复这一名称的简单信息来达到目的。（2）认识：目标受众可能对企业或产品有所知晓，但知道得非常有限。（3）喜爱：如果目标受众知道了目标物，他们对它的感觉如何？（4）偏好：目标受众可能喜爱这一产品，但并不比其他产品更有偏好，此时，信息传播的目标应该是设法建立消费者偏好，如可以宣扬产品的质量、价值、性能和其他特征。（5）确信：某一目标受众可能喜爱某一特定产品，但尚未发展到要购买它，尚未达到确信阶段。（6）购买：最后，有些目标受众已处于确信阶段，但尚未达到作出购买的决定。他们可能在等待进一步的信息，计划着下一步的行动。此时，信息传播的目的应注重他们迈出最终一步。

（三）促销时机决策

包括对促销时点的决策和期限的决策。促销时点应重点把握以下因素：节假日、季节更替、目前流行的或有新闻性的话题、公司的庆典节日及策略性决定。促销的期限可用顾客购买的次数作为规划的参考。如果顾客平均每周购买一次，则促销期限应定为三周，使更多的使用者能在这段期间内购买。一般而言，购买次数愈少、促销的时间应愈长，当然花费的成本也可能愈大。

第二步：设计信息及传播渠道

（一）信息设计包括四个方面

1. 信息内容。应寻找诉求、主题、构思或独特的推销主题，它就是指某种利益、动机、认同，或受众应该考虑或应该做某些事情的理由。诉求可区分为三类：理性诉求（是受众自身利益的要求，他们显示产品能产生所需要的功能利益，如展示产品质量、价值或性能的信息）、感情诉求（是试图激发起某种否定或肯定的情感以促使购买）、道义诉求（用来指导受众有意识分辨什么是正确的和什么是适宜的，它常常被用来规劝人们支持社会事业，比如良好的环境、良好的种族关系、妇女的平等权利、帮助改善不利方面等）。

2. 信息结构。

（1）提出结论：最好的广告是提出问题，让读者和观众自己去形成结论。

（2）单面信息与双面信息：有人认为单面展示产品的优点比暴露产品的弱点的双面分析更有效，但双面信息在某种情况下可能会更适合，特别是在某些负面联想必须被克服时。

（3）展示次序：即把最有力的论点最先展示还是最后展示。在单面信息的情况下，采用渐降的表达方法（一开始即提出强有力的论点）有助于引起注意和兴趣；对于一个已经受到影响的受众，渐升的表达法可能更有效。如果受众原来是反对的，从另一方面的论点来传播是比较聪明的做法，它有助于消除受众的"敌视"意见，为最终提出最有力的论点准备机会。

3. 信息形式。

（1）印刷传播：需要额外设计标题、文稿、插图和颜色。常用的方法有设计别具一格的版面，注意信息的长短和位置，注意颜色、外型和流动性等。

（2）电台传播：还必须额外选择字眼、音质（讲话速度、节奏、音量、发音清晰）、音调（停顿、感叹、哈欠）等。

（3）电视或人员传播：除了以上一些因素外，还必须加上体态语言进行设计。此外，还必须注意他们的面部表情、举止、服装、姿势和发型。如果信息由产品或它的外包装传播，还必须注意颜色、质地、气味、尺寸和外形。

4. 信息源。有吸引力的信息源发出的信息往往可获得更大的注意与回忆。如广告常用名人作广告代言人。要把握信息源的可信度（包括专长、可靠性、令人喜爱三个要素）。

（二）传播渠道选择

传播渠道分为人员和非人员两大类，并且分别有许多子渠道。

（1）人员的信息传播渠道：指两个或更多的人相互之间直接进行信息传播，包括提倡者渠道、专家渠道、社会渠道。

（2）非人员信息传播渠道：即传递信息无须人员接触或信息反馈的媒介，包括大众性的和有选择的媒体（印刷媒体、广播媒体、电子媒体、显示媒体）、气氛（整体配套的环境）和事件（新闻发布会、庆典）。

第三步：编制总促销预算

促销支出是一种费用，也是一种投资，促销费用过低，会影响促销效果；促销费用过高，又可能会影响到企业的正常利润。编制预算时应考虑公司资源，公司及地区的目标和能力，竞争者的策略及反应，预算方法的实际可行性、方便性以及长期的影响。

1. 常用的促销预算方法。

（1）销售百分比法：该法以目前或预估的销货额为基准乘以一定的百分比作为促销预算。

（2）量入而出法：该法是以地区或公司负担得起的促销费用为促销预算。

（3）竞争对等法：该法以主要竞争对手的或平均的促销费用支出为促销预算。

（4）目标任务法：促销预算是根据营销推广目的而决定的，营销人员首先设定其市场目标，然后评估为达成该项目所需投入的促销费用为其预算。

2. 促销预算的步骤。

（1）建立市场份额目标。

（2）建立新的促销所要达到的市场百分比。

（3）确立知晓品牌顾客群中应有多大比例被促销手段所吸引，从而会发生购买行为。

（4）确立促销行为的持续时间。

（5）确立不同促销手段的运用总数。

（6）在支付不同促销手段总额的平均成本水平下，确定必需的促销预算。

第四步：分析促销组合影响因素

把总的促销预算分配到广告、公共关系、销售促进、人员推广中时应考虑：所销售的产品属于什么市场类型；采用推式战略还是拉式战略；怎样使有所准备的消费者进行购买；产品在产品生命周期中所处的阶段。

1. 产品市场类型。促销工具的有效性因消费者市场和工业市场的差异而不同。经营消费品的企业一般都把大部分资金用于广告，随之是销售促进、人员推广和公共关系；经营工业品的企业把大部分资金用于人员推销，随之是销售促进、广告和公共关系。

2. 推拉战略。推式战略指使用销售队伍和贸易促销，通过销售渠道推出产品，企业采取积极措施把产品推销给消费者。主要包括人员推销和销售促进。

拉式战略指通过建立消费者的需求欲望，吸引消费者主动前来购买产品。主要是广告和公共关系。

3. 购买者准备阶段。广告和公共关系在购买者决策过程的最初阶段是最具成效的，特别是产品创造声誉阶段，而人员推销和销售促进应在顾客购买过后的较晚阶段采用，以获得最大的效应。广告可以加深顾客对产品的理解，而人员推销可以让顾客信服并最终推动成交，重复购买也大都受人员推销和销售促进及广告的影响。

4. 产品生命周期阶段。在引入阶段，应使用广告及公共关系提高产品知名度，使用销售促进取得分销覆盖面积，使用销售促进以推动产品试用，同时，有人员推广负责开发渠道和产品铺货等工作。

在成长阶段，此时的目标是建立品牌知名度，所以广告及公开报道十分重要，由于需求在这一阶段会保持增长的势头，销售促销的比重略为降低，以免过多使用给顾客留下负面印象，而人员推广仍然是一个重要的工具，以帮助产品在渠道上的销售。

在成熟阶段，顾客对产品都已非常了解，但由于市场竞争激烈，需使用销售促进推动销售额与利润增长，在资金分配中，销售促进比例应增加，广告的投资比例减少，只做维持性的宣传，人员推销可根据产品特性增加。

在衰退阶段，广告、公共关系及人员推销的效用已大幅度降低，销售促进可以以最低的费用投资促使销售达成，而销售代表只需给产品最低限度的关注便可。

第五步：制定促销组合策略

促销组合策略主要包括对公共关系、广告、人员推销和销售促进四种策略的运用。

（一）公共关系策略

对于企业而言，公共关系的主要外部客体是顾客、新闻媒介、金融机构、政府、竞争者、供应商、中间商等。其特点主要有：第一，可信度较高。广告是要付费的，因此公众对广告内容的引导倾向抱有某种程度的怀疑。而公共宣传被认为是免费的，来自中立的第三方，因此具有更大的可信度。第二，低成本高覆盖。报纸上一个占有大量篇幅的公关故事，费用低效果好，且可能吸引平常不看或不关注广告的部分受众。第三，易于炒作。公共宣传内容一般是当前人们所关注的，它可能刺激各媒体制造出更多内容，通过炒作迅速扩大企业影响。第四，不可控制。公共宣传的控制权掌握在媒体手中。公司可以为媒体提供资料，但不能保证媒体会采用这些资料，而且也无法决定他们如何制作资料。结果可能根本没有产生鼓励作用，或者是没能覆盖希望中的目标受众。

公共关系的内容主要是处理公开宣传、新闻界关系以及对外交流和内部公关。

1. 公开宣传及与新闻界的关系。公开宣传是一种大众媒体与客户进行关于公司产品信息的沟通方式，可以通过商业新闻、专业刊物、专访、报纸等形式来实现。这些信息可能是积极的，也可能是消极的。

媒体经常会追踪新闻热点，有时准备宣传的也许是公司不愿意公开的事件。为了减少不利宣传的危险，大多数公司都与媒体之间建立良好关系，并尽量为媒体提供对公司有利的"好消息"。主要方法包括：

（1）提供新闻稿。正常情况下，公司会主动、定期地向媒体提供新闻稿，简单介绍关于某一事件的基本情况，有时新闻稿中还会附上图片和音像资料，以鼓励媒体去编写新闻。

如果公司的消息对新闻机构有吸引力，而且手头又有现成的资料来充实新闻内容，新闻机构通常会给该公司更多的宣传机会。但是从总体上来看，新闻稿的采用率是比较低的，大多数新闻稿最终被丢进了新闻编辑的垃圾箱里。要提高新闻稿的采用率，需要公司的公关宣传人员具有足够的新闻敏锐性，尽量切合公众的兴奋点，激发新闻编辑的兴趣和想象力。

（2）召开新闻发布会。当公司有重要信息发布，或者爆发了危机，或必须让媒体了解公司的最新情况的时候，采用新闻稿的方式来进行宣传就显得力度不够，这时需要公司与媒体进行更广泛、更个人化的联系，以期能给公众留下更深的印象。

举办新闻发布会时，公司会将记者们聚集到一起发送相关资料并回答提问，以便能够解释或澄清某一事件的细节，并通过记者编辑将情况及时向公众传播。

（3）记者招待会。记者招待会一般气氛会显得比较轻松。它是组织与媒体保持良好关系的一种重要手段，一般企业只是有选择地邀请部分全国性或商业界的、与企业关系比较密切的媒体成员参加某种形式的聚会，借此公司的管理人员与记者可以进行非正式的交流。事实证明，让媒体参与发布新闻或以其他形式为媒体提供信息，确实能起到良好的作用，如果让媒体更多地参与正在发生的事件，收获可能更大，但这可能需要支付更高的成本。

2. 对外交流。

（1）广告。作为公关工具的广告，介于广告与公关之间，是两种职能的结合。这里所说的广告类型，不是指推销或促销某一特定商品或某一系列商品的广告，而是集中宣传公司的名称或特色的公司形象广告。这种形式可能缺少了宣传的客观性，增加了广告的功利性，但它对于公司来讲可以加以控制。它可以成为树立或改良公司形象的有效手段，可以通过大众媒体而覆盖大多数公众。

（2）举办大型活动。一个公司可以为公关目的而举办或参加各种大型活动。比如，公司可以借一个重大事件为主要股东、雇员、顾客和供应商举行一次聚会，公司的年度股东大会是针对股东和金融媒体的一次重要论坛，对于那些在组织里有经济利益的重要公众群体来说，股东大会是向他们进行公关活动的最佳时机和重要场合，高效的会议管理和自信的表现有助于增加公司可信度。当然，这类活动需要能够引起媒体足够的兴趣。

（3）出版物。企业（或其他组织）可以制作各种印刷品或音像资料，送给潜在消费者或客户，从而使他们了解公司的活动。具体包括：公司年报；公司历史介绍，如公司文化介绍、奋斗成长的历程等；游说，即让决策者知晓一个组织对待某种问题所持有的观点，目的在于影响政策的发展与实施。

3. 内部沟通。公司对自己的雇员和其他内部公众，也需要专门的、很好的沟通，这样才能在事件传到外界媒体之前知道正在发生的事件的更多细节；另外，对于公司所面临的环境，应该强调让公司的员工有知情权，这反映出业主对雇员重视的态度，这也是对员工激励的重要手段。良好的内部沟通可以营造一个高效率的工作环境，形成积极向上的企业文化。一般可通过以下两种形式：

（1）内部期刊和简讯。企业自己编辑出版的报纸或杂志是内部交流的最主要形式。它有助于公司，尤其是大公司将各个分散部门联系在一起，强化员工的归属感。内刊不仅可以记录和报道出现在员工身边的日常琐事，也可以用于进行重要的管理交流。统计数字表明，大多数员工对公司要闻以及公司状况报道非常关心。

（2）员工通气会。员工通气会可为管理层和员工之间提供面对面接触，增加员工参与及授权的机会。在通气会上，既可以充分讨论经营问题，也可以将有关问题通过公司向下传达。更高级的管理者可以通过更大规模、更加正式的会议形式对员工发表讲话，报告经营结果和战略计划，并可直接回答问题。内部员工通气会是危机管理中重要而有效的工具。

（二）广告

在运用广告媒体时，如何选择媒体、媒体组合及把握媒体的推出时机，都牵涉到广告预算及广告效果，需审慎选择。

1. 广告媒体类型及选择。

报纸，我国全国性和省一级的报纸有百余种，分成日报、晚报、隔日报、周报，并按报纸内容分成综合性和专业性等不同种类。由于报纸与广大消费者的生活密切相关，它成为我国最重要的广告媒体之一。

杂志，杂志可分为周刊、半月刊、月刊、双月刊、季刊以及年刊，专业领域分布从政治、经济、军事，到文化、教育、生活、娱乐等多方面，有些是完全专门性的，有些是综合性的。杂志广告中封面和封底的价值最大，其次是封二、底二，中间插页以及其他部位。

广播，广播广告在我国有 70 多年的历史，是我国覆盖面最广、消息传递最迅速的媒体。广播广告完全通过语言和音响效果来表达广告的意境，要求广告语言自然、简短易记，并有很高的播音技巧。

电视，电视广告集声音、形象、音乐于一体，作为现代社会信息传播中最具魅力的工具，其广告效果也是最为明显的。电视广告的表现方式丰富多彩，可以通过故事式、名人推荐式、解决问题式、引证式、示范式、警吓式、赋予广告以生命力的幽默式等形式，提高电视广告的吸引力。

户外广告，户外广告主要包括路牌、霓虹灯、旗帜、招贴、灯箱等形式。如果我们能在城市的主要交通路口、人群汇集地选择引人注目的地方，用独特的方式进行户外广告，效果是非常好的。

网络，随着互联网的发展，网络广告越来越得到广泛的运用。据报道，英国前 100 家最大的广告主中有 83 家做网络广告，全球最大的 500 家企业中有 400 家在环球网上注册了网址，目前中国也逐渐重视网络广告的作用，越来越多的企业采用了上网做广告的形式。

表 10 - 1　　　　　　　　　六种媒体优缺点比较表

媒体形式	优点	缺点
报纸	读者广泛、稳定、覆盖面广；传递及时，可长期保存，反复研究；收费低，改稿容易	寿命短，因为报纸很少重印；内容多，易分散注意力；清晰度低，美感少
杂志	灵活性高；寿命长，能重复出现；宣传对象准确，效率高；转读率高，可保存	时间长，往往失去良机；杂志广告隐于书中，不易被发现；影响较小
广播	不受交通限制，传播信息快；灵活性高；范围宽广；费用低	电波转瞬即逝，不易保存；只有声音不见形象，不能给消费者以深刻的印象

续表

媒体形式	优点	缺点
电视	可利用各种艺术手法，给消费者强烈的感染力；较高的灵活性；范围广；不受时空限制，及时迅速	费用高；受外界干扰少，使广告的针对性下降；有时播放不当，容易引起消费者的反感
户外广告	展示时间长；表现手法灵活；不受竞争对手干扰；费用低	很难有特别的创意；可选地方受限制；难修改，时效性差
网络	速度快，制作成本低；跨越时间、空间限制；动态及时；反馈的可测性高；与消费者的互动性强	目前网络广告点击率还不高，这使宣传范围受限；技术含量要求高；在中国，网络广告还受种种限制

在进行具体广告媒体选择时，一个最基本的指标是千人成本标准，即计算某一特定媒体工具触及 1 000 人的平均成本。如某日报整版套红印刷的广告费用为 5 万元，其读者约有 500 万人，则广告触及每 1 000 人的平均成本是：（50 000 × 1 000）/5 000 000 = 10（元）。两种性质相同的报纸可通过计算千人成本来比较。当然，具体还需要考虑以下因素：目标公众和所选的媒体的观众是否一致；观众注意的程度高低；媒体的声望和编辑质量；广告刊登的部位等。

每一种媒体都有其短处和长处，将两种或两种以上的媒体组合起来，优势互补，克服弱点，使广告达到最佳效果，这是媒体组合的根本指导思想。

2. 广告媒体组合策略。

（1）瞬间媒体与长效媒体的组合。瞬间媒体指广告信息瞬时消失的媒体，如广播电视等媒体，由于广告一闪而过，信息不易保留，因而要与能长期保留信息，可供反复查阅的长效媒体配合使用。长效媒体一般是指那些可以较长时间传播同一广告的印刷品、路牌、霓虹灯、公共汽车等媒体。

（2）视觉媒体与听觉媒体的组合。视觉媒体指借助于视觉要素表现的媒体，如报纸、杂志、户外广告、招贴、公共汽车广告等。听觉媒体主要指借用听觉要素表现的媒体如广播、音响广告，电视可以说是听视觉完美结合的媒体。听觉媒体更抽象，可以给人丰富的想象。视觉媒体更直观，给人以一种真实感。

（3）大众媒体与促销媒体的组合。大众媒体指报纸、电视、广播、杂志等传播面广，声势浩大的广告媒体，其传播优势在于"面"。但这些媒体与销售现场脱离开来，只能起到间接促销作用。促销媒体主要指招贴、邮寄、展销、户外广告等传播面小、传播范围固定，具有直接促销作用的广告，它的优势在于"点"。若在采用大众媒体的同时又配合使用促销媒体，就能够点面结合，起到直接促销的效果。

3. 广告媒体发布时机决策。媒体时机的决策是指对广告发布时间和广告使用方式的规划与安排。

广告发布时间一般可分为：（1）集中式，指广告费用集中于一段时间使用，以便在较短时间内形成强大的广告攻势。这种方法常用于开拓新市场、新品上市等情况。

（2）连续式，指在一段时间内均匀地安排广告发布时间，使广告反复地出现在观众面前，以逐渐加深消费者对产品的印象。这种方法在对顾客不因季节变化而购买的产品中经常使用。（3）间歇式，指做一段时间广告，然后停一段时间，这样反复进行下去。这种方法在季节性产品及广告费用不足时经常使用。

广告使用方法可分为：水平式、上升式、下降式、交替式。水平式指均匀使用广告；上升式指开始使用强度小，然后逐渐增强；下降式则指开始使用强度大，然后逐渐减弱；交替式指使用强度交替变化。图 10 – 1 显示了广告发布时间和广告使用方法的组合。

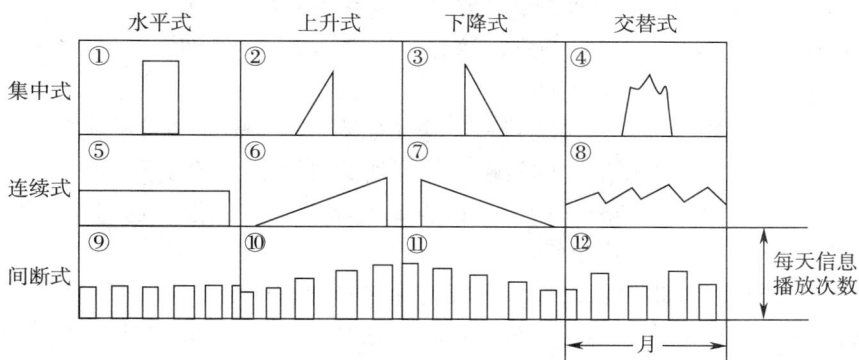

图 10 – 1　广告时机形式分类

在选择以上发布形式时，需要考虑三个因素：（1）购买者周转率，这是指新顾客在市场上出现的速率，速率越高，广告越应该连续不断。（2）购买频率，这是指某一时期内购买者平均购买产品的次数，购买频率越高，广告越应该连续。（3）遗忘率，这是指购买者遗忘某种产品的速率，遗忘率越高，广告越应该连续。因此，一定时期内是均匀地安排广告还是不均匀地安排广告并没有一个定论，一般的选择方式是根据经营者对购买者的认识和经验决定。

（三）人员推销

人员推销包括上门推销和柜台推销。上门推销指推销人员携带商品的样品或图片、说明书和订货单等走访顾客，推销产品。柜台推销指营业员向光顾商店的顾客销售商品，这是一种非常普遍的"等客上门"式的推销方式。

1. 人员推销的主要步骤。

（1）发掘顾客。寻找潜在顾客有很多途径，可以通过现有顾客的介绍，其他销售人员介绍，查找工商名录、电话号码簿等寻找潜在顾客。可以参考下面的"MAN"原则：

M：Money，代表"金钱"。所选择的对象必须有一定的购买能力（以下用 M 代表有购买能力，m 代表无购买能力）。

A：Authority，代表"购买决定权"。该对象对购买行为有决定、建议或反对的权利（以下用 A 代表有购买决定权，a 代表无购买决定权）。

N：Need，代表"需求"。该对象有这方面（产品、服务）的需求（以下用 N 代表需求大，n 代表需求小）。

新顾客应具备以上特征，但在实际操作中会碰到以下状况，应对具体状况进行具体分析：

M＋A＋N：有效顾客，是理想的推销对象。

M＋A＋n：可以接触，配上熟练的推销技术，有成功的希望。

M＋a＋N：可以接触，并设法找到具有 A 之人（有决定权的人）。

m＋A＋N：可以接触，需调查其业务状况、信用条件等给予融资。

m＋a＋N：可以接触，应长期观察、培养，使之具备另一条件。

m＋A＋n：可以接触，应长期观察、培养，使之具备另一条件。

M＋a＋n：可以接触，应长期观察、培养，使之具备另一条件。

m＋a＋n：非顾客，应停止接触。

由此可见，在潜在顾客暂时欠缺某一条件（如购买力、需求或购买决定权）的情况下，仍然可以开发，只要采用适当的策略，便能使其成为本厂家的新客户。

在提高开发成功率的各种方法中，一条重要的原则是"加强沟通与拜访"，在拜访计划中列入针对潜在客户的拜访内容。

为了更好地进行拜访推销，销售人员应制订"月拜访计划表"。对于要拜访的对象，可以将他们分为两类：老客户和潜在客户。对于老客户，可按其重要程度区分为若干等级，对重点客户的拜访次数可以多一些，对非重点客户的拜访次数可以少一些；针对潜在客户的开发，也必须列入拜访计划内，并注意事先搜集相关信息和资料。为了有效地拜访潜在客户，必须把潜在客户按可靠程度进行分类，以便分别处理。分类项目可以划分为"应继续跟进访问的"、"拟间隔一段时间进行再次访问的"和"放弃访问的"三类。对于前两类客户，分别拟定重复拜访的频率。

（2）事前准备。在走出去推销之前，推销人员必须知己知彼，掌握三方面的知识：

产品知识——关于本企业，本企业产品的特点、用途、功能等各方面的情况。

顾客知识——包括潜在顾客的个人情况，所在企业的情况，具体用户的生产、技术、资金情况，用户的需要，购买决策者的性格特点等。

竞争者知识——竞争者的能力、地位和它们的产品特点。同时，还要准备好样品、说明材料，选定接近顾客的方式、访问时间、应变语言等。

（3）接近顾客，即开始登门访问，与潜在客户开始面对面交谈。要注意：给顾客一个好印象，并引起顾客的注意；验证在准备阶段所准备的全部情况；为后面的谈话做好准备。在接近时，注意使自己有一个正确的心态：友好，自信。友好：自己与对方是进行利益交换，是互惠互利的交换；自信：你不是低人一等求别人，你的企业产品是能经得起考验的。

（4）介绍情况。这是推销过程中的重要一步。任何产品都可以也必须用某种方法进行介绍。即使那些无形产品（如保险、金融、投资业务）也可以采用图形、坐标图、小册子等形式加以说明。介绍要注意通过顾客的视、听、触摸等感官向顾客传递信息，其中视觉是最重要的。在介绍产品时，要特别注意说明该产品可能给顾客带来的利益，要注意倾听对方的发言，以判断顾客的真实意图。

（5）应付异议，即克服障碍。推销人员应随时准备处理不同意见。顾客在听取介绍的过程中，总会提出一些异议，如怀疑产品的价值，不喜欢交易的条件。这就需要推销员应当具有与持不同意见的买方洽谈的语言能力和技巧，要善于倾听反对意见，能解释、协商，随时有应对否定意见的措施和论据，但必须注意，应付异议要有理有据，娓娓道来，切忌激烈冲突和争吵。

（6）签约成交，即推销人员要求对方采取行动，订货购买阶段。有经验的推销人员认为，接近和成交是推销过程中两个最困难的步骤。在洽谈、协商过程中，推销人员要随时给予对方能够成交的机会。有些买主不需要全面的介绍，介绍过程中如发现顾客表现出愿意购买的意图，应立即抓住时机成交。在这个阶段，推销人员还可以提供一些优惠条件，以尽快促成交易。

（7）事后跟踪。达成交易不是推销的结束，而是下一轮推销的起点。如果推销人员希望顾客满意并重复购买，希望他们传播企业的好名声，则必须坚持售后追踪。售后追踪访问调查的直接目的是了解顾客是否满意已购买的产品，发现可能产生的各种问题，表示推销人员的诚意和关心。另外一个重要的目的，是促使顾客传播企业及产品的好名声，听取顾客的改进建议。

2. 人员推销的基本策略。人员推销具有很强的灵活性。在推销过程中，有经验的推销人员善于审时度势，并巧妙地运用推销策略，促成交易。人员推销的策略主要有以下三种：

（1）试探性策略。试探性策略即"刺激—反应"策略，是推销人员利用刺激性的方法引发顾客的购买行为。推销人员通过事先设计好的能够引起顾客兴趣、刺激顾客购买欲望的推销语言，投石问路地对顾客进行试探，观察其反应，然后采取相应的措施。因此，运用试探性策略的关键是要引起顾客的积极反应，激发顾客的购买欲望。

（2）针对性策略。针对性策略即"配方—成交"策略，是通过推销人员利用针对性较强的说服方法，促成顾客购买行为的发生。针对性的前提必须是推销人员事先已基本掌握了顾客需求状况和消费心理，这样才能够有效地设计好推销措施和语言，做到言辞恳切，实事求是，有目的地宣传、展示和介绍商品，说服顾客购买。让顾客感到推销员的确是真正为自己服务，从而愉快地成交。因此，运用针对性策略的关键是促使顾客产生强烈的信任感。

（3）诱导性策略。诱导性策略即"诱发—满足"策略，是推销人员通过运用能激起顾客某种欲望的说服方法，唤起顾客的潜在需求，诱导顾客采取购买行为。运用诱导性策略的关键是推销人员要有较高的推销技巧和艺术，能够诱发顾客产生某方面的需求，然后抓住时机，向顾客介绍产品的功效，说明所推销的产品正好能满足顾客的需要，从而诱导顾客购买。

（四）销售促进

销售促进范围非常广泛，是指除公共关系、广告、人员推销以外的所有沟通方式，是企业为鼓励顾客购买而采取的各种措施。

1. 促销目标。

（1）对消费者的促销目标（见表 10 - 2）。

短期目标。对于新产品，顾客常表现出犹豫和观望。如果顾客对产品本身的性能存在疑虑，则可让他们免费试用新产品的样品，只要顾客愿意尝试样品，他们中的相当部分就可能会愿意不断购买这种新产品。对于价格敏感的顾客来说，在某一段时间内，以优惠价销售新产品，或将新产品与其他产品组合采用"以卖附赠"的方式搭配销售，是十分常见且有效的手段。还可以使用"退款优待"的方式来鼓励顾客对新产品的第一次购买。即顾客从零售商店按正常价格购买商品，而后把某种证明寄给制造商，即可获得制造商寄回的一定数额的现金，其退款数额的大小取决于顾客购买的商品数量。

要让顾客重复购买、多购买某种商品，先要使顾客对该商品产生好感，向顾客赠送一些印有公司印记的精美纪念品和小礼物，如钢笔、日历、手袋等是一种常见的方式。

利用发放奖券来造成公司产品与竞争者之间的差异，使顾客改变购买习惯，也是一条有效的促销途径。有时，奖券设计成顾客可以凭积累的一定数量的奖券来换取相应的具有一定价值的奖品，这就鼓励了顾客的重复购买或一次大量购买。

长期目标。当市场上同类商品不同品牌之间的竞争十分激烈时，有许多方式可以刺激顾客在品牌之间的转换与选择。赠奖与折价能在短期内创造很高的销售反应。举办展销会、陈列会、博览会也是创造销售机会的重要手段，它可以使消费者了解产品，对产品产生兴趣，这是取得竞争优势的重要条件。

表 10 - 2　　　　　　　　　　对消费者各种促销目标的计划表

目　　标		一般采取的计划	效　　果
短期目标	促使顾客试用新产品	样品赠送、价格优惠、附赠等	只要顾客愿意尝试样品，他们中的相当部分就可能会愿意不断购买这种新产品
	鼓励顾客重复购买	价格折扣、数量折扣、赠品等	使顾客对该商品产生好感
	鼓励偶尔型顾客改变购买习惯	优惠券、陈列、折扣、赠品等	造成公司产品与竞争者之间差异，使顾客改变购买习惯
长期目标	应付竞争	展销会、抽奖、竞赛等	刺激顾客在品牌之间的转换与选择
	巩固与扩大市场份额，增强知名度	主办活动	使消费者了解产品，对产品产生兴趣

（2）对中间商促销的目标（见表 10 - 3）。

制造商除了对顾客要以促销手段来推动其购买外，推动中间商，特别是零售商的营销工作，对于最终实现商品价值、建立制造商和商品品牌声誉、提高市场占有率具有重要意义。

表 10 - 3　　　　　　　　　　　对中间商各种促销目标的计划

目　标	一般采取的计划
促使中间商参与制造商的促销活动	价格折扣 津贴 免费商品
刺激中间商更多购买	数量折扣 免费赠送 价格折扣 销售竞赛 目录
帮助中间商改善营销工作	培训人员 人员激励

制造商策划与掀起的促销活动，如果没有中间商的响应、参与和支持，常常会事倍功半。许多制造商为此向零售商提供交易补贴，用以弥补零售商陈列产品、制作零售广告所支出的费用，也有的给中间商以各种交易馈赠，包括陈列品馈赠、互补品馈赠等。

激励中间商更多地购买的最有效的方法可能就是给予价格折扣，主要是数量折扣。或者，与此相类似，当中间商订货达到一定数量之后，就免费赠送他们一部分产品。销售竞赛是另一种有效的刺激中间商的方式。制造商设立奖金，奖励最好的商品陈列点、销售额最高的或进货额增加最多的中间商。制造商以目录形式在其商品广告中详细列出各零售商的名称、地址，这不仅用于推销该种商品，也可以促进零售商的销售业务。

为中间商培训推销人员、维修服务人员，使中间商更好地向顾客示范介绍产品、为顾客作使用培训以及保证产品售后服务质量，对于有效地促进中间商的营销工作，吸引广大顾客购买具有积极作用。这种促销支持实际上是向中间商提供一种资助，即为中间商承担了额外的营运费用。这种情况在计算机、高档家电等领域广泛使用。

（3）对推销人员的促销目标。对推销人员的促销不单是指制造商对本企业推销人员的促销，也包括制造商对中间商推销人员的促销。其目标显然是鼓励推销人员积极工作，努力开拓新市场，增加产品的销售量。对于推销人员进行促销不仅有助于将新产品打入市场，也有助于推销落令产品或滞销产品。制造商对本企业推销人员的促销手段主要有销售提成、销售竞赛、推销培训，对中间商推销人员除培训、销售竞赛外，常见的还有馈赠礼品。

2. 促销执行过程。

（1）告知：对渠道进行宣传告知，介绍促销的时间、内容、形式、媒体广告的支持、促销政策的优惠等。

（2）进货：安排渠道进货，做好产品与促销用品的搭配，同时，还要防止市场断货。

（3）生动化提示：将促销的卖点生动化展示，POP（海报、挂旗、宣传单页、条幅等），营造现场的促销气氛。

（4）支持与监督：对零售店进行定期的回访，协助促销的进行；同时监督零售店在生动化展示、促销用品的发放等方面的工作。

3. 选择实战销售促进工具。

常见的针对顾客的促销工具有：

（1）免费样品：厂商免费提供给顾客使用的产品样本，目的是为了建立顾客对产品的信心，并期望通过试用达到销售的目的。样品可逐户派人赠送、邮寄赠送、店面分送、附在其他产品上或通过广告发布信息。

（2）折价赠券：即可抵充购买款项的赠券，或在继续购买产品时作为零售价格的折扣凭证。可以用邮寄、附在其他产品上或插在广告印刷内等方式送出，其效果与样品相似，但是较为便宜。

（3）包退包换：即在购买后某一段时间内，顾客若不满意，可要求更换商品或部分退还现金。

（4）现金退回：其功能与折价券相似，作为购物价格折扣。然而，不同的是必须将产品证明（如产品商标、号码）连同购物发票一同寄至产品公司（或制造商）；再由该公司将现金寄还给购物者，不像折价券能够在零售店直接使用。

（5）多买多送：将产品以组合包装的方式降价促销，大多直接将优待券贴在产品组合包装上。

（6）减价优惠：即可以将原定价格打一折扣优惠，其方式有三种：单包减价、多包减价、搭配减价。

（7）赠品：当购买某特定产品时以极低价格销售或免费赠送产品来鼓励购买另一种产品。有随货赠奖或邮寄赠奖两种方式。方法有：随货赠送小玩具、赠送可用于包装的用具、通过索函邮寄赠奖。

（8）抽奖或竞赛活动：提供给使用者一些活动，使其有机会免费获得一些奖品、奖金、旅游机会等。饮料界常举办开瓶大赠奖，在瓶盖或拉环下印有奖品或奖金数，可向厂商直接兑换。

（9）使用示范：即利用示范者在现场分送样品并做如何应用的示范表演，该方法常用于化妆品、服装、小电器等的销售。

常见的针对经销商的促销工具有：

（1）添购折让：指短期性减价，以刺激经销商购买新货，通常用于新产品上市时，鼓励经销商陈列或补偿陈列柜架所致的损失。

（2）清货折让：指提供一定的金额，鼓励经销商赶快清理积货或快速周转订货。

（3）买回折让：是指在第一次劝告经销商加购新货后，提供一定金额供经销商作为无法如期出售时买回的补偿。换言之，此折让等于保证让经销商不会因新货滞销而蒙受损失。

（4）广告赠品：厂商将一些印有企业名称或产品的东西送给顾客。最常见的如笔、衣服、日历等。

（5）设备赠品：指赠送装置、设备给购买一定数量货品的经销商，如载货小汽车、大卡车、陈列柜等。

（6）销售竞赛：生产厂商为了激励中间商竭尽全力推销其产品，规定一个具体的销售目标，凡在实现这一既定目标过程中的优胜者可以获得生产厂商的奖励。竞赛优劣通常以销售额、销售增长率、货款回笼速度、售后服务质量等一系列指标为标准，而奖励的形式也多种多样，除可获得生产厂商的财务支持、福利支持外，还可获得更多的促销支持。

（7）产品展览、展销、订货会议：生产厂商，无论是消费品生产厂商还是工业品生产厂商，都可以利用产品展览、展销、订货会议等多种方式来陈列其产品并作示范操作。生产厂商的推销员可以在会上同前来参观的消费者、有购买影响力的客户代表乃至高层决策者进行直接洽谈，接受询价，引导进一步消费行为。

（8）采购支持：采购支持是指企业为了帮助中间商节约采购费用和库存成本等，而采取的一系列帮助采购的促销活动。包括库存支持系统、自动订货系统等。

（五）促销组合的选择

表 10-4　　　　　　　　　　　　促销工具的比较

促销工具	长处	短处	作用
人员推销	直接性强，有利于培养顾客，回应及时	费用支出较大	帮助企业直接获得销售额与利润
广告	具有普遍性，范围广，表现力强，信誉度高	预算费用大	使产品知名度迅速提高，增进消费者对产品的理解
公共关系	可信度很高，信誉最佳，可减少戒心	需要与其他手段配合	提升品牌知名度与美誉度
销售促进	信息沟通好，刺激性强，诱导力大	时效性差，不宜建立长期品牌	吸引追求额外利益的顾客，促使销售达成

在选择促销组合策略时应权衡各种促销工具的优势和不足（见表 10-4），进行促销整合。这不是单纯地将预算分配到各个促销工具上，应注意促销工具彼此之间的协调及一致性，制定兼顾长短期效果的促销组合战术及时间表，强调"整体性的营销沟通观念"，整合互补以做到扬长避短、相得益彰，取得最佳效益。

四、知识链接

（一）把握促销的双面性

1. 促销的优点。

（1）中间商及顾客认识到促销能给他们带来的利益，从而激发他们对粗线条产品的兴趣和态度。

（2）促销是附加的额外诱发购买因素，能吸引顾客购买产品。

（3）促销是一种直接的诱发购买因素，能导致销量的立即增加。

（4）促销有很强的弹性。可用于新产品上市阶段，也可用来强调广告或人员推销所诉求的推销信息，还可用来巩固及强化批发商、零售商及各业务员的推销能力。

在下列条件下开展促销活动能最大限度地发挥促销的优点：

（1）将新品牌的产品投放市场时。

（2）将现有品牌的重大革新产品推向市场时。

（3）所推出的产品在市场上已具有竞争优势时。

（4）当公司想增加商店渠道时，促销活动有助于刺激中间商的推销行动。

（5）当广告攻势正在加强时，可以通过促销来扩大效果。

2. 促销的缺点。

（1）促销本质上是一种暂时的、短期性的活动，持续的时间通常不超过 60 天，因此不适合长期、持续地进行。

（2）促销本身无法独立运作，必须与其他促销工具配合使用。

（3）促销通常是非循环性的。投入在促销活动上的创意、时间、金钱等很少能被重复使用。

（4）对同一品牌的产品太频繁地进行促销时，有可能会损及产品的品牌形象。因为顾客会认为这是厂商滞销的产品或库存太多的产品、廉价品。

在下列情况下促销时，促销效果会受到影响：

（1）既有品牌未有产品革新时。

（2）既有品牌市场占有率日渐衰退时。

（3）把开展促销活动当做一种经营方法时。

（4）当强势竞争对手正针对顾客做促销活动时。

（二）FABE 法

FABE 法是一种有效和客户沟通的方法，即将一个商品分别从四个层次加以分析、记录，并整理成商品销售的诉求点。F 指特征（Feature），A 是利益（Advantage），B 是客户的利益（Benefit），E 是保证的证据（Evidence），即把所经手的商品先按其特征分类，把这些特征各自所代表的利益写出来，并把产品的利益与客户的利益结合起来，然后拿出证据来证明其符合客户的利益，或者让客户去尝试接触并加以证明。

从过程来说，首先，应该将商品的特征详细地列出来，尤其要针对其属性，列出其具有的特点，将这些特点列表比较。列表比较时，应充分运用自己所拥有的知识，将产品属性尽可能详细地表述出来。

其次，应列出商品的利益。也就是说，所列商品特征究竟有什么功能？对使用者能提供什么好处？等等。

再次，是客户的利益。当客户对象不同时，其利益也可能呈现不同的形态。但有一点我们必须考虑：产品的利益是否能真正给客户带来利益？也就是说，要结合产品的利益与客户所需要的利益。

最后，应保证满足消费者需要的证据，如证明书、样品、商品展示说明、录音带或录影带等。

（三）营销活动的评估

评估一项营销沟通的成效如何，必须对以下几个方面进行综合评定。

1. 活动所设定的目标的达成。可以将活动中所收集数据与促销前设定的目标相比较，得出实际的效果。比如，吸引了多少新顾客，市场份额增减如何，促销预算的实际使用等，这是整个评估中最简单的工作，也是第一步。透过这些数据，再与竞争者产品销量的同期增长作比较，以了解产品销售实际取得的进步。

2. 活动对销售的影响。评估活动对销售的影响有两种方法：纵向对比法（把活动前、促销活动中、促销活动后的销量进行比较，扣除季节等因素的自然增长率，即可得出活动实际对销量的帮助有多大）；横向对比法（可以选择市场份额、品牌地位相当的竞争产品作同期销量对比，或者选择规模、容量、人口、铺货率、居民购买力收入水平相当的城市作为参照对象，一个开展促销活动，另一个不开展促销活动，对比其效果。这种方法也可以用于活动预试中，以帮助测定活动成效）。

3. 活动的利润评估。利润评估包括：活动的实际开支与预算相比，哪些项目超支了，哪些没有？根据实际销量增长数，即可得知活动的实际成本。商品的促销活动有时侯可以获利，但是大多数场合是难以赚钱的。实质上，不少跨国公司增加促销预算时，10 次只有 5 次会增加销售，而这 5 次中又只有一半的情况下增加的销售额足以支付促销费用的增加。换言之，不少追加的促销费用只有四分之一的机会能获利。一般而言，只有当企业举办的促销活动能将竞争对手的顾客拉过来试一下自身较优的产品，并使这些顾客永久地转换过来时，这项活动才算是十分有效的。

4. 品牌价值的建立。即评估活动使顾客对产品的品牌态度的变化，主要通过了解这次活动对顾客随后选择品牌行为的影响等，即品牌认知、品牌形象、品牌忠诚一系列指标的变化。

5. 营销沟通工具的组合效果。活动的时机、参加方法、媒体选择、宣传力度等因素被组合运用后，使得某一种营销工具对沟通活动影响的评估变得困难，营销人员很难确切知道某个营销工具运作是否正确，能发挥出多大的效力。因此，这项工作需要有经验的专业人员运用各种科学的方法进行综合评审，以使评估客观、合理。

（四）对销售人员的激励原理

1. 马斯洛的需求层次理论。美国著名心理学家、美国心理学会前会长马斯洛在 1943 年提出了需求层次理论，他把人的各种需求归纳为五大类，并排成一个序列：生理需求—安全需求—情感和归属需求—尊重需求—自我实现需求。他认为，人的需求取决于他已经占有了什么和还没有占有什么。只有在需求尚未得到满足时才能影响行为。这一理论得到了多方面的验证，对于销售人员的刺激，它指导我们要注意了解销售人员现已满足内容及程度，刺激点就在这内容以外、程度以上。

2. 佛隆的激励理论。1964 年美国心理学家佛隆在《工作和激励》中，提出了一种激励理论模式，这一模式为

$$目标期望值 = 目标价值 \times 期望概率$$

其中，目标价值是指这个需求对某人来说有多大的吸引强度；期望概率是指达到这一目

标的可能性。

根据上述激励模式，我们可以得到对销售人员的激励模式：

销售人员的激励 = 奖金额 × 实现销售任务的可能性

所以，最佳的激励强度是奖金额高，可能性也大。

【阅读链接】

案例1："三人街霸"掀起百事新潮

百事可乐饮料有限公司取得1999年中国甲A足球联赛冠名权后，深圳百事可乐饮料有限公司针对即将到来的销售旺季，借球造势，大做足球促销文章，在甲A开战前期，推出了"百事可乐三人街霸足球赛"和"坐看风云，笑赢大奖"两项活动，使百事可乐在竞争激烈的深圳饮料市场从春季即开始形成强劲的旺销势头。

3月初，深圳百事为配合3月21日开战的'99甲A联赛，与深圳市足球协会、深圳有线电视台联手推出"百事可乐三人街霸足球赛"活动，并以此作为促销活动主题，号召作为甲A 14个主场城市之一的深圳青少年积极报名参加，争做"深圳球王新一代"。

在媒体宣传方面，以印制大量比赛活动海报和小宣传手册为主，报纸广告为辅，由促销人员将海报、手册广为张贴和派发到百事遍布深圳的上千个终端门市。报纸广告则以预告性和倒计时广告为主要内容，如"想当街霸吗？还有18天机会"、"4·10百事球星郝海东将主持'三人街霸足球赛'开幕式"。

在3月5日至4月1日短短28天的报名期内，竟吸引了包括成年男子公开组、女子组、高中组、初中组、小学组5个组别400支球队近2 200名参赛球员踊跃报名，反响强烈。4月10日"三人街霸足球赛"开幕时，更特地邀请了百事球星郝海东亲临现场主持开球仪式和签名活动，一时观者如潮，盛况空前。

深圳各主要媒体对"百事三人街霸足球赛"的进展情况密切关注，纷纷进行系列新闻报道。深圳有线电视体育频道还对5月16日的最终决赛进行了转播，使得百事在深圳的知名度和美誉度得以空前提升。

同时，深圳百事配合3月30日起在国内各大电视台统一开播的"百事可乐甲A联赛30秒电视广告"，在深圳地区举行了"坐看风云、笑赢大奖，看百事广告幸运抽奖"活动，以"中国足球更精彩，百事与你齐喝彩"为抽奖活动口号，引导受众集齐两张百事胶瓶标签，再回答两个问题即可参加包括便携式VCD、迷你电视机、球员签名足球等丰厚奖品在内的幸运抽奖活动。在宣传上，同样采取以配送张贴大量抽奖活动海报为主、报纸广告为辅的宣传方式，还印制了极具保留价值的'99甲A联赛精美赛程表供受众免费索取。

该活动以其便利性、趣味性，在深圳出人意料地引发了轰动的参与效应和关注主队平安队比赛的热潮，使百事形象更进一步深入人心。

以上两项活动相关相联，具有很高的互动性和参与性，深圳百事通过春季的强势足球促销活动，不仅牢牢巩固了"新一代的选择"这一形象定位，而且逐渐使百事可乐成为今夏这座年轻城市里年轻人的选择。

案例 2：波音用服务促销

1992 年，波音公司被全球客户评为民用飞机制造业中服务最优秀的航空公司。波音公司董事长梯·威尔逊说："不能让人说，波音只是在推销飞机时才对我们感兴趣。"波音公司的售前和售后服务无微不至，无与伦比，它在实践中建立了一个庞大的客户服务体系。在波音，客户的确是"上帝"。纵观波音公司的客户服务，有非常显著的四大特色。

1. 庞大的客户服务体系。波音民用飞机集团专门成立了一个客户服务部，为飞行在全球的 7 000 多架波音飞机提供后勤支援。波音公司设立了客户培训组，为世界各地的客户（航空公司）培训飞行员和飞机维护人员。1992 年为客户训练了 2 000 多名飞行员和 4 700 多名维护人员。

波音公司为全球客户设立了世界上最全面的飞机备件系统。除了位于西雅图的中央分送中心外，客户还可以通过亚特兰大、布鲁塞尔、伦敦、北京、新加坡等分送中心获得备件。1993 年，西雅图新的中央备件分送中心落成启用，中心占地 65 万平方米，总投资额 1 亿美元，仓库容积 1 500 万立方米，储存达 50 万种零件，24 小时运作。1992 年，各备件中心通过环球电脑联网，一共处理了 9 800 万张订单。与此同时，备件中心服务效率非常高，各地订单，波音均可以在 4 小时内予以处理，一般情况下，98.5% 的零备件可以在 2 小时内付运。

2. 波音服务的细致入微。波音专门设有维护工作组，该组的工程师协助每家航空公司确认其雇员及技术的需要，确保一切准备就绪后才交付飞机。维护工作组还向客户提供全套的"拥有者手册"，其中有印刷品、微型胶卷或计算机软件。1992 年波音共寄出了 1 750 本手册给客户，重量达 436 吨，另外还有 43 000 盒微型胶卷。

波音派驻全球 56 个国家 200 多名专业人员驻场负责处理现场问题，同时肩负起波音"亲善大使"的重责。波音还设立了停产产品的服务组，负责支援已经停产的飞机，如707、727、737。

波音公司成立了"新机组"，主要任务是在开发新机之初，便从客户的角度出发，提供设计意见。也就是说，新机型还未投入营运，波音就已经在为未来的客户提供服务了。例如波音 777 的客户服务组是在 1990 年成立的，而第一架 777 投入营运是在1995 年。

3. 波音的服务——快！波音客户服务以快取胜。快得有时连航空公司都大出意外。

有一次，一架英国航空公司的747客机在印度尼西亚上空37 000英尺处遇上了火山灰云层，四个引擎一下子全熄火了，飞机迫不得已紧急下降，机长发出了求救信号。逃出了火山灰云层，引擎才重新发动。44分钟后。飞机降落在雅加达机场，机长一走下飞机，第一个看见的人就是波音客户部的技师吉米·加伯。波音反应之快，令该机机长不得不叹服地笑道："波音一定有颗间谍卫星在盯着我们。"

4. 波音的服务"不见外"。波音和同行们有一个不成文的行规，那就是无论哪一家的飞机坏了，彼此间都有责任帮助检修。有一次，台湾某航空公司一架空中客车的机腹门把掉了，无法关紧，不能起飞。波音驻场代表汤姆·唐自告奋勇地接下了这个难题，他认真地做了一个代用品，装上去很管用，使这架飞机重又飞了起来，但这其中却闹了个笑话。航空公司副总以为汤姆·唐是空中客车的人，对空中客车大加赞扬。波音客户服务部的赫特曼先生奉命来这家公司公干时，这位副总执意要他见见这位空中客车的驻场代表，二人一见面才知道原来是一家人。

波音就是通过这样超人一等的服务征服了世界各地的客户，这难道不是一种超级的促销吗？

案例3：可口可乐的联合促销

"可口可乐"在1999年1—2月，选择中国新年的大好时机，在上海开展了号称可能是上海有史以来最大型的联合促销活动：消费者只要购买可口可乐公司的饮料至规定数量，即可获赠红包1个及贺年礼品1份。礼品包括"酷极"糖果、"台丰"花生，或"奇巧"巧克力。

红包中印有幸运号码，可参加每周连环大抽奖，赢取现金压岁钱，最高为5 000元。另外，在此红包中还有至少7张优惠券，包括吃穿玩乐等多种休闲娱乐项目，如四驱车游戏券、卡丁车游戏券、游乐园门票、电影票、保健品优惠券、服装优惠券、麦当劳快餐优惠券、新年糖果优惠券等。

在之后的3—4月，活动进一步举办，主题改为"吃喝玩乐送不停"，并且购买标准降低一半，兑奖凭证由收集外箱包装改为收集产品包装，礼品改为轻便相架或记事本或玻璃杯，红包内优待券由原来的至少7张改为4张，凭红包号码可以继续抽奖。

案例4：雀巢占据日本市场的一招

雀巢咖啡打入日本市场之前，该公司曾委托当地的市场调查机构从事一项调查分析工作。结果表明，战后出生的年轻人对咖啡的排斥性低于年纪大的人，男性接受的程度高于女性。针对这种情况，雀巢公司针对不同对象，制定了不同的行销策略，并通过广告传达产品的信息。

——针对以茶为主的老年人，雀巢公司极力塑造日本风味的印象，以日本的传统文化来表现咖啡的味道，说明这是具有深度、对日本有深刻认识的人的饮料。这一做法的目的仅在于降低老年人对咖啡的排斥，并不是要取代喝茶。

——针对年轻人，雀巢则刻意塑造欢乐的气氛，以新潮、时髦、感情和爱情为表现主题。让年轻人感受到雀巢咖啡的超越国界和时代感，视其为年轻一代生活中的一项不可缺少的消费品，从而接受它、认同它。

——针对成熟、稳重、事业有成，有社会地位和经济条件优越的中年人，则用金牌咖啡来吸引，暗示成功的人应与金牌咖啡同在。

雀巢咖啡虽然针对三种不同的消费者制定了不同的细分化行销战略，但在商品风格的塑造上，却表现了统一的特点，即"高品位的格调，现代人的饮料"。由于雀巢把握了广告的策略和技巧，尽管广告表现的方式有异，却能收到互为补充、相辅相成的效果。

五、能力实训

【实训背景】

在历史上，福特汽车公司的业绩曾出现过巨大的起伏。在 20 世纪 50 年代末，福特汽车公司开发了一种新型车"爱迪塞尔"，其结果未能如愿，一败涂地。然而，时隔 5 年之后，福特公司生产的新型车"野马"却获得了惊人的成功。

"爱迪塞尔"是福特汽车公司生产的中档车，1957 年 9 月投入市场。通常美国汽车制造商都是在 10 月份才推出下一年度将上市的新车，福特汽车公司提前 1 个月推出"爱迪塞尔"，目的在于抢先引起顾客的关注，免得顾客在 10 月的众多新车中挑花了眼。福特汽车公司为"爱迪塞尔"制定了一个目标：1958 年达到 3.3% ~ 3.5% 的汽车市场占有率，即如果美国汽车市场一年销售 600 万辆汽车，那么"爱迪塞尔"每年应售出 20 万辆左右。但是公司主管们认为这个估计过于保守，他们觉得这种新车的年销量肯定大大超过 20 万辆。为了"爱迪塞尔"的问世，福特汽车公司已经进行了长达 10 年的准备和研究。对福特汽车公司而言，它太需要像"爱迪塞尔"这样的中档车了。下面我们来仔细看一看"爱迪塞尔"诞生的前后过程。

产品创意

福特汽车公司推出"爱迪塞尔"这样的中档车的经营构想应该说是合理的。美国已经形成了一股中档车的潮流。如 Panliac、Oldsmobile、Buick、Dodge、Desolo、Mercury 等中档车以前仅占五分之一的市场份额，而到 20 世纪 50 年代中期，其市场份额达到三分之一。经济指标预示，在 60 年代，低档车需求量将下降，中档车需求量将上升。按 1956 年不变价格计算，个人可支配收入从 1938 年的 1 380 亿美元升至 1956 年的 2 870 亿美元。据预测，1965 年将达到 4 000 亿美元。而且，个人收入中用来购买轿车的比重也已从 1939 年的 3.5% 升至 1950 年中期的 5.5% ~ 6.0%。显而易见，外部经济环境对像"爱迪塞尔"这样的中档车有利。

福特汽车公司在中档车领域实力一直偏弱。通用汽车公司有 Panliac、Buick、Oldsmobile 等中档车，克莱斯勒汽车公司有 Dodge、Desolo，而福特汽车公司仅有 Mercury，且产量十分有限。

有研究显示，每年五分之一拥有旧低档车的人会将低档车换成中档车。当"雪佛莱"车主换车时，87%的人选通用汽车公司3种中档车的一种。当"普利茅斯"车主换车时，47%的人买克莱斯勒公司的 Dodge 和 Desolo。而当"福特"车主换车时，只有26%的人买福特公司产的 Mercury——福特汽车公司在这一价位上的唯一车型。福特汽车公司的经理们把这种现象称为"现代商业中最慈善的行为"。因为，"福特"车主的升级换代往往便宜了通用汽车公司。这种情况下，福特汽车公司引入"爱迪塞尔"看来是必要的了。

市场调查

福特公司对"爱迪塞尔"的市场调查持续了整整10年。调查者认为应当生产出一种蓬勃向上、充满活力的新型车，这种新车的目标顾客是年轻的经理或白领职员，对新车进行的广告和促销活动应集中于这一主题：这种车显示了车主高尚的社会地位。这种车还应当有一个好名字，为此，调查者收集了近2 000个名字，并派人在纽约、芝加哥、威罗朗、密歇根等大城市的街头向行人征询意见。

后来，"爱迪塞尔"——亨利·福特独生子的名字——被提议为车名，但是亨利·福特的孙子们——福特二世、本森和威廉·克莱对以他们父亲的名字为车名不太满意。而且，"爱迪塞尔"与"柴油机"和"滞销"发音相近。但是，在董事会上，董事们最后还是选定"爱迪塞尔"作为新车的车名。

产品设计

"爱迪塞尔"的设计始于1954年。为了能设计出一款与众不同而又十分美观的车形，设计者对现有的汽车作了广泛的研究，甚至跑到十层高的大楼顶上去观察在街道上行驶的汽车顶部的特征。市场调查者们也广泛征询了消费者的意见。各个设计组都拿出自己的方案，并制成模型，最终挑出一个令各方面都比较满意的方案。

这个方案就是垂直的散热器、按键传动装置和豪华设施。一些经理把"爱迪塞尔"的垂直散热器比作是30年代的古典车——"拉歇尔"和"波尔·阿罗"。按键传动也被喻为是当代科技点睛之笔：车盖、手刹、传动装置统统采用按键控制，甚至可以用一根牙签操纵汽车打开前后盖（这也是"爱迪塞尔"的销售人员向顾客炫耀该车的易操作性时的示范做法）。

"爱迪塞尔"车型庞大，而且动力较大，高达345马力。设计者希望借此突出"爱迪塞尔"的运动气息或青春色彩，从而达到吸引年轻顾客的目的。

分销

新型的"爱迪塞尔"并未通过福特汽车公司原有的销售网进行销售，而是专门为它重新建立了一个独立的总部和销售网。其销售网包括1 200家经销商，而且大部分经销商只出售"爱迪塞尔"。公司决策者认为，为"爱迪塞尔"新建独立分销机构，虽然加大了固定成本，但这种对"爱迪塞尔"实施独立经营核算的做法可以刺激生产和销售的积极性。

对"爱迪塞尔"经销商的选择也是经过深思熟虑的。经销商的声誉、设施、销售、管理能力、种族观念、竞争意识等都是严密考察的重要方面。"爱迪塞尔"的经销商分布于全国 60 个大城市。可以说，"爱迪塞尔"拥有位置最好的销售点。"爱迪塞尔"总部还为经销商配备了熟悉业务的助手，以便为购车顾客提供更好的服务。

促销

1957 年 7 月 22 日，"爱迪塞尔"第一个促销广告出场了。在《生活》杂志上，刊登了"爱迪塞尔"飞驰而过的模糊照片，并标注"最近公路上将有一些神秘轿车出没"。在以后的广告中，又刊登了带有覆盖物的"爱迪塞尔"的照片。直到 8 月底，"爱迪塞尔"才露出了它的真面目。

在广告商的选择上，福特汽车公司也颇费了一番思量。它没有找以往的老代理商，而是选择了一些从来没有做过汽车广告的大型广告代理公司。整个广告平静而自信，尽力避免使用"新"字。因为根据策划，广告应尽量平淡，不能喧宾夺主。由此，也掩盖了新车本身的光芒。

销售经理多尔还坚持认为，应对"爱迪塞尔"的外形采取严密的保密措施，以激发公众的好奇心。所以，"爱迪塞尔"的广告是在隔离环境下印制的，"爱迪塞尔"在运入各销售点时也带有覆盖物，甚至连新闻界也没有"爱迪塞尔"的照片。为推出"爱迪塞尔"，福特汽车公司花费了 5 000 万美元的广告费用。

结局

经过精心策划，"爱迪塞尔"于 1957 年 9 月 4 日正式面世，第一天，就收到了 6 500 份订单，这是比较令人满意的，但也出现一些不太妙的兆头。一位同时经销"爱迪塞尔"和"别克"的经销商声称：有一些顾客看了"爱迪塞尔"后却当场买了"别克"。

在以后的几天内，销量急剧下降。10 月的前 10 天仅售出 2 751 辆，平均每天不足 300 辆。而根据最低 20 万辆的年销售量估算，每天应售出 600～700 辆。在整个 1958 年，仅售出 34 481 辆，还不到原计划的五分之一。

1958 年 12 月又推出了"爱迪塞尔"第二代。新一代"爱迪塞尔"小一些、轻一些，马力也小一些，售价比第一代低 500 到 800 美元。这次情况稍好。

不久以后，"爱迪塞尔"分部并入了"林肯—麦库里—爱迪塞尔"分部。1959 年 10 月中旬，"爱迪塞尔"第三代上市，但市场反应冷淡，终于在 1959 年 11 月 19 日，"爱迪塞尔"停产了，整个计划以失败而告终。

在 1957 至 1960 年，福特汽车公司仅售出 109 466 辆"爱迪塞尔"，损失巨大。

在分析"爱迪塞尔"的失败原因时，有关人士指出：除产品和促销策略存在失误以外，该车投放市场的时机也有问题，正遇上 1958 年的经济萧条时期，中档车市场缩小，微型车走销。此外，该车的主要特点之一是马力特别大，能够吸引充满青春活力和喜爱运动的年轻人，但是国家为了保障驾车者的安全，制定了法律禁止在广告中宣传汽车马力，使该车的这一优点不能广为人知。

在"爱迪塞尔"停产后仅 4 年多，福特汽车公司于 1964 年 4 月 17 日又推出了"野马"。"野马"成为美国汽车工业史上最成功的新车型之一。

"野马"问世时美国汽车工业的发展现状

从 1954 年到 1964 年的 10 年间，美国汽车工业界发生了重大变化。外国汽车从 1955

年开始大规模进入美国市场，这些节油的进口微型汽车悄悄地改变了美国汽车工业的格局。许多美国著名汽车企业被迫压缩战线，终止了一些型号汽车的生产或被兼并甚至倒闭或尝试生产类似进口货的微型车。

1960 年，肯尼迪当选美国总统。他的成功被视为年轻一代的胜利，美国人更加推崇青春与朝气，认为这才是这个时代的特征。肯尼迪上台后面对的是停滞的经济，他决心采取增加可支配收入的减税政策来刺激美国经济的复苏。由于人们对美国经济的信心得到了恢复和增强，1962 年美国汽车市场逐渐复苏起来。1963 年，美国政府又下调了汽车消费税。1964 年的经济状况更加令人乐观，可支配收入比 1962 年上升了 35%，而且信用卡开始流行起来，这大大促进了汽车的销售。另一个好消息是，美国拥有两辆汽车的家庭正在增加，至 1964 年这样的双车家庭将达到 70 万户。

60 年代初期，人们还认识到，汽车既是成熟的标志，又是显示成熟的方式。因此，年轻人对汽车有着天然的迷恋。汽车制造商和经销商们均意识到：15～24 岁的年轻人正在组成一个生机勃勃且不断扩大的市场。人口调查表明，到 1970 年，美国 20～24 岁的人口将增加 54%，而 15～19 岁的人口将增加 41%。年轻人口的增长速度大大高于美国总人口的增长速度。

此外，受肯尼迪总统带来的青春浪潮的影响，许多中老年人也被年轻人的兴趣及偏好所感染，他们积极地参加到年轻人的活动中去，如打高尔夫球、打网球等。福特汽车公司的市场调查还发现，越来越多的人开始购买洋溢着青春朝气的跑车。

"野马"产品开发

汽车推销员出身的艾柯卡，对顾客的需求有着惊人的敏感。他立即建议福特汽车公司迅速迎合年轻人市场，开发具有运动型跑车外观的新车型。

艾柯卡提出的标准是：新车的价格不仅中等收入的人可以轻易负担，而且低收入的年轻人也可以承受。此外，这种新车还必须有后座和后备箱，借以满足小家庭的需要。如果有可能的话，这种新车还要力争成为准备购买第二辆汽车的家庭的首选车型。

当年福特的"爱迪塞尔"的开发耗资 2 亿美元，市场调查历时 10 年之久，而如今福特推出的这款新车只用了 6 500 万美元的开发费用。这主要是因为这款新车在许多方面采取了"拿来主义"，它是福特汽车公司许多成熟技术的混合体，例如，它的六缸发动机和传动装置就直接照搬 Falcon 型车。除了设计外形有一些开销外，这种新车最大的研发费用是用来设计悬架防震系统。

为了提高新型车对顾客的吸引力，满足不同档次顾客的需求，艾柯卡特别为它准备了多种可选配置，从而使顾客尽可能地在基本车型上演变出更符合其偏好的个性化来。仅传动器一项，顾客就可以有三种选择：自动档、四档、三档。此外，行李架、方向助力系统、刹车碟、空调、转速表、时钟等也均为选配件。为了迅速抢占市场并吸引年轻人，这种新型车的基本配置型售价仅为 2 368 美元。

为了确定新车的售价，福特汽车公司特地邀请来 52 对夫妇参观样车。当他们告诉这些夫妇新车售价为 3 500 美元时，这些人给新车挑了一大堆毛病。但当他们改口说售价为 2 500 美元时，顾客们则觉得该车风格独特，而且车厢空间宽敞舒适。

　　福特汽车公司从上千个征名中选出小野马、美洲豹、美洲狮、雄驹、野马、猎豹6个名字。最后，"野马"成为新型车的车名。这是美国空军在第二次世界大战中服役的著名战斗机的名字，艾柯卡认为它"给人带来天高地远的激情，而且是地地道道的美国味儿"。

促销

　　为了推销"野马"，福特汽车公司在电视和印刷传媒上做了铺天盖地的广告，力争在最短的时间内让"野马"的形象覆盖到美国的每一寸土地。家庭、妇女、年轻人都是"野马"瞄准的目标顾客。

　　1964年4月2日，离"野马"正式登场尚有两周时间，福特汽车公司的广告战打响了。美国三大电视网同时出现了"野马"广告。在一个月内，三大电视网为"野马"播出了25个内容各异的广告节目，美国95%的家庭从电视中看到了"野马"，每户平均收看了11次。"野马"还在191份报纸上做了彩色广告，在2 612家报纸上做了黑白广告。此外，《生活》、《观察》、《读者文摘》、《周六晚邮》等20余家全美发行的大型杂志也刊登了"野马"的四彩页广告。在两个月内，"野马"广告在收音机中平均每周出现60～70次。

　　福特汽车公司还与其他公司联手为"野马"摇旗呐喊，AMT玩具公司出售1美元一个的"野马"模型玩具；假日饭店下属的200多家旅店的大厅内陈列着"野马"，该饭店的经理们都配备了一辆"野马"；全美15个最繁忙的飞机场的候机大厅里也摆放着"野马"，Sea&Ski眼镜公司推出了名叫"野马"的新式太阳镜；几家著名的百货商店用"野马"车作为货架来陈列商品；美国的"微笑小姐"大赛用"野马"作为奖品；1964年的500英里汽车大奖赛指定"野马"为工作专用车……

　　"野马"把美国搅得沸沸扬扬，一下子就上了《时代》和《新闻周刊》杂志的封面。

结局

　　"野马"火了。1964年4月17日，福特的经销商们正式将"野马"介绍给顾客们。顾客的热烈反应令经销商们大喜过望，同时又措手不及。有一位经销商不得不紧锁展销室的大门，以防门外拥挤的顾客挤坏室内的设施。"野马"上市不足一周，就有400万顾客光顾了经销商的展厅。

　　福特汽车公司原来预计，"野马"第一年的销量为7.5万辆。但现在看来，第一年就可突破20万辆。于是，福特公司新建了第二条"野马"生产线，使该车的年产量达到36万辆。但这仍未能满足市场需求，第三条"野马"生产线又上马了。

　　绝大多数购买"野马"的顾客都从长长的选购订单中按自己的喜好为"野马"车选配了附加装置，平均下来每位顾客在购买"野马"车时为选配件花费了1 000美元。"野马"问世的头两年中，福特汽车公司从该车上赚取了11亿美元的利润。

【实训要求】

　　1. "爱迪塞尔"进入中档车市场为什么没有成功？你认为在当时的情况下，应如何做才能使"爱迪塞尔"获得成功?

2. 总结"爱迪塞尔"和"野马"使用的策略。两者相比,"野马"有哪些突破?

3. 若分析"野马"车豪华配件的市场情况,你认为应考虑哪些因素?如何分析这些因素对顾客的影响?

六、思考与练习

1. 赞助和广告有什么区别?

2. 什么是 FABE 法,举例描述。

3. 选择一则对你有吸引力的平面广告,分析广告中吸引你注意、引起你兴趣、使你产生需求和购买意愿的特征。

4. 评价你最近收到的几份电子邮件广告,哪些邮件吸引你的注意并至少让你保留下来?哪些被你直接删除?为什么?

5. 在产品生命周期的各阶段,哪种广告最为常用?

6. 实地考察一家大型超市,尽可能多地记录他们面向消费者的促销方式,分析哪种最常用?

第四篇

营销技术篇

YINGXIAO JISHU PIAN

学习情境十一　策划网络营销

一、学习目标

【能力目标】能制定企业营销目标；能分析网站访问者；能运用网络营销策略开展营销活动。

【知识目标】了解网络营销与传统营销整合方法和企业网站发展趋势；熟悉设计、建设和维护网络平台的方法和步骤；掌握提高站点访问率的方法。

二、工作项目

网络营销是以互联网络为媒体，以新的方式、方法和理念实施营销活动，更有效促成个人和组织交易活动的实现。万皎公司董事会认为网络营销是企业今后发展的趋势，由于网络营销信息交流自由、开放和平等，而且信息交流费用非常低廉，信息交流渠道既直接又高效，还可以为企业提供可靠的数据分析和营销依据，因此公司把网络营销作为企业发展的战略之一。美国基础设施良好，网络十分普及，便于网络营销的开展，所以刘熙要求营销部门做一份在美国市场的网络营销策划方案。

网络营销作为在互联网上进行的营销活动，它的基本营销目的和营销工具是一致的，只不过在实施和操作过程中与传统方式有着很大区别。企业建设网络营销系统是一项系统性工程，它涉及企业管理各个层面，包括企业高层的战略决策方面、中层的业务管理和低层的业务执行。进行企业网络营销站点建设，要考虑的是结合企业业务管理和执行将他们整合在一起。万皎公司营销部门的工作任务主要有：

任务 1：确定企业营销功能目标；

任务 **2**：划定访问者范围；

任务 **3**：设计网络平台；

任务 **4**：组织建设网络营销系统平台；

任务 **5**：站点维护；

任务 **6**：网络营销策略的选择和实施。

三、操作示范

第一步：确定企业营销功能目标

企业开展网络营销是希望通过网络平台展示信息、提供互动服务，使访问者与企业建立联系，成为目标客户，促成交易达成。对生产类型企业来说，在规划企业网络营销功能目标时，应结合公司整体营销目标，对企业的需求进行细分，让网络营销服务于企业最需要的东西。一般来说，网络营销功能目标主要包括：

1. 宣传企业信息。这部分属于站点的最基础内容，它主要包括企业新闻、企业经营活动、重大事件信息发布，以及企业的概况和企业产品信息等。

2. 交流沟通信息。互联网最大的特点是可以进行双向沟通，一个友好的人性化网站一般都要提供顾客直接与企业进行沟通的渠道。可通过论坛、注册和反馈实现用户或者业务伙伴与公司的交流和沟通。

3. 传输电子单据。为保证交易的合法性，电子单据的传输一般要求保密、安全、可靠，而且可以作为法律凭证。该功能属于实现市场交易中的功能。

4. 支付与结算。它属于市场交易完成阶段功能。企业网上支付与结算依赖网上银行的发展。

5. 进行网上销售。利用互联网进行网上销售既可以减少交易费用，又可以直接与消费者进行沟通，促进产品改良。

6. 开展货物配送。这是完成交易最后的环节，如何实时将货物送到指定的目的地也是完成交易的关键问题之一。

7. 进行售后服务。售后服务是企业网站上经常提供的功能，设计时可以根据企业实际情况有选择地提供网上售后服务，包括提供消费者需要的有关技术资料信息和操作培训信息。

8. 提供个性化服务。为方便和吸引更多网民访问公司网站，更好为企业的顾客服务，还可以建设一些子站点为顾客提供更差异化的满足顾客个性化需求的网站。

第二步：划定访问者范围

在确定站点的目标后，在规划的初始阶段，就应该尝试划定访问者范围，分析时要考虑的问题主要有：

1. 预期网站的主要目标受众在哪些地区，人口结构如何；

2. 访问者接入互联网的带宽有多大，能否快速访问到网站内容；

3. 使用网络页面的主要人群有哪些。

第三步：设计网络平台

在考虑站点的目标和服务对象后，根据访问者的特点设计网络平台，针对访问者的需求和兴趣规划站点的结构和设计信息内容。在规划设计时，应按照访问者习惯规划站点的结构，并整合企业的形象规划设计站点主页风格。

第四步：组织建设网络营销系统平台

1. 确定网络营销系统开发方式。

（1）购买通用商用系统。购买通用商用系统是实施的捷径。采用这种方式有以下优点：见效快、费用相对较低、系统质量较高、安全保密性较好、维护有保障。但是，商用系统也有其自身的局限性：①不能一步到位地满足企业管理的需求；企业在购买后，往往要针对自身的特点进行某些设定或是增补开发。②学习难度较大。③系统维护具有较强的依赖性。对于小型企业、事业单位，以及业务比较规范而且特殊要求不多的大中型企业来说，通过购买商用系统的途径比较合适。

（2）自行开发。如果企业本身具有一定的技术能力，有一批开发会计信息系统所需要的复合型人才，往往希望自行开发系统。这种方式具有以下优点：针对性强，能够最好地满足单位管理的需要；便于维护，不需要依赖于他人；设计的系统易于使用。但采用这种方式也有其自身的缺陷：对单位的技术力量要求较高；系统的应变能力较弱。这种方式适于有比较稳定开发维护队伍的单位。

（3）委托开发。大多数单位不具备自行开发系统的能力，这时可以考虑委托外单位开发系统。这种方式的优点是：和自行开发系统一样，采用委托开发方式是针对本单位的业务特点和管理需求建立系统；可以弥补本单位技术力量不足的缺陷；由于是专用软件，比较容易为使用者接受。这种方式存在的缺陷是：开发费用较高；软件应变能力不强；维护费用高。这种方式比较适用于本单位开发力量不足而又希望使用专用系统的单位。

（4）合作开发。与外单位合作开发系统，同时具备上述（2）、（3）两种方式的优点。这种方式也存在开发费用高、软件应变能力较弱等缺陷，但从成本/效益的角度考虑，不失为一种较好的开发方式，在实际工作中得到普遍运用。

2. 安排人员和资金。进行网络营销方案预算，确定投入多少资金。同时确定如何组织人员和有关部门参与网站建设，包括负责人、信息提供者、维护人员等的安排。

3. 网络营销系统平台开发步骤。跟一般信息系统开发方法一样，网络营销系统也可以采用经典有效的生命周期信息系统开发方法。这种方法将系统生命周期分为六个阶段：

（1）项目定义。项目定义阶段的任务是论证建设一个新的信息系统的必要性，并提出一个初步的设想。

（2）系统分析。又称需求分析，其任务是通过对原有系统存在问题的分析，找出解决这些问题的各种方案，评价每种方案的可行性，提出新系统的逻辑模型。

（3）系统设计。系统设计包含逻辑设计和程序设计。其任务是生成系统逻辑设计和程序设计的规格说明书。

（4）编程。编程阶段的任务是把设计阶段完成的规格说明书转换成软件的程序代码。

（5）测试。测试细分为单元（模块）测试、集成测试和验收测试。测试不仅证明技术正确性，而且验证系统凝聚性。

（6）实施与评价。包括培训、转换、使用、评价和维护等项内容。通过测试后系统要进行一定时间的试运行验证系统的质量。当然，还须进行培训和转换。培训是对系统维护人员和最终使用该系统的直接用户分别进行相关内容的指导。转换是就旧系统向新系统过渡所需要的所有活动排出一个详尽的转换计划，确保转换的平稳性与安全性。

在系统使用的过程中，为改正错误和提高系统的效率，需要不断对系统进行维护。经过一段时间的维护以后，会发现为了进一步提高效率，更好地满足用户的要求，要对系统做大量的改造。这时可能就快要达到这个系统生命周期的终点了。一旦到达生命周期的终点，就有再建立一个新的信息系统的必要，这时一个新的生命周期便重新开始。

第五步：站点维护

站点开发成功后，最重要的事情是日常运转的维护。站点的维护有关内容包括：

1. 定期对站点进行必要的更新和维护，并且注明最后一次修改或更新的时间，这样访问者就可以知道站点内容的及时性和可靠性。

2. 消除失效的链接，即在将每个链接放到主页上之前，应该对其有效性进行验证，还必须定期对其进行检查，以确定它们目前是否有效。

第六步：网络营销策略的选择和实施

站点在使用时应结合企业营销策略组合，动态地实施网络营销策略，主要包括网上产品服务策略、网络营销价格策略、网络营销渠道策略和网络营销促销策略。

（一）网上产品服务策略

1. 不同销售阶段的产品服务策略。根据顾客与企业发生关系的阶段，可以分为销售前、销售中和销售后三个阶段。网络营销产品服务相应也划分为网上售前服务、网上售中服务和网上售后服务。

网上售前服务主要是提供信息服务，一种是通过自己网站宣传和介绍产品信息，这种方式要求企业的网站必须有一定的知名度，否则很难吸引顾客注意；另一种方式通过网上虚拟市场提供商品信息。发布产品信息广告，提供产品样品，介绍和同类产品比较信息，介绍如何购买等，总之，提供的信息要让准备购买的顾客放心购买和使用。

网上售中服务主要是指销售过程中的服务。这类服务是指产品的买卖关系已经确定，等待产品送到指定地点的过程中的服务，如了解订单执行情况、产品运输情况等。在设计网上销售网站时，在提供网上订货功能的同时，还要提供订单执行查询功能，方便顾客及时了解订单执行情况，同时减少因网上直销带来的顾客对售中服务人员的需求。

网上售后服务就是借助互联网的直接沟通优势，以便捷方式满足客户对产品帮助、技术支持和使用维护的需求。网上售后服务有两类，一类是基本的网上产品支持和技术服务，另一类是企业为满足顾客的附加需求提供的增值服务。

2. 网上产品服务提供策略。由于消费者的个性化需求差异性大，加上消费者的需求量又少，因此企业实行定制生产在管理、供应、生产和配送各个环节上，都必须适应这种小批量、多式样、多规格和多品种的生产和销售变化。为适应这种变化，企业在管理上采用企业资源计划系统（Enterprise Resource Planning，ERP）来实现自动化、数字化管理，在生产上采用计算机集成制造系统（Computer Integrated Manufacturing System，CIMS），在供应和配送上采用供应链管理（Supply Chain Management，SCM）。同时，在营销网点上通过信息技术实现产品服务，一般来说包括以下基本功能：

（1）提供产品信息和相关知识。客户上网查询产品是想全面了解产品各方面的信息，因此在设计提供产品信息时遵循的标准是：客户看到这些产品信息后就不用再通过其他方式来了解产品信息。需要注意的是，很多企业提供的服务往往是针对特定群体的，并不是针对网上所有公众的，因此为了保守商业秘密，可以用路径保护的方法，让企业和客户都有安全感。

对于一些复杂产品，客户在选择和购买后使用时需要了解大量与产品有关的知识和信息，以减少对产品的陌生感，因此，特别是一些高新技术产品，企业在详细介绍产品各方面信息的同时，还需要介绍一些相关的知识，帮助客户更好地使用产品。

（2）FAQ。常见问题解答（Frequently Asked Questions，FAQ）。如 Microsoft 公司的网站中有非常详尽的"KnowledgeBase"（知识库），对于客户提出的一般性问题，在网站中几乎都有解答。同时还提供了一套有效的检索系统，让人们在数量巨大的文档中快捷地查找到所需要的东西。设计一个容易使用的 FAQ 需要注意：

保证 FAQ 的效用。要经常更新问题，回答客户提出的一些热点问题，了解并掌握客户关心的一些问题是什么。

保证 FAQ 简单易用。第一是提供搜索功能，客户通过输入关键字就可以直接找到有关问题的答案；第二是采用分层目录式的结构来组织问题；第三是将客户最经常问的问题放到前面；第四是对于一些复杂问题，可以在问题之间加上链接。

注意 FAQ 的内容和格式。从使用者角度考虑，设计应便于提问和阅读。

（3）网上虚拟社区的设计。顾客购买产品后，一个重要环节就是购买后的评价和体验，对于一些不满意可能采取一定的措施和行动进行平衡。企业设计网上虚拟社区就是让客户在购买后既可以发表对产品的评论，也可以提出针对产品的一些经验，也可以与一些使用该产品的其他客户进行交流。营造一个与企业的服务或产品相关的网上社区，不但可以让客户自由参与，同时还可以吸引更多潜在客户参与。

（4）意见反馈和调查。通过网络对消费者进行意见调查，借以了解消费者对产品特性、品质、商标、包装式样等方面的意见，协助产品改善的同时也提升企业形象。

（5）客户邮件列表。客户可以自由登记和了解网站最新动态，企业及时发布消息。电子邮件是最便宜的沟通方式，用户一般比较反感滥发的电子邮件，但对与自己相关的电子邮件还是非常感兴趣的。企业建立电子邮件列表，可以让客户自由登记注册，然后定期向客户发布企业最新的信息，加强与客户联系。

3. 网上个性化服务策略。个性化服务（Customized Service）也叫定制服务，就是按照顾客特别是一般消费者的要求提供特定服务。包括：服务时空的个性化，在人们希望的时间和希望的地点提供服务；服务方式的个性化，能根据个人爱好或特色来进行服务；服务内容个性化，不再是千篇一律，千人一面，而是各取所需，各得其所。

网上提供的定制服务是能够一对一地满足受众特殊需求的市场营销工具。具体方案包括：

（1）页面定制。Web 定制使预订者获得自己选择的多媒体信息，只需标准的 Web 浏览器，就可让用户定制个性化主页。

（2）电子邮件定制方案。客户机不需要保持与互联网的永久链接，就可以实时得到信息。用户安装了支持 MIME 的软件包，还可以使用多媒体电子邮件，了解客户可能关注的信息。

（3）需要客户端软件支持的定制服务。如 Quote. com 的股票报价服务，还可以结合 MicroQuest 公司的客户端软件包对投资组合进行评估，而 http：//www. PointCast. com 则更为典型，它通过运行在读者计算机上特制的软件包来接收新闻信息，这种软件以类似屏幕保护的形式出现在计算机上，而接收哪些信息是需要读者事先选择和定制的。这种方式与上述方式最大的不同在于，信息并不是驻留在服务器端的，而是通过网络实时推送到客户端，传输速度更快，让你察觉不出下载的时间。但客户端软件方式对计算机配置有较高的要求，在信息流动过程中可以借用客户端计算机的空间和系统资源，让客户下载是一件麻烦事。

网上个性化服务是一种非常有效的网络营销策略，但网上个性化服务是一个系统性工作，它需要从方式上、内容上、技术上和资金上进行系统规划和配合，否则个性化服务是很难实现的。对于一般网站提供个性化服务要注意下面几个问题：

（1）个性化服务是众多网站经营手段中的一种，是否适合于网站应用，应用在网站的哪个环节上，是需要具体情况具体分析的。

（2）应用个性化服务首先要做的是细分市场，细分目标群体，同时准确地确定不同群体的需求特点。这几个方面的因素决定着个性化服务的具体方式，也决定着个性化服务的信息内容是什么。

（3）市场细分的程度越高，需要投入到个性化服务中的成本也会相应提高，而且对网站的技术要求也更高，网站经营者要量力而行。

（二）网络营销价格策略

对客户来说，传统市场由于信息不对称，并受市场空间和时间的隔离，往往较为被动，在讨价还价中总是处于不利地位。互联网的出现不但使得收集信息的成本大大降低，而且还能得到很多的免费信息。网络技术发展使得市场资源配置朝着最优方向发展。根据研究，消费者选择网上购物，一方面是因为网上购物比较方便；另一方面是因为从网上可以获取更多的产品信息，从而以最优惠的价格购买商品。

对企业来说，网络营销可以降低营销及相关业务管理成本费用，降低销售成本费用，包括降低采购成本费用、降低库存、生产成本控制等。

由于网上的信息是公开和易于搜索比较的，因此网上的价格信息对消费者的购买起着重要作用。企业在网上公布价格时要注意区分消费对象，一般要区分一般消费者、零售商、批发商、合作伙伴，分别提供不同的价格信息发布渠道，否则可能因低价策略混乱导致营销渠道混乱，同时应注意比较同类站点公布的价格。具体来说可以考虑的定价策略主要包括：

1. 直接低价定价策略。它一般是制造业企业在网上进行直销时采用的定价方式。定价时大多采用成本加一定利润，有的甚至是零利润，因此在公开价格时就比同类产品要低。采用低价策略的基础是前面分析中指出的，通过互联网企业可以节省大量的成本费用。

2. 折扣定价策略。它是在原价基础上进行折扣来定价的。这种定价方式可以让顾客直接了解产品的降价幅度以促进顾客的购买。这类价格策略主要用在一些网上商店，它一般按照市面上的流行价格进行折扣定价。

3. 定制生产定价策略。定制生产定价策略是在企业能实行定制生产的基础上，利用网络技术和辅助设计软件，帮助消费者选择配置或者自行设计能满足自己需求的个性化产品，同时承担自己愿意付出的价格成本。目前消费者只能在有限的范围内进行挑选，还不能完全要求企业满足自己所有的个性化需求。

4. 按使用次数定价的方式。顾客通过互联网注册后可以直接使用某公司的产品，顾客只需要根据使用次数进行付费，而不需要将产品完全购买，避免购买后使用几次就闲置而产生的浪费。这一方面减少了企业为完全出售产品而进行的不必要的大量的生产和包装浪费，同时还可以吸引过去那些有顾虑的顾客使用产品，扩大市场份额。顾客每次只是根据使用次数付款，节省了购买产品、安装产品、处置产品的麻烦，还可以节省不必要的开销。采用按使用次数定价，一般要考虑产品是否适合通过互联网传输，是否可以实现远程调用。目前，比较适合的产品有软件、音乐、电影等产品。另外，采用按次数定价对互联网的带宽提出了很高的要求，因为许多信息都要通过互联网进行传输，如互联网带宽不够将影响数据传输，势必会影响顾客租赁使用和观看。

5. 拍卖竞价策略。网上拍卖是目前发展比较快的领域，经济学认为市场要想形成最合理价格，拍卖竞价是最合理的方式。网上拍卖由消费者通过互联网轮流公开竞价，在规定时间内价高者赢得。根据供需关系，网上拍卖竞价方式有下面几种：（1）竞价拍卖：包括二手货、收藏品，也可以是普通商品以拍卖方式进行出售。（2）竞价拍买：是竞价拍卖的反向过程，消费者提出一个价格范围，求购某一商品，由商家出价，出价可以是公开的或隐蔽的，消费者将与出价最低或最接近的商家成交。（3）集体议价：在互联网出现以前，这种方式在国外主要是多个零售商结合起来，向批发商（或生产商）以数量换价格的方式。互联网出现后，使得普通的消费者能使用这种方式购买商品。集合竞价模式是一种由消费者集体议价的交易方式。

6. 免费价格策略。就是将企业的产品和服务以零价格形式提供给顾客使用，满足顾客的需求。在网络营销中，免费价格不仅仅是一种促销策略，它还是一种非常有效的产品和服务定价策略。免费价格策略有这样几类形式：第一类是产品和服务完全免费，即产品（服务）从购买、使用到售后服务所有环节都实行免费服务；第二类对产品和服务实行限制免费，即产品（服务）可以被有限次使用，超过一定期限或者次数后，取消这种免费服务；第三类是对产品和服务实行部分免费，如一些著名研究公司的网站公布部分研究成果，如果要获取全部成果必须付款作为公司客户；第四类是对产品和服务实行捆绑式免费，即购买某产品或者服务时赠送其他产品和服务。

免费价格策略一般与企业的商业计划和战略发展规划紧密关联，应考虑与商业运作模式能否吻合，分析采用免费策略的产品（或服务）能否获得市场认可，寻找合适的推出时机，降低免费策略带来的风险，提高免费价格策略的成功性。

7. 与网络技术相关的价格策略。网上会员制，依据会员过去的交易记录与偏好，给予顾客折扣，鼓励消费者上网消费，以节省销售渠道的运行成本。

智慧型网上议价系统，与消费者直接在网上协商价格。运用该系统可以考虑顾客的信用、购买数量、产品供需情形、后续购买机会等，协商出双方满意的价格。

自动调价系统，可以依季节变动、市场供需情况、竞争产品价格变动、促销活动等，自动调整价格。

（三）网络营销渠道策略

营销渠道是指与提供产品或服务以供使用或消费这一过程有关的一整套相互依存的机构，它涉及信息沟通、资金转移和实物转移等。由于网上销售对象不同，因此网上销售渠道是有很大区别的。一般来说网上销售主要有两种方式，一种是 B—B，即企业对企业的模式，这种模式每次交易量很大、交易次数较少，并且购买方比较集中，因此网上销售渠道的关键是建设好订货系统，方便购买企业进行选择；由于企业一般信用较好，通过网上结算实现付款比较简单；另外，由于量大次数少，因此配送时可以进行专门运送，既可以保证速度也可以保证质量，减少中间环节造成损伤。第二种方式是 B—C，即企业对消费者模式，这种模式每次交易量小、交易次数多，而且购买者非常分散，因此网上渠道建设的关键是结算系统和配送系统，这也是目前网上购物必须面对的门槛。由于国内的消费者信用机制还没有建立起来，加之缺少专业配送系统，因此开展网上购物活动时，特别是面对大众购物时必须解决好这两个环节才有可能获得成功。

在选择网络销售渠道时还要注意产品的特性，有些产品易于数字化，可以直接通过互联网传输；而对大多数有形产品，还必须依靠传统配送渠道来实现货物的空间移动，对于部分产品依赖的渠道，可以通过对互联网进行改造以最大限度提高渠道的效率，减少渠道运营中的人为失误和时间耽误造成的损失。

1. 渠道功能设计。一个完善的网上销售渠道应有三大功能：订货功能、结算功能和配送功能。

（1）订货系统。它为消费者提供产品信息，同时方便厂家获取消费者的需求信息，以求达到供求平衡。一个完善的订货系统可以最大限度降低库存，减少销售费用。设计订货系统要简单明了，不要让消费者填写太多信息，而应该采用现在流行的"购物车"方式模拟超市，让消费者一边看物品比较选择，一边进行选购。在购物结束后，一次性进行结算。另外，订货系统还应该提供商品搜索和分类查找功能，以便于消费者在最短时间内找到需要的商品，同时还应对商品提供消费者想了解的信息，如性能、外形、品牌等重要信息。

（2）结算系统。消费者在购买产品后，可以有多种方式方便地进行付款，因此厂家（商家）应有多种结算方式。目前国外流行的几种方式有：信用卡、电子货币、网上划款等。国内付款结算方式主要有：邮局汇款、货到付款、信用卡、网上划款等。在选择结算方式时，应考虑到目前实际发展的状况，应尽量提供多种方式方便消费者选择，同时还要考虑网上结算的安全性，对于不安全的直接结算方式，应换成间接的安全方式。

（3）配送系统。一般来说，产品分为有形产品和无形产品，对于无形产品如服务、软件、音乐等产品可以直接通过网上进行配送；对于有形产品的配送，要涉及运输和仓储问题，关键是建立快速有效的配送系统。在进行网上销售时要考虑到该产品是否适合于目前的配送体系。对于开展网上直销的生产企业而言，可以有两种途径管理和控制物流。一种是利用自己的力量建设自己的物流系统；另一种方式是通过选择合作伙伴，利用专业的物流公司为网上直销提供物流服务，这是大多数企业的发展趋势。

2. 网上直销策略。网上直销与传统直接分销渠道一样，都没有营销中间商。网上直销渠道一样也要具有上面营销渠道中的订货功能、支付功能和配送功能。网上直销与传统直接分销渠道不一样的是，生产企业可以通过建设网络营销站点，让顾客直接从网站进行订货。通过与一些电子商务服务机构如网上银行合作，可以通过网站直接提供支付结算功能，简化了过去资金流转的问题。对于配送方面，网上直销渠道可以利用互联网技术来构造有效的物流系统，也可以通过互联网与一些专业物流公司进行合作，建立有效的物流体系。

3. 选择电子中间商。网络的信息资源丰富、信息处理速度快，基于网络的服务便于搜索产品，但在产品（信息、软件产品除外）实体分销方面却难以胜任。目前出现许多基于网络（现阶段为互联网）提供信息服务中介功能的新型中间商，可称为电子中间商（Cybermediaries）。电子中间商起着连接生产者和消费者的桥梁作用，帮助消费者进行购买决策和满足需求，帮助生产者掌握产品销售状况，降低生产者为达成与消费者交易的成本费用。企业应根据自身特征和需求合理选择以信息服务为核心的电子中间商。

（1）目录服务。利用互联网上的目录化的 Web 站点提供菜单驱动进行搜索，现在这种服务是免费的，将来可能收取一定的费用。现在有三种目录服务，第一种是通用目录（如 Yahoo!），可以对各种不同站点进行检索，所包含的站点分类按层次组织在一起；第二种是商业目录（如互联网商店目录），提供各种商业 Web 站点的索引，类似于印刷出版的工业指南手册；第三种是专业目录，针对某个领域或主题建立 Web 站点。目录服务的收入主要来源于为客户提供互联网广告服务。

（2）搜索服务。与目录不同，搜索站点（如 Lycos、Infoseek）为用户提供基于关键词的检索服务，站点利用大型数据库分类存储各种站点介绍和页面内容。搜索站点不允许用户直接浏览数据库，但允许用户向数据库添加条目。

（3）虚拟商业街。虚拟商业街（Virtual Malls）是指在一个站点内连接两个或两个以上的商业站点。虚拟商业街与目录服务的区别是，虚拟商业街定位某一地理位置和某一特定类型的生产者和零售商，在虚拟商业街销售各种商品、提供不同服务。站点的主要收入来源依靠其他商业站点对其的租用。如我国的新浪网 Sina. com 开设的电子商务服务中，就提供网上专卖店店面出租。

（4）网上出版。由于网络信息传输及时而且具有交互性，网络出版 Web 站点可以提供大量有趣和有用的信息给消费者，目前出现的联机报纸、联机杂志属于此类型。由于内容丰富而且基本上免费，此类站点访问量特别大，因此出版商利用站点做互联网广告或提供产品目录，并以广告访问次数进行收费，如 ICP 就属于此类型。

（5）虚拟零售店（网上商店）。虚拟零售店不同于虚拟商业街，虚拟零售店拥有自己的货物清单，直接销售产品给消费者。通常这些虚拟零售店是专业性的，定位于某类产品，它们直接从生产者进货，然后折扣销售给消费者（如 Amazon 网上书店）。目前网上商店主要有三种类型：第一种是电子零售型（e - Tailers），这种网上商店直接在网上设立网站，网站中提供一类或几类产品的信息供选择购买；第二种是电子拍卖型（e - Auction），这种网上商店提供商品信息，但不确定商品的价格，商品价格通过拍卖形式由会员在网上相互叫价确定，价高者就可以购买该商品；第三种是电子直销型（e - Sale），这类站点是由生产型企业开通的网上直销站点，它绕过传统的中间商环节，直接让最终消费者从网上选择购买。

（6）站点评估。消费者在访问生产者站点时，由于内容繁多，站点庞杂，往往显得束手无策，不知该访问哪一个站点。提供站点评估的站点，可以帮助消费者根据以往数据和评估等级，选择合适站点访问。通常一些目录和搜索站点也提供一些站点评估服务。

（7）电子支付。电子商务要求能在网络上交易的同时，实现买方和卖方之间的授权支付。现在授权支付系统主要是信用卡如 Visa、Mastercard，电子等价物如填写的支票，现金支付如数字现金，或通过安全电子邮件授权支付。这些电子支付手段通常对每笔交易收取一定佣金以减少现金流动风险和维持运转。目前，我国的商业银行也纷纷上网提供电子支付服务。

（8）虚拟市场和交换网络。虚拟市场提供一个虚拟场所，符合条件的任何产品可以在虚拟市场站点内进行展示和销售，消费者可以在站点中任意选择和购买，站点主持者收取一定的管理费用。如我国商务部主持的网上市场站点——中国商品交易市场就属于此类型。当人们交换产品或服务时，实行等价交换而不用现金，交换网络就可以提供此以货易货的虚拟市场。

（9）智能代理。随着互联网的飞速发展，用户在纷繁复杂的互联网站点中难以选择。智能代理是这样一种软件，它根据消费者偏好和要求预先为用户自动进行初次搜索，软件在搜索时还可以根据用户自己的喜好和别人的搜索经验自动学习优化搜索标准。用户可以根据自己的需要选择合适的智能代理站点为自己提供服务，同时支付一定的费用。

（四）网络营销促销策略

传统营销的促销形式主要有四种：人员推销、销售促进、公共关系和广告。网络营销是在网上市场开展的促销活动，相应形式也有四种，分别是站点推广、销售促进、网络关系营销和网络广告。

1. 网络营销站点推广就是利用网络营销策略扩大站点的知名度，吸引网上流量访问网站，起到宣传和推广企业以及企业产品的效果。站点推广主要有两类方法，一类是通过改进网站内容和服务，吸引用户访问，起到推广效果；另一类通过网络广告宣传推广站点。前一类方法费用较低，而且容易稳定顾客访问，但推广速度比较慢；后一类方法可以在短时间内扩大站点知名度，但费用不菲。具体方法包括：

（1）搜索引擎注册。调查显示，网民寻找新网站主要是通过搜索引擎来实现的，因此在著名的搜索引擎进行注册是非常必要的，而且在搜索引擎进行注册一般都是免费的。

（2）建立链接。与不同站点建立链接，可以缩短网页间距离，提高站点的被访问概率。一般建立链接有下面几种方式：①在行业站点上申请链接。如果站点属于某些不同的商务组织，而这些组织建有会员站点，应及时向这些会员站点申请一个链接。②申请交互链接。寻找具有互补性的站点，并向它们提出进行交互链接的要求（尤其是要链接上到站点的免费服务，如果提供这样的服务的话）。为通向其他站点的链接设立一个单独的页面，这样就不会使刚刚从前门请进来的顾客，转眼间就从后门溜到别人的站点上去了。③在商务链接站点申请链接。特别是当站点提供免费服务的时候，可以向网络上的许多小型商务链接站点申请链接。只要站点能提供免费的东西，就可以吸引许多站点为你建立链接。寻找链接伙伴时，通过搜索寻找可能为站点提供链接的地方，然后向该站点的所有者或主管发送电子邮件，告诉他们可以链接的站点名称、URL 以及 200 字的简短描述。

（3）发送电子邮件。电子邮件的发送费用非常低，许多网站都利用电子邮件来宣传站点。利用电子邮件来宣传站点时，首要任务是收集电子邮件地址。为防止发送一些令人反感的电子邮件，收集电子邮件地址时要非常注意。一般可以利用站点的反馈功能记录愿意接受电子邮件的用户电子邮件地址。另外一种方式是通过租用一些愿意接受电子邮件信息的通信列表，这些通信列表一般是由一些提供免费服务的公司收集的。

（4）发布新闻。及时掌握具有新闻性的事件（例如新业务的开通），并定期把这样的新闻发送到你的行业站点和印刷品媒介上。将站点在公告栏和新闻组上加以推广。互联网使得具有相同专业兴趣的人们组成成千上万的具备很强针对性的公告栏和新闻组。比较好的做法是加入这些讨论，让邮件末尾的"签名档"发挥推广的作用。

（5）发布网络广告。利用网络广告推销站点是一种比较有效的方式。比较廉价的做法是加入广告交换组织，广告交换组织通过不同站点的加盟，在不同站点交换显示广告，起到相互促进的作用。另外一种方式是在适当的站点上购买广告栏发布网络广告。

（6）使用传统的促销媒介。使用传统的促销媒介来吸引访问站点也是一种常用方法，如一些著名的网络公司纷纷在传统媒介发布广告。这些媒介包括直接信函、分类展示广告等。对小型工业企业来说，这种方法更为有效。应当确保各种卡片、文化用品、小册子和文艺作品上包含有公司的 URL。

（7）提供免费服务。提供免费资源在时间和精力上的代价都是昂贵的，但其在增加站点流量上的功效可以得到回报。应当注意，所提供的免费服务应是与所销售的产品密切相关的，这样，所吸引来的访问者同时也就可以成为良好的业务对象。也可以在网上开展有奖竞赛，因为人们总是喜欢免费的东西。如果在站点上开展有奖竞赛或者是摸奖活动，将可以产生很大的访问流量。

2. 网上销售促进。销售促进主要是用来进行短期性的刺激销售。互联网作为新兴的网上市场，网上的交易额不断上涨。网上销售促进就是在网上市场利用销售促进工具刺激顾客对产品的购买和消费使用。一般地，网上销售促进主要有以下几种形式：（1）有奖促销。在进行有奖促销时，提供的奖品要能吸引促销目标市场的注意。同时，要会充分利用互联网的交互功能，充分掌握参与促销活动群体的特征和消费习惯，以及对产品的评价。（2）拍卖促销。网上拍卖市场是新兴的市场，由于快捷方便，吸引大量用户参与网上拍卖活动。我国的许多电子商务公司也纷纷提供拍卖服务。（3）免费资源促销。免费资源促销的主要目的是推广网站。所谓免费资源促销就是通过为访问者无偿提供访问者感兴趣的各类资源，吸引访问者访问，提高站点流量，并从中获取收益。

3. 网络关系营销。网络关系营销是借助互联网的交互功能吸引用户与企业保持密切关系，培养顾客忠诚度，提高顾客的收益率。

网络公共关系与传统公共关系功能类似，只不过是借助互联网作为媒体和沟通渠道。网络公共关系较传统公共关系更具有一些优势，所以网络公共关系越来越被企业一些决策层所重视和利用。网络公共关系应致力于与网上新闻媒体建立良好的合作关系；通过互联网宣传和推广产品；通过互联网建立良好的沟通渠道，包括对内沟通和对外沟通。具体方法包括：

（1）与网络新闻媒体合作。网络新闻媒体一般有两大类，一类是传统媒体上网，通过互联网发布媒体信息。其主要模式是将在传统媒体播放的节目进行数字化，转换成能在网上下载和浏览的格式，用户不用依靠传统渠道就可以直接通过互联网了解媒体报道的信息。另一类媒体是新兴的真正的网上媒体，它们没有传统媒体的依托。

不管是哪一类媒体，互联网出现后，企业与新闻媒体的合作可以更加密切，可以充分利用互联网的信息交互特点，更好地进行沟通。为加强与媒体合作，企业可以通过互联网定期或不定期将企业的信息和有新闻价值的资料通过互联网直接发给媒体，与媒体保持紧密合作关系。企业也可以通过媒体的网站直接了解媒体关注的热点和报道重点，及时提供信息与媒体合作。

（2）宣传和推广产品。宣传和推广产品是网络公共关系的重要职能之一。互联网最初是信息交流和沟通的渠道，因此互联网上建设有许多类似社区性质的新闻组和公告栏。企业在利用一些直接促销工具的同时，采用一些软性的工具如讨论、介绍、展示等方法来宣传推广产品效果可能更好。在利用新闻组和公告栏宣传、推广产品时，要注意"有礼有节"。

（3）建立沟通渠道。企业网络营销站点的一个重要功能就是为企业与企业相关者建立沟通渠道。在前面分析网站建设的主要功能和设计架构时，其中的一个重要因素是网站是否具有交互功能。通过网站的交互功能，企业可以与目标顾客直接进行沟通，了解顾客对产品的评价和顾客提出的还没有满足的需求，保持与顾客的紧密关系，维系顾客的忠诚度。同时，企业通过网站对企业自身以及产品、服务进行介绍，让对企业感兴趣的群体可以充分认识和了解企业，提高企业在公众中的透明度。

4. 网络广告。网络广告即企业通过企业主页、网络内容服务商（ICP）、免费的互联网服务、专类销售网、网上报纸或杂志、虚拟社区和公告栏（BBS）以及新闻组（Newsgroup）等方式发布各类广告。网络广告形式主要包括：

（1）旗帜广告。旗帜广告（Banner Advertising）是使用最广泛的网络广告，包括静态和动态两种。网络广告最早即起源于那些位于网站顶部或底部的长方形的旗帜广告。

旗帜广告的优势在于：①具有可定向性。旗帜广告（包括其他所有的在线广告形式）都具有完全可定向的特点。它可以按照观众的具体公司、代号、地理位置、国家等进行精确定向，亦可以按照时间、计算机平台或浏览器类型进行定向。②具有可跟踪性。市场经营者可以了解客户对其品牌的看法，可以了解对哪些产品更加感兴趣。基于Web的旗帜广告很容易记录观众访问次数及点击旗帜广告的次数，不仅能够检验观众对广告的回复率，而且能够准确测量观众对产品兴趣的来源。③具有方便灵活的可操作性。广告人可以随时发布、更新或者取消任何旗帜广告。所有广告人能够在广告发布的头一个星期以最短的时间了解广告的效果，并决定不同的广告策略。④具备交互性。每个广告人的目标是让观众真正参与到其产品或服务中来，让客户真正体验其产品或服务。旗帜广告（在线广告）可以做到这一点，它可以引导观众来到产品或服务的介绍网站，观看产品或服务的演示实例，对于软件产品，观众可以立即下载有关的演示操作版，体验真实的产品或服务。这在其他传统的广告形式中是根本无法实现的。

旗帜广告策略有：

①旗帜广告交换策略。旗帜广告交换就是两个不同的站点为相互扩大站点的知名度，协商同意互相交换旗帜广告位放置对方的旗帜广告，以达到零费用的双方互惠互利。目前旗帜广告交换有两种方式，一种是通过一些广告联盟组织作为中介，对广告联盟内的组织成员进行交互，目前这种方式用得比较多，许多个人主页和小型站点都通过这种方式进行旗帜广告交换，交换时一般要遵循中介的规定和管理，同时在旗帜广告上放置广告联盟中介的标志。另一种方式是愿意交换旗帜广告的双方直接进行交换，该方式直接方便，但交换的面比较窄。

②旗帜广告媒体选择策略。旗帜广告媒体选择与传统广告媒体选择基本类似，第一要考虑广告费用；第二要考虑广告的收益，比如广告发布后增加访问量，是否增加了销售收入等；第三要考虑广告的效率，即广告接受者是否是你想接触到的；第四是媒体的形象是否与广告的推广形象吻合；第五要考虑媒体能否给你详细的广告效果统计分析数据，这是网络媒体与传统媒体的最大区别所在。

③旗帜广告的发布策略。页面位置选择。每个网页的最上方的位置叫"First View"，访问者不用拖动滚动条就可以看到，这个位置条受到绝大多数客户的青睐，但是也不要小看在网页最下面的广告条。另外，还要使广告靠近网站最主要的内容。通常综合网站

都会有 "What's New" 或者发布网站自身新闻的位置，这往往是一个网站中最吸引人的部分，因此广告如果放在这个位置附近会吸引更多人的注意。

广告内容更换。即使你有一个很好的条幅广告，也要经常更换图片，因为研究表明，当同一个图片放置一段时间以后，点击率开始下降。而更换图片以后，点击率又会增加。所以保持新鲜感是吸引访问者的一个好办法，一般应在 2 周左右更换一次较合适。

（2）电子邮件广告。电子邮件广告就是利用 E - mail 发布广告信息。由于 E - mail 的发送非常简单，而且费用非常低廉，吸引许多企业利用 E - mail 来发布广告。发布电子邮件广告注意下面几个问题：

①收集 E - mail 地址。发布电子邮件广告，首先要确定发布对象，也就是收集发布对象的 E - mail。收集方法主要有下面几种：一种是发布网站建立访问者反馈功能，让访问者能与站点主持人保持联系，比如利用 Form（表单）收集 E - mail 地址。第二种是从别人手中购买。第三种是最直接的主动收集方法，就是制造某种网上特殊事件让客户参与进来。用这种方式来有意识地营造自己的网上客户群，不断地用 E - mail 来维系与他们之间的关系。

②确定 E - mail 广告内容。制作 E - mail 广告时要注意，开篇的一些措辞应该要符合读者追求的品位，唤起读者的兴趣。在写信件时要注意语气亲切，对有可能收到的不太礼貌的回信，要平心静气地回信。在信件的结尾要求客户订购，再次重申产品的优点以及如何订购等。

为提高电子邮件广告的效果，在制作电子邮件广告时要注意签名的正确性。在这个简短的 6 行签名栏中包含了公司名称、网址、电子邮件地址、口号及简单的描述。

③电子邮件广告发布。电子邮件广告可以利用批量发送邮件进行发送，这些邮件被称为 Bulk 电子邮件。为了提高效率，减少读者的麻烦，每份 E - mail 广告发布前要反复测试；不要对未经过分析和过滤的地址发送电子邮件。为提高电子邮件的广告效果，可以提供一些免费的产品或服务，来吸引接收者进行信息反馈。对可能造成侵害的接收者，采用友好语气并恳请原谅，并且提供可以自动取消接受 E - mail 广告的功能。

④电子邮件通讯广告。电子邮件通讯（Newsletter）一般是指读者自愿接收电子邮件方式的电子邮件广告信息。读者在访问网站时留下自己的 E - mail 地址，会定期收到由商家发送的产品或服务的信息，向邮件列表中的订户发送 E - mail 的权力控制在列表所有者的手中。Newsletter 可以分为以下几种类型：提醒邮件，提醒访问过你的网站的订户再次访问，这当然要建立在更新网站内容的前提下。如美国的 www. mylifepath. com 网站。产品信息邮件，定期发送的邮件，包含了一些对人们有用的信息，如新产品。潜在客户邮件，坚持给所有你认为有可能成为客户的订户发送邮件，直到他们成为你的客户。售后邮件，向客户发送邮件，了解顾客使用情况。

⑤电子杂志广告。电子杂志由专业人员精心编辑制作，有内容和信誉的充分保障，具有很强的时效性、可读性和交互性，而且还不受地域和时间的限制，无论您在

全球的任何地方，电子杂志都可以带给用户最新最全的信息。由于电子杂志是由网民根据兴趣与需要主动订阅的，所以此类广告更能准确有效地面向潜在客户。所有的使用者都可以根据自己的喜好和兴趣选择订阅，订阅时要详细填写一张用户档案（Member Profile）。这就使得提供免费 E－mail 的服务商能详细地知道使用者具体情况，并向企业提供相关用户具体情况的统计资料，便于企业根据使用者的特性有针对性地发布自己的广告。

⑥公告栏广告。随着 BBS 在 Web 上实现，现在可以直接通过浏览器访问 BBS，因此大大简化了操作。在 BBS 发布广告信息时应注意：发布与讨论组主题相符的通知、短评、介绍性质的信息；文字短小精悍；信息的发布频率不宜过高且要经常更新文章。

发布信息时可以在某个组中单独挑起一个话题；也可以选中一个话题，巧妙地插入；或者选择某个组的适当位置，单纯地粘贴广告就行了。

在公告栏发布广告信息第一要根据广告信息的主题选择讨论组；第二阅读组中的文章，了解热点话题，查看有没有与你要发布的广告信息类似的文章存在；第三起草和发布自己的广告；第四进行定期跟踪，查看自己的广告是否存在，有没有人响应，是否引起某些人的敌意和反感等；第五根据反馈和效果，修改方式和文字，在适当的时候再次发布。

⑦新闻组广告。新闻组就是一个基于网络的计算机组合，这些计算机可以交换一个或多个可识别标签标识的文章（或称之为消息），一般称做 Usenet 或 Newsgroup。

在新闻组中进行商业推销活动很难，一些比较有效的策略包括：经常在选定的新闻组中张贴消息或回复别人张贴的消息；张贴一些能为观看者提供有价值信息的文章；网站升级通知；在新闻组中发布推广的网站，并请求别人提出意见；明确的广告警示内容。

除了以上网络广告形式外，企业还可以根据需求选择主页型广告（Homepage）、列表分类播发型广告、链接广告、综合型广告等。

四、知识链接

（一）网络营销与传统营销整合

网络营销作为新的营销理念和策略，凭借互联网特性对传统经营方式产生了巨大的冲击，但这并不等于说网络营销将完全取代传统营销，网络营销与传统营销是一个整合的过程。

网络营销与传统营销是相互促进和补充的，企业在进行营销时应根据企业的经营目标和细分市场，整合网络营销和传统营销策略，以最低成本达到最佳的营销目标。网络营销与传统营销的整合，就是利用整合营销策略实现以消费者为中心的传播统一、双向沟通，实现企业的营销目标。

传播的统一性是指企业以统一的传播资讯向消费者传达，即用一个声音来说话（Speak With One Voice），消费者无论从哪种媒体所获得的讯息都是统一的、一致的。其目的是运用和协调各种不同的传播手段，使其发挥出最佳、最集中统一的作用，最终实现在企业与消费者之间建立长期的、双向的、维系不散的关系。与消费者的双向沟通是指消费者可与公司展开富有意义的交流，可以迅速、准确、个性化地获得信息，反馈信息。如果说传统营销理论的座右铭是"消费者请注意"的话，那么整合营销所倡导的格言即是"请消费者注意"。虽然只是两个词之间位置的转换，但其消费者在营销过程中的地位发生了根本的改变，营销策略已从消极、被动地适应消费者向积极、主动地与消费者沟通、交流转化。

另外，整合营销已从理论上离开了在传统营销理论中占中心地位的 4P 理论，逐渐转向以 4C 理论为基础和前提，其所主张的观念是：（1）先不急于制定产品策略（Product），而以研究消费者的需求和欲望（Consumer Wants and Needs）为中心，不要再卖你所生产、制造的产品，而卖消费者想购买的产品。（2）暂时把定价策略（Price）放到一边，而研究消费者为满足其需求所愿付出的成本（Cost）。（3）忘掉渠道策略（Place），着重考虑给消费者方便（Convenience）以购买到商品。（4）抛开促销策略（Promotion），着重于加强与消费者沟通和交流（Communication）。

（二）企业网站发展趋势

1. 网站职能细分。企业网站的两大职能就是网络营销和企业信息化。这两块职能在网站架构、目标人群、应用方式和效果评估等诸多方面都有很大的差异。目前仍然有大量的企业网站将两者融为一体，这种局面在未来将逐渐发生改变。随着互联网应用的快速发展，一个企业将会拥有两个甚至多个网站，分别用于不同的目的。

2. 高端网络营销市场发展蕴藏商机。目前网站建设市场的竞争是相当激烈的，特别是在低端市场，众多网络公司参与竞争，已近乎肉搏战。在未来企业网站建设市场的发展过程中，低端网建市场上的散兵游勇将更加难以生存，此块市场将逐步被智能建站平台和免费建站所取代。而对于大型网建的高端市场，在可预见的未来仍然蕴涵着大量的商机和能量，将是专业网站建设服务商努力奋斗的方向。

3. 综合网上营销平台将取代部分企业网站。企业开展网络营销所需的网上营销平台，未来的发展将不仅仅局限于企业自身的网站，而更多的将是一些综合性平台。它们同样能够起到建平台、做推广、促转化的网络营销目的，对于中小企业来说，网络营销效果才是最终所追求的内容。

（三）提高站点访问率的方法

目前网站主要分为这样几类：（1）内容信息类，主要为访问者提供各种信息、知识等有价值的内容，如新浪提供的新闻服务，搜狐提供网站搜索服务。（2）中介服务类，主要通过网站架设桥梁为访问者提供某种服务，如网易提供的虚拟社区信息交流服务，3721 网站提供的中文域名服务。（3）电子商务类，这类站点主要是通过互联网作为开展商务活动的平台。对于电子商务类站点，一般有两种方式，一种是纯粹的网上电子商务企业，另一种是传统企业将其业务拓展到电子商务，如 8848 网站属于前种，北京图书大厦网站属于后种。（4）其他。这类网站一般不是以盈利为目的的，如个人网站、组织机构网站等，它们一般是结合自己的具体情况，开展网上信息交流活动。

不同类型的网站，要增加访问回头率需要采取不同的策略。对于内容信息类，它的目标就是起到一个媒体的作用，要扩大访问量主要是通过提供及时的信息和大容量的数据库检索服务；对于中介服务类，它的关键是要提供有特色的别的网站所不具备，同时又是网民需要的服务；对于电子商务类，它的关键是为网民提供更便捷的网上购物渠道、更丰富的产品和更优惠的价格；对于传统企业将业务拓展到电子商务的站点，要注意遵循互联网的规律，传统市场优势品牌在网上不一定能吸引大量访问者，必须提供网上用户需要的一些服务，如产品知识、网上直销、免费增值服务等。

【阅读链接】

案例1：利用日食的网上营销

2009年7月22日，在我国长江流域发生的一次日全食，被天文学家称做"500年一遇"，让天文爱好者大饱眼福，更让商家赚了个盆满钵满。这些商家靠着敏锐的商业嗅觉，觉察到伴随日全食而来的巨大商机，将自己的产品与这个大事件捆绑起来，受益匪浅。

谷歌把"日食"请到地图和视频上

这一次日全食发生时间在9点35分，正值上班高峰时段，普通上班族或者无法亲临观测点，或者无法上网观看，而谷歌个性化首页日食小工具（g. cn/ig）提供了日食专题的点播回看与精彩资讯。谷歌、东方卫视、东方宽频三方联手，通过谷歌个性化首页（g. cn/ig）以及谷歌地图（ditu. google. cn）的网络传播平台，把多点连线现场直播的原生态画面完整地呈现给全国亿万用户，为不能亲临观测点的网友提供观看日食的新途径。有超过600万用户选择添加了这个小工具到自己的谷歌个性化首页，185万人通过这一工具观看网上视频直播。

因为上海是最佳观测点，东方卫视又是上海影响最大的媒体，谷歌借助这次大事件为自己在东方卫视上做了影响力超强的广告。并且，谷歌通过日食结合到了自己的产品，谷歌地图、个性化首页，这些无疑在日食的帮助下又拿下了很多固定用户，增加了无数潜在客户群。Google的日食攻略巧妙运用了网络整合营销4I原则中的利益（Interests）原则，"好产品不需要宣传"这是Google发展秉承的理念，其实用最好的产品为消费者提供实际利益，自然就会带来良好的口碑与效果。

露得清"阻挡太阳"

露得清（Ultra Sheer）是强生旗下的一款防晒产品，委托新加坡DDB打造"阻挡太阳"（Sun stopper）计划，意图传达这样的信息：日全食只能提供6分钟半的防晒保护——正是日全食的持续时间——而在当年接下来那50多万分钟内，露得清Ultra Sheer将继续提供无懈可击的防晒保护。

露得清日全食攻略就设置了微型网站www. sunstopper. sg作为核心阵地，360度发力。在这个微型网站上，露得清通过实时倒数功能、可下载的桌面实用工具、博客内容以及每日更新的原创精彩短片，来吸引更多网络到访者并引起他们的兴趣。此外，"阻挡太阳"在社交网络 Facebook、YouTube 视频空间以及博客累积的大量人气与粉丝群，也带动了网站访问流量。而最终的目标是要吸引庞大的网络到访者浏览"阻挡太阳"网站，在站内观看日食画面的实况直播。当日食进入尾声时，网站也改头换面，带出露得清产品系列与信息："露得清 Ultra Sheer——遮天蔽日，无懈可击"。

在日全食结束后，"阻挡太阳"网站成为露得清皮肤科学中心。网站集合所有与太阳有关的信息资料，包括它对皮肤产生的影响以及 Ultra Sheer 防晒系列抵御太阳所献上的全面保护。

案例2：杜蕾斯的微博营销

对于一些具有私密性、敏感性的产品，在营销时要顾忌公序良俗，在遵从社会道德的前提下，巧妙营销，不仅不能冒犯受众，还要迎合他们的心理，提高他们的品牌忠诚度。避孕产品品牌杜蕾斯就是一个成功的代表，它的广告一直都做得很经典，在朦胧中有着调皮的幽默感。2010 年被利洁时收购后，杜蕾斯顺应传播环境的变化，在中国市场加大了微博营销的传播和推广力度。

微博内容：对粉丝说什么？

在中国，像杜蕾斯这样的产品是很敏感的东西，在传播时要注意很多问题。杜蕾斯的口号是"LOVE&SEX"，因此在网络上会谈比较多有关 LOVE 的内容，有爱情才有伴侣嘛。除了爱情，还有几个传播关键词，比如性感、安全、时尚、幽默等。

其实一些看起来不相干的内容，都是与这些关键词紧密相关的，我们通过关键词的契合与品牌产生链接，不过这些帖子会有一定的比例，这个比例经常根据当时的情况作调配，以确保每天都有一些有趣的、生活的、小清新的、性感的内容。

杜蕾斯官方微博有一个专属的合作外包团队。公司内部做微博营销的团队有 3 个人，负责 5 个品牌的微博营销。杜蕾斯官方微博运营采用两班制，分早晚班进行维护。

一般来说，做商业品牌的微博营销内容有几个重点：第一，不碰政治；第二，不涉及宗教；第三，不牵涉、不攻击竞争品牌，甚至任何人、事、物。有些品牌的微博很有趣，当粉丝攻击它时，它的维护人员会说"不喜欢我你就走"这样的话，但这种不好的反馈传播出去是很危险的，绝对要避免。并且无论竞争品牌发生任何事情，都不会去评论和攻击。

杜蕾斯几乎是所有官方微博中最喜欢和粉丝沟通的。当品牌格调出来之后，粉丝的回复就会很有意思。前几天有个帖子，是一个网友把益达口香糖的广告词改了："兄弟，油加满……你的杜蕾斯也满了。"当时杜蕾斯回复了一句："杜蕾斯无糖避孕套，关爱牙齿，更关心你。"起到了很好的幽默效果。之后陆续有粉丝把五粮液等品牌的广告变成杜蕾斯的。

鞋套哥——针对即时事件的迅速反应

某天北京的一场大雨，让杜蕾斯官方微博着实火了一把。正值北京傍晚临近下班时，大雨猛然间落下，微博上网友开始讨论如何回家。此时一个叫"地空捣蛋"的账号发出一条微博：北京今日暴雨，幸亏包里还有两只杜蕾斯。他在配图中，详细介绍了自己怎样把杜蕾斯作为鞋套。此微博一发出，便被网友疯狂转发，在1小时之内便被转发了1万多条。

事后，杜蕾斯微博外包团队的"首脑"、此次事件的"幕后主使"在网上公布了创意过程：2011年6月23日17：20，北京又一次瓢泼大雨倾盆而下。外包团队的同事说："我们想了好玩的东西，下来看一眼。"下楼，看到打开的两只杜蕾斯，以及杠子脚上套着东西——"杜蕾斯套鞋防止被淋湿"。我联想起小时候出门用塑料袋套鞋，避孕套有弹性更适合，何况我们用的还是凸点的，增加了防滑功能。

拍摄完毕，简单修图，杜蕾斯的客户经理有些担忧这样是否会对品牌造成影响。在社交网络上，我们团队的操作宗旨就是与热点结合、有趣胆大、快速反应、坚持原创。这个创意条条符合，没有原则性的问题，和CEO简单沟通后，拍案决定可以做，但更换一种办法，先由杠子的私人账号"地空捣蛋"发出来，看看效果后再由杜蕾斯官方微博转发。

24：00，这条微博转发量已经超过5.8万条，牢牢占据了6月23日新浪微博转发排行榜第一名。3天内，最高转发超过了9万条。如果以传统媒体的传播效果来比较，这次没花费一分钱预算的事件传播可以与CCTV黄金时间点的3次30秒广告效果媲美。一周后，《中国日报》英文版将此案例评为2010年最有代表性的社交网络营销案例之一。

五、能力实训

【实训背景】

DHC的网络营销

DHC是日本的一个化妆品品牌，DHC目前是通过网络联盟在国内推广的最成功企业之一。它进入中国市场的时间比其他欧美品牌要晚很多，而对于化妆品营销而言，想在一个新市场当中抢得一席之地，即使大量的营销投入，也未必完全可以实现目标。相比DHC的营销策略，应该说他们很懂市场。

目前传统企业心里痒痒的，想着手自己的电子商务，想把自己的企业网站做得具有营销力，遗憾的事情是，初期在建站的时候，没有从营销的角度来设计网站。导致所有企业的网站一个套路。

生产企业做自己的网络营销、销售网站，需要解决以下几个问题：

1. 让用户知道你；

2. 让用户找到你；

3. 让用户想买你的产品；

4. 让用户回来再买。

DHC更愿意将自己的销售模式归结为化妆品里面的戴尔模式——戴尔模式被人们谈论最多的是定制生产和直接销售。为了实现从公司到消费者的无中间环节的直接销售，戴尔公司为用户提供电话订购一对一咨询服务，帮助用户了解产品性能，选择最适合自己的机型；并设立了非常详细的用户档案；价格完全透明公开化；用户可通过网站或免费电话下单购买；产品直接出厂，质量能够得到完全保证；戴尔的客户中心拥有精通多种语言的技术支持工程师，通过电话解决客户技术问题成功率非常高，为销售的快捷便利提供了有力保障。

与戴尔相似的是，DHC 的模式是通信销售——DHC 采用网络销售、电话销售、目录销售为主的模式运行，没有进驻卖场和开设独立专卖店，产品直接到达消费者，节省了中间许多不必要的环节，把更多的实惠带给购买 DHC 产品的消费者。

DHC 的产品覆盖基础护理、特别护理、彩妆、香水、化妆用具和特别套装在内的六大产品系列百余种产品。由于采用通信销售模式，DHC 得以将节约的中间环节费用用于市场调研和产品研发，保证产品的优质，同时提供完善的产品线，保证消费者有选择的空间和个性化需求的满足。由于通信销售模式省去了代理商经销费用和物流费用，DHC 也得以提供比同类产品更低的价格。DHC 的口号是："相同质量，价格最低；相同价格，质量最好。绝不生产劣于其他公司的产品。"这一点也是其几十年来的基本理念，并成为 DHC 吸引精明的女性消费者的利器。由于实行了通信销售模式，DHC 为顾客提供了便捷和快速的服务，使她们足不出户就可以享受到自己喜爱的产品。而这种通信销售模式的实施，使顾客用自己的感觉去判断，避免了在商场导购人员劝诱下的购物压迫感和非理性消费。同时，DHC 的通信销售模式杜绝了假货的流通，获得了顾客的信任。

DHC 立体传播

为使自己的化妆品系列产品能够迅速深入目标受众，DHC 启动了立体式的传播。充分利用电视广告、报纸广告、车身广告等宣传方式，迅速让中国市场的消费者了解这一品牌。同时，DHC 提供体验式的消费，通过免费试用等方式让消费者体验 DHC 产品的高品质。这一人性化的服务在使顾客更为亲睐 DHC 的同时也为 DHC 自己的营销创造了机会。如最近 DHC 就在中国启动了免费体验天然基础护肤六件装的活动，只需发短信直接在手机中抵扣 3 元挂号费（确保产品准确送达顾客手中），就可以获得护肤套装，市场反响非常热烈。

DHC 的会员制

会员制是 DHC 通讯销售模式的一大特色。加入 DHC 会员的程序非常简单，只需通过电话或上网索取 DHC 免费试用装，以及订购 DHC 商品的同时自动就成为 DHC 会员，无须缴纳任何入会费与年会费。新品上市时，会员可优先获赠试用装。同时，DHC 会员还可获赠《橄榄俱乐部》杂志，这一杂志由 DHC 主办，包含产品目录与信息、美容体验信息、美容化妆技巧课堂等内容，成为 DHC 与会员之间传递信息、双向沟通的纽带。此外，DHC 会员还享有积分换礼品等多项优惠。采用会员制大大提高了 DHC 消费者的归属感，拉近了 DHC 与消费者之间的距离，也让更多人对 DHC 给予更高的关注度。

DHC 的多渠道营销

DHC 拓展多种销售渠道，为消费者提供了产品获得的便利性。在这一点上，DHC 和戴尔可以说是异曲同工。DHC 在自己的网站为会员和非会员提供了操作非常简易的电子商务平台，消费者可以通过网站输入自己的用户名和密码，选择自己需要的产品代码和数量，轻松购物；800免费电话的开通，使消费者不仅可以咨询美容信息和产品信息，也可以电话下订单购物；在北京、上海等十几个城市，DHC实行速递配送，货到付款；同时，DHC还开通了邮购服务，消费者可以在邮局通过邮购获得自己需要的产品。

DHC 的强供应链

戴尔销售模式为人们所熟知却并不容易被模仿。在戴尔灵活有效的销售模式背后是其卓越的供应链管理。高效运转的供应链体系既保证了戴尔有效的库存控制，也使戴尔的供货及时准确，服务到位。与戴尔一样，DHC强有力的供应链策略、有效的信息系统和到位的执行力度，使DHC在最短时间内响应顾客的需要，及时供货，让消费者能够在第一时间拿到自己想要的商品。

截至2004年10月，DHC现已拥有会员368万人，在日本已经成为通讯销售化妆品第一品牌，在洁面、卸妆、保湿品领域长年保持日本市场占有率第一。在韩国、美国、瑞士和中国香港、中国台湾等，DHC都取得了良好的销售业绩。尽管DHC 2004年1月才正式登陆中国大陆市场，但是在短时间内，DHC就已经拥有较高的知名度，成为职业女性们所津津乐道的话题，掀起了一个又一个的DHC销售热潮。

【实训要求】

1. 分析DHC网络营销目标，以及相应的策略。

2. DHC的多渠道整合营销包括哪些手段？

3. DHC网络营销的主要访问者可能有哪些人？为了吸引他们你认为还可以采取什么策略？

六、思考与练习

1. 打开一个你常用的网站，找出网站中有多少旗帜广告和其他类型的广告，分析其内容和效果。

2. 找一家你喜欢的公司，组成小组完成以下工作：（1）帮他们设计一个网络销售平台；（2）制定一套提高站点访问率的策略；（3）分析网络营销如何与其他营销方式整合，并制定相应策略。

学习情境十二　策划电话营销

一、学习目标

【能力目标】能分析和寻找电话营销目标客户；能分析电话营销产品和营销目标；能运用电话营销策略开展营销活动，能针对客户对话中常见障碍进行有效处理。

【知识目标】熟悉电话营销模式，掌握电话营销整合策略。

二、工作项目

电话营销是通过使用电话、传真等通信技术，来实现有计划、有组织，并且高效率地扩大顾客群、提高顾客满意度、维护顾客等市场行为的手法。出现于20世纪80年代的美国，随着消费者为主导的市场的形成，以及电话、传真等通信手段的普及，越来越多的企业开始尝试这种新型市场手法。由于电话营销易于被对方接受；推销对象一般会仔细倾听，因此易于沟通；且省时省力，效率高，万皎公司美国分公司打算实行电话营销。首先，他们要做一个电话营销策划方案，工作任务包括：

任务1：确定目标客户；

任务2：确定营销产品和营销目标；

任务3：组建及管理电话营销团队；

任务4：设计电话营销策略。

三、操作示范

第一步：确定目标客户

策划电话营销应首先确定自己的目标客户，也就是说，首要环节是事先确定拨出陌生电话后通话的人是潜在客户，否则，每天打出再多的电话也是徒劳，销售技巧再好也是白费。

电话营销人员可以通过网站搜索、展览会、交易会、行业杂志、电话黄页等途径来收集目标客户资料，找准准客户或潜在客户，实施电话推销。判断对方是否可能成为目标客户可以参考学习情境十一中提到的的"MAN"原则。

发掘潜在客户有两种通用的方法：资料分析法和一般性方法。

资料分析法即通过分析各种资料寻找潜在客户的方法，包括（1）统计资料，国家有关部门的统计调查报告、行业在报刊或期刊上刊登的统计调查资料、行业团体公布的调查统计资料等；（2）名录类资料，客户名录（现有客户、旧时的客户、失去的客户）、同学名录、会员名录、协会名录、职员名录、名人录、电话黄页、厂家年鉴等；（3）报章类资料，报纸（广告、产业或金融方面的消息、零售消息、迁址消息、晋升或委派消息、订婚或结婚消息、建厂消息、诞生或死亡的消息、事故、犯罪记录、相关个人消息等），专业性报纸和杂志（行业动向、同行活动情形等）。

一般性方法主要包括：（1）主动访问，别人的介绍（顾客、亲戚、朋友、长辈、校友等）；各种团体（社交团体、俱乐部等）。（2）其他方面，邮寄宣传品，利用各种展览会和展示会，经常去风景区、娱乐场所等人口密集的地方走动。

定义好目标客户后，企业需要一个客户数据库。这个数据库中的客户资料越准确，电话销售的效率就越高，成效也越明显。这个数据库的价值还在于企业可以不断跟进客户，随时把握客户的需求变化，客户管理也容易许多。

第二步：确定营销产品和营销目标

1. 确定电话营销产品。并不是所有的产品或企业都适合使用电话营销。适合电话营销销售的产品应当满足以下两个条件：一是容易描述，特征简单，便于销售者在电话中说清楚；二是价格不能过高，一旦价格高，就会面临成交率下降的问题，或令客户推迟作决定的时间。

2. 确定电话营销目标表。一般来说，电话营销的成交率是非常低的，但以一个电话营销员一个月的呼出量来看，他所接触到的准客户数，几乎等于一个上门拜访客户的营销员六个月的拜访量。电话营销的主要优势在以量取胜，通过电话找到有购买可能的推销对象，排除没有购买可能的推销对象。实现把产品成功销售给对方都需要一个过程，在这个过程中需要与对方通若干次电话，每一次具体的电话达成一个相应的目标，因此电话营销目标应坚持有限目标原则，电话销售人员可以将每次通话的目标罗列出来，制订一个电话销售目标表。

通常电话销售的目标可分成主要目标及次要目标。主要目标通常是你最希望在这通电话达成的事情，而次要目标是当你没有办法在这通电话达成主要目标时，你最希望达成的事情。主要目标包括：确认是否为潜在客户；确定约访时间；达成一定数量的销售；确认客户何时作出最后决定；让准客户同意接受商品或服务。常见的次要目标包括：取得准客户的相关资料；销售某种并非预订的商品或服务；预订再和准客户联络的时间；引起准客户进一步会谈的兴趣；帮助介绍关键客户等。

第三步：组建及管理电话营销团队

一般来说，一个完整的电话营销团队包括电话营销专员（坐席员）、电话营销主管（坐席主管）、电话营销经理，同时还应包括负责培训和质量监控的训导师、运营分析师及培训师等。

团队管理包括培训、现场辅导、质量监控、绩效管理、激励与薪酬制度等。

1. 培训。对电话营销专员培训的目的是让其掌握电话营销过程必备的专业知识和销售技巧，在电话营销领域内普遍认为电话行销员的成功要素包括：KASH + 高活动量（Call Volume），K 是指专业知识（Knowledge）；A 代表正确的心态（Attitude）；S 代表良好的销售技巧（Skill）；H 代表良好的习惯（Habit）。高活动量取决于打电话的效率。相关的电话营销公式如下所示：次数 × 接触率 = 接触人数，接触人数 × 成交率 = 成交件数，成交件数 × 平均单价 = 业绩。假设成功接触率为 40%，成交率为 5%，平均单价为 1 000 元，那么要做到 3 万元的业绩，必须拨出 1 500 个电话。对电话营销专员的培训也要从 KASH + 高活动量这几方面来展开。

2. 现场辅导。现场辅导通常通过电话监听的方式来进行，这实际上是对电话营销过程的控制。监听者在监听过程中发现问题，及时与被监听者沟通，指出电话营销专员与客户沟通过程中存在的问题和应对措施的不妥之处，提出改进要求及措施，并进行追踪。通过监听和辅导，提高电话营销专员与客户沟通、交易促成及解决冲突与纷争的能力，提升其在任何情势下都能够作出迅速反应的能力，这些对销售技巧的培养是很有帮助的。

3. 质量监控和绩效管理。可以采用关键绩效指标法（Key Performance Indicator, KPI），即把对绩效的评估简化为对几个关键指标的考核，关键指标可以是工作态度、销售技巧、业务水平、综合能力等，并将指标量化考核当做评估标准。对电话营销团队及个人的考核应该遵循过程与结果并重的原则，即综合考量结果关键绩效指标法和过程关键绩效指标法。

4. 激励与薪酬。进行电话营销的公司应根据公司自身的企业文化、市场定位、预期目标来制定激励与薪酬制度，激励与薪酬制度需要充分考虑到电话营销专员现时利益的获得、职业生涯规划及电话营销专员团队的发展。

第四步：设计电话营销策略

（一）时间安排策略

通常来说，拨打销售电话的时间是在早上9点到下午5点之间。电话销售人员可以在这个时间段腾出足够多时间来做电话营销。如果这种传统销售时段不奏效，就应将销售时间改到非电话高峰时间，或在非高峰时间增加销售时间。最佳非电话高峰时间一般在上午8:00～9:00，中午12:00～13:00和17:00～18:30。如正值所找的人外出，可询问接电话者是否有其他人可以商谈，或问清对方什么时候回来，以便以后联系。

（二）设计谈话脚本

一份完美的电话脚本包括：绕过前台或秘书等障碍；设计独特且有吸引力的开场白，建立信任，提出利益诉求；以问题的形式激发客户欲望，吸引客户的注意力；推出产品或服务，塑造产品的价值，并解决客户异议；促成交易。

应当把客户可能经常问到的问题做成一个工作帮助表，便于随时快速地查阅。

在谈话脚本中各个环节的工作方法和沟通技巧如下：

1. 绕障碍技巧。在传统电话销售，特别是做 Cold-Call（陌生拜访）时，由于准确真实的关键人联系信息很难获得，往往只有前台或秘书的电话，或者如果负责人不在，会由其同事或助理接电话，如何绕过他们而和关键人沟通上就很重要，这里需要用到所谓绕障碍的技巧，主要有：

（1）尊重挡架者。要把他们当成总经理或熟悉的朋友那样对待，在电话中始终保持微笑，态度友好，并可请求他们帮助，耐心地解释你的意图，以及你想与老板见面或谈话的原因，抓住适当的时机请求他让你与老板或经理通电。

（2）应付对方的反对。如果助手坚持拒绝，并要求"留下你的电话号码，待会儿我们回复"等，应问什么时候才能找到经理，晚点再来电。如果对方要求发传真过去，则可以以资料太多为理由，索要负责人的 E-mail，因为了解 E-mail 对建立客户信息库十分有利。

（3）施压或挑明。如果按秘书的要求发传真或寄了小册子，便应要求获得会谈的机会。可以说"当我在寄过小册子后我会在××日××点来电。""我已按你的要求寄来了小册子，现在让我跟你谈一谈吧。"这样越过障碍的可能性很大。如果秘书仍然以借口推脱，就不妨直接挑明："请问您是真的时间很忙，还是善意地拒绝我，请您直接告诉我您的想法。"

（4）暂时隐瞒身份。在没有接触到任何负责人之前，可以把真正的目的隐藏起来，告诉对方别的理由。例如，想购买某种商品，询问资料或应聘某职位等，然后再在和负责人的谈话过程中透露你的真正意图。

2. 开场白策略。直接与目标客户进行电话沟通时，首先是开场白。

（1）建立信任。开场白的技巧就是要解决客户心中的疑虑，任何人接到陌生电话都会有诸如"你是谁？""你怎么知道我的信息的？"等疑虑，开场白应首先解决客户疑问，表明销售人员如何知道你的，建立信任。比如，保险公司和银行信用卡部门合作，开场白可以说"我是××银行客户服务中心的××，现在有时间吗？想和您做个回访。"如果对方信息是公开的，应直接说明信息来源，如"我叫××，我是在网络上看到您的文章，才知道您的联系方式的。现在讲话方便吗？"

（2）不要给客户拒绝你的机会。在每次对话中，都必须注意问题的设计，以开放性提问结尾较好。例如："我今天找您是为了介绍一项××服务，您对这样的服务形式了解程度如何呢？"这样客户便不容易挂掉电话。不过当客户对服务或产品感兴趣了，开始请教或咨询意见时，可以用封闭式的问题来进行诊断，这样容易建立信任。

（3）按需给予对方不同的利益诉求。开场白里需要精练地概括出对目标客户的好处，目标客户会根据不同的职位来进行利益的诉求。

决策层如总经理级别的人关心销售额与利润的增长、成本的降低、单位运营效率的提高、竞争对手的动态以及自己在行业内的影响等。所以，你在短时间里，必须巧妙组织你的开场白，说出你要找他的理由，用一句话来概括你的产品和服务对他的利益。比如"我们公司是一家帮助企业建立电话行销系统、提升利润水平的咨询顾问公司，目前在您这个行业，A公司（竞争性公司）也是我们的长期战略客户。今天打电话给您，主要是和您交流，探讨合作的可能性，您想知道A公司是如何使用了我们的服务之后，在3个月时间里，业绩增长了4倍的情况吗？"

管理层如部门经理，他们比较关注的是部门的考核指标、自己的部门权利，例如部门培训预算以及他在组织内部的人事问题，比如其他部门对他们的支持，顶头上司对他的看法。所以，你在和这些人沟通时，先不要直接介绍你的服务和产品对公司整体产生的影响，而应先进入他们的选择范围，然后为他个人提供各种自己力所能及的帮助。所以在开场白阶段只要先说明你们的服务是很多企业的选择，让他们做一个参考，后面再有机会不断跟进。

3. 交流与激发欲望策略。开场白之后，就应当激发客户的兴趣，开始与客户的交流。这时应以了解客户的需求、塑造产品的价值为目的，在自如交流中根据客户的反馈，不断激发客户的兴趣。

首先，要利用问题来了解客户的现有状况，深入了解客户的需求，但提问要自然衔接，应控制数量，掌握节奏，不能让人觉得是审问。

其次，要通过深入提问引导客户发现问题，并通过暗示性的问题让客户加深对问题严重性的认识，帮助客户意识到自己有这方面的需求。产品和服务再好，如果客户没有意识到这项产品能更好地解决他的问题，他也是不会购买的。所以，在摸底之后，要通过提问引发客户对其现状的思考，突出客户目前存在的问题，让客户感受到隐藏性需求的重要与急迫性，产生通过购买产品或服务改进现状的想法。在这个阶段，客户会不断地向销售人员暴露问题点，这时候一定要仔细倾听，不要漏掉可以被利用的细节，特别要关注让客户感到敏感的条件和情绪性字眼，否则会造成客户对销售人员的不信任。

最后，通过解决性提问让客户聚焦到产品的推荐。一旦客户认同需求的严重性与急迫性，且必须立即采取行动时，销售人员应该立刻提出解决性的提问，以鼓励客户将重点聚焦在产品或解决方案上。

4. 推出产品或解决方案策略。当客户对你的产品和方案表现出兴趣时，一定要抓住时机进行产品服务说明。

销售说明的基本原则是 FAB（特点、优势和利益）法，即突出产品特点、相对同类产品的优势和可以带给客户的利益。

通常销售说明流程是按问题概括、原因诊断、聚焦剖析、解决方案来进行的。

（1）问题概括——应与客户意见保持一致，如"正如您刚才在电话里谈到的……"进行概括总结，而且要有条理地说明；

（2）原因诊断——应该展现出销售人员的专业性，通常可用"某某权威机构调查表明"或"根据我们的经验而言，这个问题的原因主要是……"等；

（3）聚焦剖析——应将问题分类、深化，最后总结症状，如"总之，您目前最大的问题是如何在短期内减少竞争压力"；

（4）解决方案——应找出客户最关注的，隐藏在产品特征、优势背后的利益，如能否给他提高收入、降低成本或提高效率，并说明我方产品和服务如何能让客户的利益得到满足。

在这一阶段的技巧有：利用第三方的例子进行说明，第三方包括老客户、产品使用者、权威的趋势分析报告、数据统计等；选择客户易于接受的词汇，比如将"签订合同"换为"接受服务"或"达成合作"，将"合同"换成"协议"或"表格"；将"但是"换为"同时"或"如果"等。

5. 异议处理技巧。在销售对话中，客户出现反对意见很常见。销售人员应该视解决客户的疑问为加强信任的推进器。在销售人员自如应对客户异议时，客户的信赖程度也会逐步加深。不过，有些反对意见是客户的习惯抵抗反应，你可以忽视；但如果是真的反对意见，一定要及时解决，让客户满意。这一阶段的技巧包括：

（1）认同 + 陈述 + 反问。不论客户说任何反对意见，你都要学会先认同，纠正客户是沟通中的禁忌。这里所说的"认同"，不是赞同客户的意见，而是一种礼貌和过渡，接受客户意见的存在，并赞美客户的专业和直接。常用的认同语包括"那没关系"，"那很好"，"您这个问题提得很好"。

在认同之后，再用正确的信息进行纠正，如果客户不信任，应用第三方或权威机构出具的事实进行论证说服。

然后通过反问强化你的优势，并说明该优势对客户的利益，让客户不要纠缠在你的弱点上，而是在更高的高度来看待选择你们的利益。有时候主动暴露自己一方面的不足，同时说明另一方面优势，能为你们的诚信加分。

（2）忽视法。所谓忽视法，就是当客户提出一些反对意见，并不是真的想要获得解决或讨论，只是为了满足表达的欲望，并且无关紧要时，只要微笑附和即可。

（3）以彼之道，还施彼身。该方法是以客户的反对意见作为客户购买的主要理由进行说服。基本做法是当客户提出某些不购买的异议时，销售人员能立刻回复说："这正是我认为您要购买的理由！"然后进一步说明原因。

6. 成交促成技巧。当客户询问价格、优惠、折扣、送货、保障、维修、售后服务、各种形式的购买承诺时，通常都是客户感兴趣的表现，要特别注意，并利用一些技巧和优惠条件促成交易。相关技巧包括：

（1）直接成交。直接成交是一种直截了当的成交方式。直接成交法的优点是直截了当。成功率约为50%，并不算高。如果客户性格比较温和，但只是不确定，可以用这种方法推动他快速作决定。

（2）假设成交。假设成交是假设客户在决定购买的情况下，直接过渡到购买后的选择上，例如，在客户还未表示马上付款时，问"您是用现金，还是支票？"即假设对方马上付款，付款方式待定。对有些比较有个性、顽固的客户可以使用这种方法。

（3）刺激成交。为了加速成交率，经常要使用到各种促销的策略和方法。例如，积分、代币类赠品（如充值卡）、限量发售、限期发售等。营销人员可以把促进客户决定购买的优点暂时保留一两项，等到时机成熟时再向客户挑明，这样做有益于刺激客户的购买决定。

（三）定期跟进客户

电话营销人员在每一次有效的电话营销之后，必须要整理相关客户资料，定期跟进客户，跟客户保持联系，等待业务机会。电话营销人员可以制作一周统计表，掌握自身跟进情况。

约会时间应考虑到对方的方便，要提供两个以上的方案或形式供对方选择。比如"请问今天下午或明天上午，您哪个时间合适？"并进一步确定时间是上午九点，还是下午三点。要留下对方姓名、电话、地址，并做好记录。询问对方姓名可在推销之初，也可在确定约会之后，但无论何时，都应先报出自己的姓名和电话。对电话中所谈内容，边谈边作简单的记录是很必要的，这些资料有助于下一步推销的筹划，也可借此建立顾客档案。

四、知识链接

（一）电话营销模式

企业在刚开始电话营销业务时，可以考虑与外面提供电话营销和销售的专业服务机构合作，通过他们来实现电话营销职能和销售职能，看效果如何。如果效果不错，可以小规模地在企业内部进行尝试，然后再慢慢将其系统化和规模化。

开展电话营销常见的可供选择的模式包括：公司客户服务呼叫中心被动销售、自建呼叫中心、外包给专门的呼叫中心及实地外包。

1. 呼叫中心被动销售模式。该模式是指利用客户服务热线中客户的呼入进行被动的销售，这种模式的优势在于成本低、成功高率，缺陷在于销售处于被动状态、销售规模较小。

2. 自建呼叫中心模式。它是指自行搭建电话中心用于销售公司产品，包括两种类型：一种是通过购买客户资料进行销售；另一种是先通过信函、广告等宣传产品搜集客户资料，再通过电话进行有针对性的销售。这种模式的优势在于对电话营销专员队伍的控制力强，在培训及激励方面便于协调统一，营运流程及售后服务便于跟进。但由于其早期投入较大，如场地租赁、软硬件设备的配置、数据资源的来源，同时电话营销专员需要有固定的人力成本的支出，由此可能会带来较大的风险。

3. 外包给专门的呼叫中心。这种模式的优势在于可以节省呼叫中心的建立成本，同时这种类型的呼叫中心在给不同行业客户提供电话营销服务的过程中积累了丰富的经验，有利于业务的开展，但存在行业知识缺失的问题。

4. 实地外包。是指外包公司将整套电话营销系统部署到公司职场，并负责电话服务专员的招聘、培训及人力成本的支出，公司提供业务知识、产品知识及客户服务方面的培训，这种模式的优势在于公司得到了自身品牌的维护及外包公司专业化的支持，例如数据的管理及呼叫中心运营的管理。

无论采用哪种模式，都应当重视客户跟踪销售管理软件的使用。利用客户跟踪销售管理软件，可要求电话销售人员将其与客户每次通话的结果随时输入计算机系统中。一个合适的销售管理软件可以提高销售效率，同时也便于管理层管理和分析客户，制定合适的电话销售策略。如果企业已经实施了客户关系管理（CRM）系统，那么处理起来将更方便。

（二）电话营销整合策略

1. 电话营销与数据库的结合。市场上电话营销的成功率徘徊在 1%～2.5%，而数据库参与的电话营销成功率则高出很多。专业人员将数据用适当的软件进行处理后，形成了数据库。电话营销需要大批数据的参与，将二者结合，也就是数据越准确、字段越多，越适合产品定位，电话营销的成功率越高。数据库的来源包括企业自己积累或从外部购买。

2. 电话营销与其他营销媒介的整合。组合使用媒体比使用单一媒体能够获得更大的反应率。电话营销的重要特点就是它能够与其他媒介实现良好的整合。

电话营销具体包含：单纯电话销售、电话要约、机会挖掘、会议邀请、会员招募、产品推广及报价、费用催缴、市场调查、商情调查、满意度调查等。有些是可以直接通过电话营销完成订单的，比如说单纯的电话销售、会议邀请、电话调查等；但很多时候电话营销只是参与其中的一部分，还需要配合其他营销手段，比如说产品推广及报价就需要配合相应的 DM（Data Marketing）、EM（Electronic Marketing）、E - DM（Email - Data Marketing）等，电话营销只是充当了临门一脚的角色。比如说销售机会挖掘、订单处理，需要 DM、DMA（Direct Mail Advertising）、目录营销、电话黄页、电视广告等。可以大胆地预测一下，以后电话营销参与的广度会越来越大，程度会越来越深，而在营销活动中的份额会越来越少，从而需要众多的营销活动一起配合来完成，也就是需要对各种营销方式进行整合，这样才会提高营销效率。

【阅读链接】

案例：电话营销最常见的障碍及解答方案

1. "他没有时间，""他在开会，""他出差了。"

分析：很明显，我们一听到这句话就能觉出对方持一种很不耐烦的态度，或许她今天心情不好，又或许她现在太忙根本无暇应付你的电话，我们能做的就是一句把对方逼上绝路，让她没办法拒绝你。

我们可以这样问对方："请问我最好在什么时候来电话才能联络上他？"

2. "他不听销售员的电话。"

分析：对方之前肯定接过无数次这样的电话，因为现在形形色色的电话营销普遍存在，发票、网站建设、网站推广、展位、广告诸如此类的电话铺天盖地，作为一家公司的老总，不可能大大小小的电话都找他接，所以我们必须找另一位负责人。

可以这样问对方："请问我该找哪个部门？能帮我把电话转过去吗？我该找谁？"

3. "我不需要该产品。"

分析：如果你知道对方肯定对你的产品有需求，那对方这样说就证明已经有固定的供应商，或对你的产品价格、质量、售后存在异议导致对方对你产生抗拒感。

我们可以这样发问："准确地说你对该产品有何具体要求？"

4. "我们迟些时候会再给你答复。"

分析：这是再明显不过的敷衍，对方持的是一种完全不负责任的态度，我们要明白，我们是在给对方提供渠道，而非向对方推销产品。把这种思维逆转到客户的观念里，或者对方又会是另一种态度。

我们可以这样答："请问我们什么时候联系你会比较合适？"

5. "你是谁？""是哪里的？""找我们老总有什么事？"

分析：这会不会是老总们特意交代前台的呢？答案是肯定的，这是每家公司前台的最基本的常识，即使自己在接到陌生电话时也会这样问对方。没有老总授权，一般前台都不敢随便过滤打进来的电话，所以业务在打进电话时，尽量不要向前台说明自己的来意和身份，来意和身份都应该在自己要找的人接电话时才诚恳地表明。

这时我们可以摆高姿态，说个美丽的谎言，强行渡关："我和你们老总约好的。""是你们老总叫我打过来的。"总之，没有固定的渡关公式可套，只有百变的渡关技巧等你发挥。

6. "寄一份资料给我们吧。"

分析：很多时候，做销售的都会这样做，但事实上寄出了十份资料，也没有接到一个客户是在收到我们的资料后打来的电话。所以我们真正要做的不是满怀希望地去给对方寄资料，而是要亲自找到自己想找的人认真地谈谈。

我们可以这样回答："已经寄过了，我想问问他消化得怎么样了？"

7. "我们的购买计划已经搁置。"

分析：这或许是对方已经购买了你所推销的产品，又或许对方真的是已经把购买计划搁置，我们绝不能去怀疑客户是因资金不足而搁置购买项目，我们所关心的是对方是否因为工程搁置、技术支持不到位而搁置购买计划，关心客户的动向，关心客户的下一步计划才是我们所要做的。

我们可以这样答："请问你们什么时候才投入新的购买计划？我们可以给你们提供最好的技术支持。"

8. "他在讲电话，你可以留下姓名吗？"

分析：当前台在很短一段时间内接到你的两次电话，她必会有厌烦之感，所以你第二次再打给对方时，很可能她会出些怪招刁难你，所以，你得知要找的人在讲电话时，最好不要把电话挂掉，也不要告诉对方你的姓名。

回答："让我在电话里等一会儿吧。谢谢。"

五、能力实训

【实训背景】

一家国内 IT 企业进行笔记本电脑的促销活动，某客户被认为是潜在客户接到推销电话。

"先生，您好，这里是××公司个人终端服务中心，我们在搞一个调研活动，您有时间可以问两个问题吗？"

客户："你讲。"

销售员："您经常使用电脑吗？"

客户："是的，工作无法离开电脑。"

销售员："您用的是台式机还是笔记本电脑。"

客户："在办公室用台式机，在家就用笔记本电脑。"

销售员："我们最近的笔记本电脑有一个特别优惠的促销阶段，您是否有兴趣？"

客户："你就是在促销笔记本电脑吧？不是搞调研吧？"

销售员："其实，也是，但是……"

客户："你不用说了，我现在对笔记本电脑没有购买兴趣，因为我有了，而且很好。"

销售员："不是，我的意思是，这次机会很难得，所以，我……"

客户："你做电话营销多长时间了？"

销售员："不到两个月。"

客户："在开始上岗前，你们公司给你们做了电话营销的培训了吗？"

销售员："做了两次。"

客户："是外请的电话营销的专业公司给你们培训的，还是你们的销售经理？"

销售员："是销售经理。"

客户："培训了两次，一次多长时间？"

销售员："一次大约就是两个小时吧，就是说了说，也不是特别正式的培训。"

客户："你现在做这个笔记本电脑的电话营销，成绩如何？"销售员："其实，我们在销售中遇到了许多的问题，的确，销售成绩不是很理想。"

【实训要求】

1. 该营销人员在电话接通一开始回避销售的目的，以调研为借口要求和客户进一步沟通，这是经过周密策划的。分析这种方法的优点和缺点。假如你作为客户，发现了这通电话的真正目的时会有什么想法？销售人员应当如何解除客户的抵抗心理？

2. 当客户表明自己有笔记本电脑之后，本案例中的销售人员仍然简单、机械地按照预先设计好的思路来推进，这会有什么结果？应当如何处理？

3. 为该公司的促销活动设计电话营销谈话脚本，分小组扮演客户和销售人员，进行演示和讨论。

六、思考与练习

1. 如何寻找电话营销的客户？

2. 一个电话营销团队包括哪些人？如何分工？

3. 如何确立电话营销目标？

4. 电话营销模式有哪些？

参考文献

［1］封展旗、黄保海：《市场营销案例分析》，北京，中国电力出版社，2008。

［2］路易斯·E. 布莱恩、大卫·L. 库尔茨：《当代市场营销学》（第 11 版），北京，机械工业出版社，2005。

［3］达娜—尼科莱塔·拉斯库：《国际市场营销学》，北京，机械工业出版社，2010。

［4］朱立：《市场营销经典案例》，北京，高等教育出版社，2004。

［5］于斐：《电话营销在现代企业中的实施策略》，载《金融经济·学术版》，2009（7）。

［6］孙路：《电话营销三部曲》，载《企业改革与管理》，2007（9）。

［7］张烜搏：《一线万金：电话销售培训指南》，北京，人民邮电出版社，2009。

［8］芮新国：《区域主管技能》，深圳市麦肯特企业顾问有限公司，2001 - 09 - 27。

［9］美华论坛，http：//www. mhjy. net。

［10］百战网络营销，http：//www. hiseo. cn/。

［11］中国网络营销网，http：//www. tinlu. com/n4303c43. aspx。

高职高专金融类系列教材

一、金融专业基础课子系列

货币金融学概论	周建松	主编	25.00 元	2006.12 出版
货币金融学概论习题与案例集	周建松 郭福春等	编著	25.00 元	2008.05 出版
金融法概论（第二版）	朱 明	主编	25.00 元	2012.04 出版
（普通高等教育"十一五"国家级规划教材）				
商业银行客户经理	伏琳娜 满玉华	主编	36.00 元	2010.08 出版
商业银行客户经理	刘旭东	主编	21.50 元	2006.08 出版
商业银行综合柜台业务	董瑞丽	主编	34.50 元	2008.09 出版
（国家精品课程教材·2006）				
商业银行综合业务技能	董瑞丽	主编	30.50 元	2008.01 出版
商业银行中间业务	张传良 倪信琦	主编	22.00 元	2006.08 出版
商业银行业务与经营	王红梅 吴军梅	编著	27.00 元	2008.08 出版
商业银行服务营销	徐海洁	编著	27.00 元	2008.08 出版
商业银行基层网点经营管理	赵振华	主编	32.00 元	2009.08 出版
商业银行柜面英语口语	汪卫芳	主编	15.00 元	2008.08 出版
银行卡业务	孙 颖 郭福春	编著	36.50 元	2008.08 出版
银行产品	彭陆军	主编	25.00 元	2010.01 出版
反假货币技术	方秀丽 陈光荣 包可栋	主编	58.00 元	2008.12 出版
小额信贷实务	邱俊如	主编	23.00 元	2012.03 出版
商业银行审计	刘 琳 张金城	主编	31.50 元	2007.03 出版
商业银行会计实务	赵丽梅	编著	43.00 元	2012.02 出版
金融企业会计	唐宴春	主编	25.50 元	2006.08 出版
（普通高等教育"十一五"国家级规划教材）				
金融企业会计实训与实验	唐宴春	主编	24.00 元	2006.08 出版
（普通高等教育"十一五"国家级规划教材辅助教材）				
新编国际金融	徐杰芳	主编	24.00 元	2006.08 出版
国际金融概论	方 洁 刘 燕	主编	21.50 元	2006.08 出版
（普通高等教育"十一五"国家级规划教材）				
风险管理	刘金波	主编	30.00 元	2010.08 出版
外汇交易实务	郭也群	主编	25.00 元	2008.07 出版
外汇交易实务	樊祎斌	主编	23.00 元	2009.01 出版
国际融资实务	崔 荫	主编	28.00 元	2006.08 出版
理财学（第二版）	边智群 朱澍清	主编	39.00 元	2012.01 出版
（普通高等教育"十一五"国家级规划教材）				
投资银行概论	董雪梅	主编	34.00 元	2010.06 出版
金融信托与租赁	蔡鸣龙	主编	30.50 元	2006.08 出版
公司理财实务	钭志斌	主编	34.00 元	2012.01 出版

证券投资概论	王　静	主编	22.00 元	2006.10 出版

（普通高等教育"十一五"国家级规划教材/国家精品课程教材·2007）

金融应用文写作	李先智　贾晋文	主编	32.00 元	2007.02 出版
金融职业道德概论	王　琦	主编	25.00 元	2008.09 出版
金融职业礼仪	王　华	主编	21.50 元	2006.12 出版
金融职业服务礼仪	王　华	主编	24.00 元	2009.03 出版
金融职业形体礼仪	钱利安　王　华	主编	22.00 元	2009.03 出版
合作金融概论	曾赛红　郭福春	主编	24.00 元	2007.05 出版
网络金融	杨国明　蔡　军	主编	26.00 元	2006.08 出版

（普通高等教育"十一五"国家级规划教材）

现代农村金融	郭延安　陶永诚	主编	23.00 元	2009.03 出版
"三农"经济基础	凌海波　郭福春	主编	34.00 元	2009.08 出版

二、商业银行子系列

管理会计	黄庆平	主编	28.00 元	2012.04 出版
商业银行会计实务	赵丽梅	编著	43.00 元	2012.02 出版
理财学（第二版）	边智群　朱澍清	主编	39.00 元	2012.01 出版

（普通高等教育"十一五"国家级规划教材）

公司理财实务	钭志斌	主编	34.00 元	2012.01 出版
基础会计	田玉兰　郭晓红	主编	26.50 元	2007.04 出版
基础会计实训与练习	田玉兰　郭晓红	主编	17.50 元	2007.04 出版
新编基础会计及实训	周　峰　尹　莉	主编	33.00 元	2009.01 出版
财务会计（第二版）	尹　莉	主编	40.00 元	2009.09 出版
财务会计学习指导与实训	尹　莉	主编	24.00 元	2007.09 出版
高级财务会计	何海东	主编	30.00 元	2012.04 出版
成本会计	孔德兰	主编	25.00 元	2007.03 出版

（普通高等教育"十一五"国家级规划教材）

成本会计实训与练习	孔德兰	主编	19.50 元	2007.03 出版

（普通高等教育"十一五"国家级规划教材辅助教材）

管理会计	周　峰	主编	25.50 元	2007.03 出版
管理会计学习指导与训练	周　峰	主编	16.00 元	2007.03 出版
会计电算化	潘上永	主编	40.00 元	2007.09 出版

（普通高等教育"十一五"国家级规划教材）

会计电算化实训与实验	潘上永	主编	10.00 元	2007.09 出版

（普通高等教育"十一五"国家级规划教材辅助教材）

财政与税收（第三版）	单惟婷	主编	35.00 元	2009.11 出版
金融企业会计	唐宴春	主编	25.50 元	2006.08 出版

（普通高等教育"十一五"国家级规划教材）

金融企业会计实训与实验	唐宴春	主编	24.00 元	2006.08 出版

（普通高等教育"十一五"国家级规划教材辅助教材）

三、高职高专保险类系列教材

保险营销实务	章金萍 李 兵	主编	21.00 元	2012.02 出版
新编保险医学基础	任森林	主编	30.00 元	2012.02 出版
保险学基础	何惠珍	主编	23.00 元	2006.12 出版
财产保险	曹晓兰	主编	33.50 元	2007.03 出版
（普通高等教育"十一五"国家级规划教材）				
人身保险	池小萍 郑祎华	主编	31.50 元	2006.12 出版
人身保险实务	朱 佳	主编	22.00 元	2008.11 出版
保险营销	章金萍	主编	25.50 元	2006.12 出版
保险营销	李 兵	主编	31.00 元	2010.01 出版
保险医学基础	吴艾竞	主编	28.00 元	2009.08 出版
保险中介	何惠珍	主编	40.00 元	2009.10 出版
非水险实务	沈洁颖	主编	43.00 元	2008.12 出版
海上保险实务	冯芳怡	主编	22.00 元	2009.04 出版
汽车保险	费 洁	主编	32.00 元	2009.04 出版
保险法案例教程	冯芳怡	主编	31.00 元	2009.09 出版
保险客户服务与管理	韩 雪	主编	29.00 元	2009.08 出版
风险管理	毛 通	主编	31.00 元	2010.07 出版
保险职业道德修养	邢运凯	主编	21.00 元	2008.12 出版
医疗保险理论与实务	曹晓兰	主编	43.00 元	2009.01 出版

四、高职高专国际商务类系列教材

国际贸易概论	易海峰	主编	36.00 元	2012.04 出版
国际商务文化与礼仪	蒋景东 刘晓枫	主编	23.00 元	2012.01 出版
国际结算	靳 生	主编	31.00 元	2007.09 出版
国际结算实验教程	靳 生	主编	23.50 元	2007.09 出版
国际结算（第二版）	贺 瑛 漆腊应	主编	19.00 元	2006.01 出版
国际结算（第三版）	苏宗祥 徐 捷	编著	23.00 元	2010.01 出版
国际贸易与金融函电	张海燕	主编	20.00 元	2008.11 出版
国际市场营销实务	王 婧	主编	28.00 元	2012.06 出版

如有任何意见或建议，欢迎致函编辑部：jiao cai bu@ yaohoo. com. cn。